JN081232

中国は「力」をどう使うのか

支配と発展の持続と増大するパワー

［編著］
加茂具樹

鄭　浩瀾
Macikenaite Vida
土屋貴裕
荒川　雪
内藤寛子
渡邉真理子
増田雅之
飯田将史
福田　円
神保　謙
八塚正晃

はじめに

―― 大国としての中国はどこに向かって進むのか ――

本書の問いは何か

中国はどのように国際社会と関わろうとしているのか。

この問いが重要であるのは、中国と国際社会の相互作用が、これからの国際政治、経済、軍事、そしてグローバルガバナンスの規範の形成に影響をあたえるからである。気候変動、経済成長、そして海洋秩序やサイバー空間、極地、宇宙をはじめ、国際社会が直面している問題を解決するための制度設計には、大国としての中国の関与は不可欠である。

ベルリンの壁の崩壊と東欧諸国の政治体制の転換、そしてソ連邦の解体を経て、冷戦という秩序が流動してから30年あまりが経過した。この30年は、中国が急速な経済成長を実現し、この中国の成功が世界の経済成長を牽引した時間でもあった。

30年を経て国力を増大させた中国は、地域の力（パワー）の分布に影響をあたえ、世界政治と経済の重心がアジア太平洋地域へ移行することを力強く促す存在となった。いま国際社会は、この中国とどのように向き合うのかを共通の問いとして掲げている。そして中国もまた国際社会とどのように向き合うのかを問い、自らの存在位置を模索している。

中国指導部は、この模索のなかで国際社会における自らの存在や役割りについての認識を大きく転換させてきた。第19回中国共産党全国代表大会（2017年）において、習近平国家主席が語った「中国は国際舞台の中心に躍り出ようとしている」という高揚感溢れる言葉は、指導部の現状認識を明確に示している[1]。そして、2022年10月の第20回共産党大会において「グローバルガバナンスへの積極的な関与」を謳った。

指導部は、自らの外交路線を「中国の特色ある大国外交」（大国外交）と表現してきた[2]。この路線には2つの原則がある。1つは中国の経済発展に必要な国際環境を形成するために「平和的な発展の道を歩む」ことであり、いま１つは中国が「平和的な発展の道を歩む」ために主権や国益に関して外国に譲歩してはならないし、また「平和的な発展の道を歩む」ために中国が主権や国益に関して譲歩すると外国に思わせてはならない、である。

国際社会が、指導部の対外行動に「言行の不一致性」を抱くのは、中国外交が協調性（「平和的な発展の道を歩む」）と強制性（主権や国益に関して譲歩しない）を並存しているから、といってよい。国力を増大させた中国はいま、大国としての意識を強め、多様な外交的アセットを手にしている。第20回党大会後の中国は、自国の経済の持続的成長に必要な国際環境の構築に加え、国家の安全を維持するために必要な環境を構築する必要性を強調して、自己主張の強い外交を積極的に推しすすめている。ただし、中国外交を「自己主張の強い外交」と理解するだけは不十分である。そのためには、指導部が言う「大国」の意味を理解する必要がある。

本書の重要概念

「大国」とは何か。王毅外交部長の発言や共産党中央宣伝部が編集した幹部向けの教本は、この中国語の「大国（*daguo*）」を「世界の平和をめぐる問題に決定的な影響力をあたえる力（パワー）」と説明している[3]。この理解を踏まえれば、現在の指導部は、中国の経済発展に必要な国際環境を構築するために、「世界の平和をめぐる問題に決定的な影響力をあたえる力」の拡大を追求する外交を展開している、ということになる。

では、「力」とは何か。それは、どのような要素によってかたちづくられているのか。指導部の考え方を理解するための材料の一つが、2015年10月に発表された「国民経済と国民社会発展第13次五カ年計画の建議」である[4]。この政策文書の「二、『13 次五カ年計画』期の経済社会発展の主要目標と基本理念」にある「（二）発展理念の改善」は、「『13 次五カ年計画』の目標を実現し、発展過程の難題を克服し、発展の優位性を育てるためには、革新、協調、グリーン、開放、シェアリング（共享）という発展のための理念を確立しなければならない」という方針を示している。

同文書は、この方針を実現するために指導部がどのような「力」を必要としているのかを説明している。すなわち「グローバルな経済ガバナンスと公共財供給に積極的に参加し、グローバル経済ガバナンスにおける我が国の『制度に埋め込まれたディスコース・パワー（中国語：制度性話語権）』を高め、幅広い利益共同体を構築する」である。指導部が起草した政策文書に「制度性話語権」を書き込んだことの意味は大きい[5]。そして、この考え方は第20回共産党大会での習近平国家主席による報告のなかに継承され、これからの中国の外交路線として示されている[6]。

指導部が追求している力とは、経済力や軍事力だけではなく、国際秩序をかたちづくる国際組織や国際制度（の政策決定や政策執行）に中国の意思を明確に埋め込む力である。「制度に埋め込まれたディスコース・パワー」という言葉を指導部が提起したことは、中国指導部が自国の発展に有利な国際環境を主体的につくるための外交を志向していることを示唆している。

では、「制度に埋め込まれたディスコース・パワー」とは何か。指導部は、これを国際社会の発展のあり方をめぐる議論や、意思決定や政策の実施において、イニシアチブを発揮するなど、グローバル経済ガバナンスに影響を与える力、と説明している[7]。国際政治学の概念を踏まえれば、この力は、「A（国）がはたらきかけてB（国）に何かをさせるような力」という「関係的権力」ではない。それは「Aが直接はたらきかけることなく、Bをそうせざるをえない方向へ進ませる力の枠組み」という「構造的権力」のことである[8]。中国はいま、「構造的権力」の強化を目的とする外交、すなわち中国が国際社会においてイニシアチブを発揮できる「力の枠組み」をつくるための外交を展開している。

「幅広い利益共同体を構築する」とは、「構造的権力」の強化をつうじてつくる「力の枠組み」の構築である。その具体的取り組みが、2013年ごろから習国家主席が提起しはじめた「一帯一路」、そして「人類運命共同体」である。新型コロナウイルスのパンデミック（世界的大流行）後に展開するワクチン外交としての「人類衛生健康共同体」もこの射程に入る。

そして習国家主席が2021年の国連総会で提唱したグローバル開発イニシアチブ（GDI）は、「構造的権力」の強化の一環として理解すべきである[9]。指導部は、ポストコロナ期において、発展途上国を含む国際社会が共有する政策課題である世界経済を復興するためのイニシアチブとしてGDIを意義づけている。これは発展途上国への医療、農業、貧困対策、環境対策、開発投資、気候変動対策といった領域における支援をつうじた、グローバルな経済ガバナンスと公共財の供給に向けた具体的行動へとつながる。

さらに習近平国家主席は、ロシアによるウクライナ侵攻後の2022年4月に、博鰲アジアフォーラムの年次総会でグローバル安全保障イニシアティブ（GSI）を提唱した[10]。これもまた、「構造的権力」の強化の一環である。GSIは、国際社会が堅持すべき安全保障に関する原則として、主権や領土保全と内政不干渉の堅持、各国の国民が選択する発展の道や社会制度の尊重、国連憲章の遵守と冷戦思考を放棄して一国主義に反対し、政治集団と陣営間の対抗を求めない、各国の安全保障上の合理的な関心事項を重視し、安全保障上の不可分性原則の堅持などを掲げている。これらはいずれも、大国政治に翻弄される発展途上国が欲している国家体制の擁護と安全にかかわる安全保障観といえる。指導部は、GDIそしてGSIを、グローバルな経済ガバナンスと公共財の供給に向けた具体的行動の重要な原則と定義し、それを提起し、提供することを以て中国の「構造的権力」、すなわち「制度に埋め込まれたディスコース・パワー」に転化させようとしているのである。

現指導部の外交路線、すなわち「大国外交」は、それまでの中国外交の延長線上にはない。現在の外交を以前と比較して「自己主張が強くなった」といった外形的な行動様式の変化と捉えるべきではない。

従来の中国外交は、自国の発展にとって必要な国際環境を構築するために、自己変革（国内の経済改革を推進）し、既存の秩序に適応することを志向していた。これまでの中国は、自らの発展にとって必要な国際環境を構築するために、自己変革し、既存の秩序に適応することを志向する国家であった。2001年のWTO加盟がその典型的な姿であるといえよう。しかし、いまの指導部は状況に適応する国家ではなく、自らにとって有利な状況をつくり出す国家への転換を図っている。

「状況に適応する国家」から「状況をつくり出す国家」へ。この転換とともに、指導部は自身の活動空間にたいする認識を大きく変えている。2012年2月に、国家主席に就任する直前の習近平副国家主席は、訪米にあたって『ワシントンポスト』の書面インタビューに応じた。そこで習は、「広大な太平洋両岸には中米両国を受け入れる十分な空間がある」と述べ、米中関係を「太平洋」の規模で語っていた[11]。

そして、このほぼ10年後、中国が認識する対米関係の姿は大きく変化した。2021年11月におこなわれた中米首脳オンライン会談において習近平国家主席は、バイデン米大統領にたいして「中米は利害が深く絡んでおり、協力すれば共に利し、闘えば共に傷つく。地球は中米それぞれが共同の発展を受け入れるだけの十分な広さがある」と語っていた[11]。2012年、2013年そして2017年の習氏は、米中関係を「太平洋」の規模で説明していたが、10年を経て習氏は米中関係を「世界」の規模で論じたのである。

中国はいま、「世界の平和をめぐる問題に決定的な影響力をあたえる力」の拡大をつうじて「状況に適応する国家」から「状況をつくり出す国家」への転換を志向し、米国と渡り合う空間を「太平洋」から「世界」へと拡げようとしている。中国と向き合う国際社会は、だからこそ中国が力をどのように使おうとしているのかに関心を寄せるのである。中国は力をどのように使い、国際社会と関わろうとしているのか。これが本書の問いである。

本書はどのように論じるのか

「中国は力をどのように使うのか」を問う本書は、3つの問いを立てた。

大国としての中国を論じるために本書は、中国が歩む行方を論じ、その行方を展望するために必要な、「現在の中国」を理解するための問いである。

第1は中国政治をめぐる問いである。中国共産党による一党支配はなぜ持続してきたのか。1990年代はじめの国際社会は、中国において政治的自由化が実現する可能性は難しいものの、より民主的な方向に歩んでいると見ていた。しかし、中国共産党による一党体制が現在も持続している。中国政治をめぐる問いは、「いつどのように民主化するのか」から「なぜ一党体制は持続するのか」へと変化した。本書の第1部（第1章から第6章）は、一党体制を支えてきた要素を論じている。

第2の問いは中国経済をめぐる問いである。一般的に、経済成長を実現するためには、国家の領域に統一的なルールと秩序を確立することができる集権的な政治体制と、経済活動を促す私有財産や知的財産を保証するなど「法の支配」の実現が必要だといわれてきた。しかし、集権的な政治は、「法の支配」を突き崩す力を持つ。両者のバランスを保つことは難しい。では、共産党による一党体制の下で中国は、なぜ経済成長を持続してきたのか。本書の第2部（第7章と第8章）は、その理由を論じた。

第3の問いは国際政治をめぐる問いである。外交、安全保障領域における中国の行動を分析し、「中国は自らの力をどのように使うのか」を論じる。後述する本書の前書は、「アテネの台頭とそのことに対するスパルタの警戒が戦争を不可避とした」というツキジデスの洞察は、米中関係にも当てはまるのかを論じた。本書は、この問いの先にある問いを論じた。中国はどのような国際秩序を必要としているのかを考え、そのためにどのように力を使おうとしているのかである。本書の第3部（第9章から第13章）が、その問いに応えた。

本書の射程

本書は、2017年に刊行した『「大国」としての中国』の後継書である。前著は、中国をめぐる問いが、「中国は台頭するのか」から「中国はどのように台頭するのか」へ、そして「台頭した中国は何を求めているのか」へと変化してきたことを踏まえ、3つの問いを掲げた。その第1部は政治（「リプセット仮説を乗り越えたのか」）であり、中国政治（一党体制）はなぜ安定しているのかを考察した。第2部は経済（「中国経済はなぜ発展したのか」）であり、高度成長の原動力を考察した。そして第3部は経済発展によって国力を増大させた中国は「ツキジデスの罠を克服できるのか」という問いを掲げ、中国の対外行動が国際秩序にあたえる影響を考察した。同書もこの考え方を継承しつつ、その先に目を向けている。

前著の題名は、『「大国」としての中国』であって『大国としての中国』ではない。大国にカギ括弧を付して「大国」と表記したのは、本書は中国を大国と定義することについて留保したからである。前著を刊行した後、中国国内の日本語を解する国際政治学者の友人から、「なぜカギ括弧を付けたのか」という問い合わせがあった。もはや中国は、自らの活動空間を全世界と定義し、「世界の平和の問題に決定的な影響力をもつ力」として米国と並ぶ存在と自認し、「制度に埋め込まれたディスコースパワー」の強化という志向を政策文書に書き込んでいる。中国を大国と定義してよいだろう。

中国は、前書が掲げた問いの先を歩む。中国は大国としての力をどのように使おうとしているのか。2022年2月にはじまったロシアによるウクライナ侵攻をめぐって中国の動向に関心があつまっているが、それは、まさに中国が大国だからである。こうした中国への関心は、中国が米国と並ぶ大国として認識されていることを端的に説明している。

以上の理解をふまえて本書は、「大国としての力をどのように使おうとしているのか」を問うために、「なぜ中国は大国としての地位を手に入れることができたのか」を問う。中国が大国としての力を獲得するに至った理由、すなわち長期にわたる政治的安定の実現と一党体制下の経済成長を実現できたのか、その理由を確認しておく必要がある。

本書は、以下に掲げる2つの読者層にむけた書籍である。対象の1つは国際政治や日本外交、そして中国に関心をもちはじめた大学学部生である。本書は、急速な経済発展にともなって国力を増大させ、大国としての意識を強めた中国が、大国として力をどのように使おうとしているのかを理解するための鍵となる「問い」を提示し、読者が中国理解を深めることができたら幸いである。平易な表記をこころがけるよう編者が要求したため、本来、各章の注釈は最低限にとどめている。

いま1つの対象は、20年後、さらには30年後に本書を手にする未来の読者である。未来の読者が、当時（つまり2022年の）日本社会が中国に向き合いながら何を議論していたのかを理解するための材料となることを願っている。

国際秩序は大きな変動期にある。国際社会が共有してきた価値と利益に対する認識は流動し、国際社会が共有している規範や制度といったゲームのルールは動揺している。

人々は自由民主主義にもとづく政体が既定値（デフォルト）であって、その後退はありえないと考えていた。しかし、こうした前提を当然視することができなくなっている状況に、私たちはいまおかれている。ロシアによるウクライナ侵攻がその典型といってよい。既存の国際秩序のなかで平和と繁栄を享受してきた日本は、この秩序の変動を感度良く捉え、その行方を冷静に展望する力を涵養することが求められている。そのための重要な鍵が中国である。

国際秩序の流動を牽引する主要なアクターである、大国としての中国と日本は如何に共存するのか。いま日本社会において、中国に対する理解を深めるためのリテラシーの向上が求められている。

―― *

この場を借りて、謝意と謝辞を表すことをお許しいただきたい。

本書が出版されるまでの過程で極めて多くの方からの力添えを賜った。とくに本書の出版を快く引き受けてくださった、一藝社代表取締役社長でおられる小野道子氏と菊池公男同会長には、深くお礼を申し上げたい。出版事情が厳しいなかにもかかわらず、本書を出版する機会を下さったことについて、あらためて感謝申し上げたい。

そしてなによりも、実際の編集作業にあたった松澤隆氏に最大限の感謝の気持ちを表したい。前著に引き続き、松澤氏が、編者の温かくも厳しい伴走役を担ってくださらなければ、本書は刊行することはできなかった。本書は絶好のタイミングで刊行できた。松澤氏に心から感謝申し上げたい。

2022年11月

加茂 具樹

［注］

1 「決勝全面建成小康社会、奪取新時代　中国特色社会主義偉大勝利(2017年10月18日)」『談治国理政治 第三巻』外文出版社、2020年、pp.1-60.

2 公式報道において、中国指導部が自らの外交を「中国特色のある大国外交」（中国語、「中国特色的大国外交」と呼んだのは2002年12月末に唐家璇外交部長がうけたインタビューが初めてである。しかし、その後、公式報道から「中国特色的大国外交」という言葉は消えた。指導部内での共通認識を得られなかったのであろう。しかし、この言葉は習近平指導部が誕生した後に復活した。2013年4月1日に『人民日報』に掲載された3月22日から30日までのロシア、タンザニア、南アフリカそしてコンゴ訪問とBRICS首脳会議への出席のための外遊を総括した王毅外交部長の発言のなかで「中国特色ある大国外交」（中国語、「中国特色大国外交」）が登場した。以来、2021年8月までに609件の記事のなかでこの概念が言及されている。「中国特色大国外交」という言葉は、習近平指導部の外交路線を説明する概念といってよい。

3 「堅定不移走和平発展道路　為実現中華民族偉大復興営造良好国際環境」『人民日報』2013年1月22日。中共中央宣伝部『習近平総書記系列重要講話読本』学習出版社、人民出版社、2014年、p.149.

4 「中共十八届五中全会在京挙行」『人民日報』2015年10月30日、「中共中央関与制定国民経済和社会発展第十三個五年規劃的建設（二〇一五年十月二十九日中国共産党第十八届中央委員会第五次全体会議通過）」『人民日報』2015年11月4日、習近平「関与《中共中央関与制定国民経済和社会発展第十三個五年規劃的建設》的説明」『人民日報』2015年11月4日。

5 制度性話語権についての説明は、高奇琦「提高我国制度性話語権(新知新覚）深度参与全球経済治理的保障」『人民日報』2016年2月3日（高のこの論説は、国務院新聞弁公室の公式webサイトに転載されている）がある。なお筆者による分析は、以下に詳しい。渡邉真理子（学習院大学）／加茂具樹（慶應義塾大学）／川島富士雄（神戸大学）／川瀬剛志「中国のCPTPP参加意思表明の背景に関する考察」『RIETI Policy Discussion Paper Series 21-PE-016』（独立行政法人経済産業研究所）2021年9月11日。< https://www.rieti.go.jp/jp/publications/summary/21090002.html> .

6 「高挙中国特色社会主義偉大旗幟　為全面建設社会主義現代化国家爾団結奮闘――在中国共産党第二十次全国代表大会上的報告（2022年10月16日）」『人民日報』2022年10月26日。

7 "制度性話語権 (zhiduxing huayuquan) : Greater Say in Global Governance," *China Daily*, Nov. 23, 2015 <http://www.chinadaily.com.cn/opinion/2015-11/23/content_22510054.htm>.

8 スーザン・ストレンジ著、西川潤・佐藤元彦訳『国家と市場――国際政治経済学入門』（筑摩書房〔ちくま学芸文庫〕、2020年）

9 「堅定信心　共克時艱　共建更加美好的世界――在第七十六届聯合国大会一般性辯論上的講話（2021年9月21日）『人民日報』2021年9月22日。

10 「携手迎接挑戦、合作開創未来――在博鰲亜洲論壇2022年年会開幕式上的主旨演説（2022年4月21日、北京）『人民日報』2022年4月22日。

11 "Views from China's vice president," *The Washington Post*, February 8, 2012. < https://www.washingtonpost.com/world/asia_pacific/views-from-chinas-vice-president/2012/02/08/gIQATMyj9Q_story.html> .

12 「習近平同美国総統拜登挙行視頻会晤」『人民日報』2021年11月17日。

全章一覧

◉**第1部 なぜ支配は持続してきたのか** —— 中国共産党の統治能力とその行方

第1章 **中国共産党一党支配をめぐる問い** — 豊かな権威主義国家の統治能力
（加茂具樹）

第2章 **毛沢東時代の遺産と中国社会**
（鄭　浩瀾）

第3章 **中国共産党と国有企業** — 党国家との相互依存関係
（Macikenaite Vida）

第4章 **中国共産党と人民解放軍** — 軍は一党支配体制の維持にどのように貢献しているのか
（土屋貴裕）

第5章 **中国共産党とメディア** — メディアはどう利用され、管理されてきたのか
（荒川　雪）

第6章 **中国共産党と司法** — どのように統治の道具として役立てているのか
（内藤寛子）

◉**第2部 なぜ発展は持続してきたのか** —— 高度成長の原動力とその行方

第7章 **中国共産党と制度選択** — 中央集権と創造的破壊
（渡邉真理子）

第8章 **中国共産党と民営企業家** — 創造的破壊を抱きしめ続けられるか
（渡邉真理子）

◉**第3部 「力」をどう使うのか** —— 国際秩序への影響力

第9章 **「米中対立」という国際環境と中国外交**
（増田雅之）

第10章 **南シナ海へ進出する中国の狙いとその影響**
（飯田将史）

第11章 **「国家統一」に向けた力（パワー）の行使**
（福田　円）

第12章 **米国の対中政策** — 戦略的競争への収斂
（神保　謙）

第13章 **「科学技術大国」中国はその力をどう使うのか**
— 軍事・安全保障の側面を中心に
（八塚正晃）

目　次

はじめに ── 大国としての中国はどこに向かって進むのか　III

第1部

なぜ支配は持続してきたのか
──中国共産党の統治能力とその行方

第1章
中国共産党一党支配をめぐる問い
── 豊かな権威主義国家の統治能力

1 変化する問い　2
2 いつ、どのように、民主化するのか　3
3 豊かな権威主義国家　5
4 弱く不安定である理屈　7
5 低く見積もった統治能力　9
6 統治能力を再評価する　10
7 統治の有効性の向上に貢献する政治制度の発見　12
8 中国共産党は新しい術を見つけたわけではない　14

第2章
毛沢東時代の遺産と中国社会

1 毛沢東時代の中国社会　19
2 毛沢東時代の遺産と党統治　22
3 社会の変化と統治の課題　26

第3章
中国共産党と国有企業 ── 党国家との相互依存関係

1 経済発展と一党支配　32
2 経済改革の重点としての国有企業改革　34
3 統治能力の強化と国有企業　38
4 経済エリートの支配と取り込み　42
5 国有企業と党国家の相互依存　46

第4章 中国共産党と人民解放軍
── 軍は一党支配体制の維持にどのように貢献しているのか

1 政治権力とその源泉たる軍隊の関係 49
2 公共経済学的視点から見た人民解放軍の政治的機能 50
3 軍による「公共財」の提供範囲の拡大 51
4 グローバルに拡大する国益を守る役割 52
5 中国の党と国家(政府)と軍の関係をめぐる見方 53
6 「ラインアンドスタッフ」組織としての人民解放軍 54
7 なぜ軍は「党の軍に対する絶対領導」を受け入れているのか 56
8 軍改革と「危機の社会化」が持つ政治的意味 57
9 軍の予算配分から見た動揺の可能性 58
10 増大する国防費とその持続可能性 59

第5章 中国共産党とメディア
── メディアはどう利用され、管理されてきたのか

1 監視国家への肯定的な反応とメディア統制 62
2 メディアは共産党の情報機関かつ宣伝機関 64
3 メディアの国家機関化と自由な言論の喪失 65
4 改革·開放後のメディア改革 67
5 独自のネット言論空間の拡大と共産党による世論の誘導 68

第6章 中国共産党と司法 ── どのように統治の道具として役立てているのか

1 なぜ司法体制改革を推進するのか? 74
2 中国共産党指導部が注目する人民法院の役割 76
3 胡錦濤指導部下の司法体制改革 ──「人々の利益を保護するための司法」の出現 80
4 習近平指導部下の司法体制改革 ── 司法の地域主義化への対策 82
5 司法体制改革の今後の展望 85

第2部

なぜ発展は持続してきたのか

——高度成長の原動力とその行方

第7章
中国共産党と制度選択 — 中央集権と創造的破壊

1 驚異の高度経済成長 89
2 国家、制度と経済成長をめぐる議論 94
3 なぜ中国は高度成長を達成できたのか 99
4 さらなる制度転換の可能性 104
5 まとめ 110

第8章
中国共産党と民営企業家 — 創造的破壊を抱きしめ続けられるか

1 共産党と企業 — 国有企業か民営企業か 114
2 収奪的制度のもとでの起業 116
3 共産党と新興企業の関係をどう構築するか — アリババの事例 124
4 まとめ 135

第3部

「力」をどう使うのか

—— 国際秩序への影響力

第9章
「米中対立」という国際環境と中国外交

1 世界は「百年来未来曽有の大変革」— 空前の挑戦か？ 140
2 深まる米中対立 — 経済に優先する安全保障の論理 141
3 エスカレーションを抑制できない米中外交 144
4 反中陣営の形成阻止 — 対欧州関係の展開 147
5 限界に直面する中国外交？ 153

第10章 南シナ海へ進出する中国の狙いとその影響

1 米中対立の焦点となる南シナ海 157
2 力を用いた島嶼支配の拡大 158
3 南シナ海に進出する狙い 162
4 不安定化する東アジアの安全保障 165

第11章 「国家統一」に向けた力(パワー)の行使

1 力の行使の最先端 171
2 中国が台湾に行使できる力 172
3 胡錦濤政権期からの継承 174
4 習近平政権の独自性 175
5 台湾、米国、国際社会との摩擦 177
6 中国の力に対する耐性を問われる台湾 179

第12章 米国の対中政策 ── 戦略的競争への収斂

1 関与とヘッジの振り子から競争へ 182
2 米国の対外政策と「戦略的競争」の適用 184
3 戦略的競争への収斂 ── 対中政策の新たな潮流 188
4 戦略的競争の帰趨 195

第13章 「科学技術大国」中国はその力をどう使うのか ── 軍事・安全保障の側面を中心に

1 はじめに 198
2 これまで科学技術を軍事的にどのように位置付けてきたか 200
3 中国は将来戦をどのように認識しているか 202
4 中国は大国としていかなる課題に直面しているのか 203
5 中国は科学技術大国としてどのように力を使うか 206

編著者・執筆者紹介 210

本書『中国は「力」をどう使うのか――支配と発展の持続と増大するパワー』（一藝社、2023年）は、慶應義塾大学湘南藤沢キャンパス2022年度学術交流支援資金（出版・論文投稿支援 No.3-1）の補助を得て、出版した。記して謝意を表したい。　加茂具樹

第1部

なぜ支配は持続してきたのか

——中国共産党の統治能力とその行方

第1章

中国共産党一党支配をめぐる問い

――豊かな権威主義国家の統治能力――

加茂 具樹

1 変化する問い

なぜ、中国共産党による一党支配は持続しているのか。これは、中国政治をめぐるさまざまな問いの核心にあるといってよい。しかし、およそ30年前、1990年代の中国政治研究は、これとは異なる問いを立てていた。中国政治は「いつ、どのように民主化するか」である。30年という時間を経て、問いは正反対の方向に変化した。

いま、問いはさらに深まっている。中国共産党による一党支配は、ただ持続しているのではない。一党支配体制の下で、中国経済は30年にわたって長期の高度成長を実現し、2010年には世界第二位の経済大国となった。なぜ一党支配体制のもとで持続的に経済が成長してきたのか、である。そして経済的な成功によって国力が増大した中国は、「大国外交」という外交路線を歩み、自らを「世界の平和をめぐる問題に決定的な影響力をあたえる力（パワー）」をもつ「大国」としての意識を強く表すようになった（本書「はじめに」を参照されたい）。中国をめぐる問いは、その力をどのように使おうとしているか、へとつながっている。

問いの変化は、問いを導出する分析枠組みの変化を意味する。「いつ、どのように民主化するのか」という問いは、「弱く不安定な権威主義体制が、民主主義体制に向かって歩んでいる」、という仮説から導出されたものであった。

しかし、「なぜ、中国共産党による一党支配は持続しているのか」という問いの登場は、それまで有効だと考えられていた枠組みの再検討を求めている。30年ほど前の私たちは、中国を民主主義体制への移行の可能性をもつ、不完全な民主主義体制と捉えていた。しかし比較政治学者のレヴィツキー（Steven Levitsky）らの考察が指摘するように、私たちは、当時の中国政治の動向を「民主化」への萌芽ではなく、「弱く不安定な権威主義体制の危機」、と捉えるべきだった[1]。

30年前、なぜ中国共産党による一党支配の評価を見誤ったのか。本章の目的は、中国政治の分析枠組みを検証することにある。

►2　いつ、どのように、民主化するのか

ハンチントン（Samuel Hungtinton）は、1970年代半ばの南ヨーロッパに始まった民主主義のグローバルな展開を民主化の「第三の波」と定義した。南ヨーロッパにはじまり、ラテンアメリカへ波及した波は、1980年代になってアジアに到達し、フィリピン、韓国、台湾における権威主義体制を選挙によって選ばれる政府へと変えた。そして1989年には、東ヨーロッパの社会主義諸国において、東ドイツやポーランドの社会主義政党による一党支配の連鎖的な崩壊として観察された。その後、1990年にモンゴルではモンゴル人民革命党が一党支配を放棄し、1991年にはソ連邦が解体した。

中国は「いつ、どのように、民主化するのか」という問いは、ハンチントンが提起した民主化の「第三の波」の文脈を踏まえて提起された、といってよい[2]。そして、冷戦という国際秩序の流動化と共産主義諸国の政治体制が連鎖的に崩壊したことをつうじて国際社会は、フクヤマ（Francis Fukuyama）が論じたように、自由民主主義体制こそが「政体の既定値（デフォルト）としての形態」であると受け止めるようになった[3]。

ハンチントンが見出したように、人類史において民主化の波は、19世紀半ばに始まり、20世紀半ば、そして20世紀後半からの三つがある、と理解されている。いずれの「民主化の波」には、「ペースを落とし、いくつかの揺り戻しの波も発生しているという兆候が発生していた」[4]。しかし、当時の人々は、目前に展開している「第三の波」は、過去の波とは異なり、不可逆な波であるとの確信を共有し、すべての道は民主主義に通じていると見ていた、といえよう。

こうした視座は、中国政治の行方をめぐる議論に大きく影響した。なぜなら、中国も「第三の波」という不可逆な波のなかにあり、中国の政治体制を「移行途上にある不完全な民主主義体制」と評価し、その行方を展望するための分析枠組みとして「民主化」を用いたのである。

これとは別の文脈で、かつての日本社会は中国が民主化の道を歩むことを期待していた。（いまから思えば）楽観的な視座をもって、日本を含む国際社会には中国の未来をかたちづくる力があり、かつそうあるべきだと信じていたといってよい。例えば、1989年の天安門事件よりも10年前の1979年12月、中国の北京を訪問した大平正芳首相の演説のなかに示されている。

大平首相は、この演説をつうじて、日本政府が中国政府にたいして政府開発援助を供与する、と発表した。大平首相は、この供与の目的について、次のように語っていた。中国が「国際社会の平和と安定のため、一層積極的な役割を果たそうとする「世界の国々が貴国の近代化政策を祝福すべきものとして受けているのは、この政策に国際協調の心棒が通っており、より豊かな中国の出現がよりよき世界につながるとの期待が持てるからに外なりません。我が国が中国の近代化に協力するとの方針を強く打ち出した所以（ゆえん）も、我が国独自の考え方に加えて、このような世界の期待に裏打ちされ得ているからでもあります」[5]。

大平の言葉によれば、中国の近代化を日本が支援することをつうじて、国際社会に開かれた豊かな中国の登場を促し、そうすることをもって、日本を含む国際社会の平和と繁栄に貢献することを期待していたのであった[6]。この一党支配が、急速に自由化する蓋然性は低いが、経済発展とともに、ゆっくりと民主化に向かって歩みはじめるはずであり、またそのように促す必要がある、という対中戦略観を示していたのである。

同様の戦略観は、1989年の天安門事件の10日後、後に外務事務次官となる栗山尚一（たかかず）外務審議官が残している。栗山氏の署名入りの文書「当面の対中政策の基本的考え方について」には、次のように示されている[7]。「我が国の対中政策の大きな柱は、中国の改革・開放政策に対する支援である。これは、こうした方法により中国を国際秩序の中に取り込んでいくことが、長期的に中国の変化を促し、アジア・太平洋地域の平和と安定に資するとの考えによるものである」。

しかし、現実の中国政治は、中国共産党による一党支配体制が持続している。弱く不安定な権威主義体制から民主主義体制への移行は、必然ではなかった。そもそも「権威主義体制の危機」と「民主主義体制への移行」は、体制移行の段階としては異なる。体制維持の危機に直面した権威主義体制は、直ちに民主主義体制に移行するわけではない。危機に直面した権威主義体制の行方には、二つの可能性があるだろう。一つは体制維持に失敗し、体制解体の過程を経て、次の（民主主義体制とは限らない）体制に向かう過程に入る。いま一つは危機克服に成功して、体制は安定を維持する。

▶3　豊かな権威主義国家

中国共産党による一党支配に、弱さと不安定さを見出す論理の一つが、経済成長とともに中産階級が誕生し、その層が厚くなることは政治の民主化を誘導する、という考え方であった。リプセット（Seymour Lipset）は、経済発展と民主主義との間に統計的な相関関係が存在していることを確認したうえで、この関係が生まれる要因として経済発展によって民主主義的な規範をもつ中産階級が登場するという社会構造の変化を指摘していた。民主主義が社会に定着するうえで、彼らは重要な役割を発揮するという考え方である。いわゆるリプセット仮説である[8]。

第二次世界大戦後、経済成長を国家目標に据えた発展途上国の政治指導者たちは、経済成長の優先と社会秩序の安定を実現するために、権威主義的な政治体制を選択してきた。しかし、その後、経済成長に成功した権威主義体制の指導者たちの多くは、社会が豊かになるとともに、その政治的役割の終焉を社会に告げられてきた。多様化し、多元化した社会の要求に、権威主義的な体制の政治指導者たちは、適確に応答することができなかったのである。そして、ある指導者は平和的に民主的な政治体制へ移行することを選択し、ある指導者は大衆に政権の座から引きずり下ろされた。

これはハンチントンが『変革期社会の政治変容』において提起した、近代化と政治的安定の関係をめぐる問題である[9]。同書は、発展途上国において政治的安定が損なわれるメカニズムを論じた。ハンチトンは、「政治的無秩序をつくりだすのは、近代性の欠如ではなく、近代性をはたす努力の欠如である」、貧しい諸国が不安定であると思われるのは、「貧しいからではなくて、豊かになろうとしているからである」という考え方を示していた。

同書の目的は、「近代性が安定を生み出し、近代化が不安定を生む」というパラドックスを検証し、その因果関係の説明を試みることにあった。経済成長の過程にある変革期社会において、政治的制度化の進展が政治参加の拡大に追いつかない場合、政治的不安定に陥る長期の高度成長と長期の社会安定を同時に実現できた国家は少なかった。日本はそのうちの数少ない成功例である[10]。

1980年代以来、中国もまた、このパラドックスに陥り、中国共産党による一党支配は弱く不安定であるとみなされてきた。その典型が1989年の天安門事件だと理解されてきた。しかし、そうした予想に反して、一党支配体制は長期にわたる高度成長を実現した。豊かになろうとする権威主義国家があったとしても、豊かな権威主義国家は存在し難い、と思われていた。しかし、いま"豊かな権威主義国家"中国が現存するのである。もちろん、これまでのところは、であるが。

こうした「豊かな権威主義国家」中国の登場と、その持続は、中国政治研究における分析枠組みの大きな変化を生む動力となった。こうして中国政治研究の問いが「いつ、どのように民主化するか」から、「なぜ、中国共産党による一党支配は持続しているのか」へと変化した。中国の政治体制を移行途上の不完全な民主主義と捉え、民主義体制体制の民主化の可能性を論じる研究から、弱く不安定な政治体制が危機を克服し、生き残ることができた理由を解き明かそうとする研究への変化である。

こうした「豊かな権威主義国家」中国の登場をつうじて、国家の統治の形態（政体）にかんして、さまざまな議論を喚起した。例えば、中国政治は自由民主主義体制とは異なる有効な政体の存在を示しているという主張である。例えば、中国の投資家であり政治学者であるエリック・リ (Eric Lee) が、Ted Conferenceの2013年の大会でおこなったA tale of two political systems（２つの政治体制の物語)」と題する演説がある[11]。このリは、中国共産党は、一党支配でありながらも世界第二位の経済大国に導いたという「成功」に言及しながら、「社会が発展するにともない、資本主義社会を形成し、複数党から成る民主主義になる」という道とは異なるいま１つの国家の成功の道があるかもしれない、すなわち、「選挙によって選出された政府による統治」とは異なるすぐれた統治のかたち、の存在を力説した。リは、中華人民共和国の「成功」は、人類社会の発展の道は多様であることを示唆しているのかもしれない、という問いの提起に成功しているというのである。リは演説をつうじて、中国共産党による一党支配を、リプセット仮説を拒否し、ハンチントンのパラドックスを克服する新しい統治、と主張しているようにも理解できる。

►4　弱く不安定である理屈

政治学を学ぶと、民主的な政治体制であろうが権威主義的な体制であろうが、いかなる政治体制であっても、社会からの要求、すなわち民意を無視する政治体制は持続できないことを理解する。豊かな権威主義国家中国の統治の要もまた、如何にして社会の要求の所在を的確に把握するのか、という点にある。

この問題を考えるとき、デイビット・イーストン（David Easton）の政治体系という考え方が役に立つ[12]。政治体系とは、諸価値の権威的配分と、その配分という決定を社会に受け入れさせるという２つの特質をもつ、さまざまな役割を担う成員によって構成されている。政治体系を政策決定機構（政府）と置き換えてもよいだろう。

イーストンは、この政治体系が持続するという概念について、政治体系の中心にある政治過程が循環していること、と定義している。この循環する政治過程は、①社会を構成する個人あるいは集団ごと（以下、国民）に異なる価値を表している要求が政治過程にインプットしていく過程と、②権威的配分という政策決定に変換されるアウトプットの過程、そして、③執行された政策決定が社会に影響し、その結果、社会を構成する個人あるいは集団（国民）が政治体系に対して支持の感情をもつ、および体系に対してさらなる要求を表出するというインプットの過程にフィードバックする過程、によって形づくられている。

つまり、政治体系が存続することとは、インプットとアウトプット、そし

図表1-1　政治体系と循環する政治過程

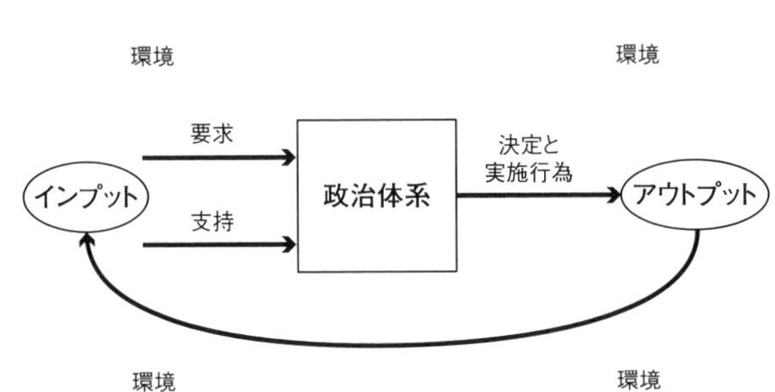

〔出所〕イーストン『政治生活の体系分析［上］』（2002）を基に作成。

てアウトプットのあと再度インプットの段階にフィードバックするという政治過程が、途切れなく結びついた流れ(フロー)が成立していることである（**図表1-1参照**）。

ここで注目しておくべきことは、政治体系が持続するためには、政治過程のフローが単に成立しているだけでなく、政治体系へのストレスを可能な限り低くし、安定的な流れ（フロー）が実現していることが重要だということである。適切な政策決定に必要な情報が政策決定機構（政府）にインプットされ、政策決定機構（政府）が決定したアウトプットに対して、社会がそれを自らが表出した要求に順応的であると評価し、社会が政策決定機構に対して一体感を抱いたとき（「支持」の表明)、政治体制は持続するのである。

以上のような、政治体系の持続にかんする概念整理をふまえて考えれば、民主主義的な政治体制は、権威主義的な政治体制よりも政治体制を持続させることが容易だといえる。少なくとも持続させるためのコストは権威主義的な政治体制よりも低いはずだ。なぜなら民主主義体制のもとで国民は、国家の指導者を選出する選挙や陳情活動、行政訴訟などの司法の活用、あるいはメディアでの発言等といった、政策決定機構、すなわち政府に要求を訴えるさまざまな手段をもっているからである。この結果政府は、政策決定に必要なより多くの情報を手にすることができる。また政府は国民によって選出されることから、自らの政策決定と執行が国民の要求に応えているかどうかの責任を負う。つまり国民と政府とのあいだに、アカウンタビリティーが確保されており、インプットとアウトプットの質を高め、また政治体系の正統性を付与することができる。そうであるがゆえに、理念上は、民主的な政治体制は安定し、持続するとみなされてきた[13]。

一方で、権威主義的な体制における政治過程は、社会と政策決定機構（政府）とのあいだに循環する情報は民主的な体制と比べて不十分であることから、政治過程の循環を持続させることは難しいとみなされてきた。

なぜなら権威主義的な体制に住む人々は、政策決定機構（政府）に対して要求を表出する手段は限られていて、多くの権威主義的な体制は、議会や選挙や政党といった民主的な制度を設けてはいるものの、その活動は制限され、アカウンタビリティーも確保されていないために政策決定機構（政府）は社会が表出する要求を十分に汲み取ることはできず、またできたとしても適切に集約、調整して政策化することは難しいと理解されてきたからである。

そして社会は、政策決定機構（政府）には自分たちが表出する要求を的確に集約、調整する能力がないと判断したとき、やむを得ずに暴動という制度外の非合法的な方法を用いて要求を表出しようとするのである。また、これらの体制の政策決定機構（政府）は、自由で民主的な手続きを経て選出されたわけではないことから、そもそも自らの政策の決定と執行について社会に対して責任を負う意識は乏しい、とみなされてきた。だからこそ天安門事件以後の1990年代、中国政治研究者の中心的な研究関心は、ソ連や東欧諸国の民主化の実現とその背景にあった市民社会論に強い影響を受けるかたちで、中国の市民社会の成長と異議申し立て活動の活発化が中国共産党による一党支配に与える影響を析出することに注力してきたのである。

これが、中国の政策決定機構（中国共産党と政府）は社会が表出した要求に対して順応的な政策を選択する可能性は低く、中国社会は政治体制に対する不信感（不支持）を強めてゆく傾向にあるために、中国共産党による一党支配体制は弱く不安定な権威主義体制であるという考え方の背後にある論理であった。

►5　低く見積もった統治能力

しかし、中国共産党による一党支配は、予想に反して長期間持続している。この理由を政治体系の持続の概念に沿って理解しようとするのであれば、安定した政治過程のフローを実現させる能力に注目することになる。中国の政治体制が予想に反して持続しているということは、これまで私たちは、その能力を低く見積もりすぎた、ということを意味しよう。

蒲島郁夫は、この政治過程の安定的なフローを実現させる能力を、統治能力という言葉で説明している[14]。蒲島は、政策決定機構である政府が政治参加をつうじて伝達される社会の選好に順応的に反応するとき、また社会が参加をつうじて国家と一体感をもったとき政治システムは安定するが、政府が社会の選好に拒否的に反応したり、社会が政府に著しい不信感をもつようになると、政府と社会の間には緊張が高まってくると論じている。

蒲島は、政府の統治能力を社会の選好に対する応答の能力と定義している。政府の統治能力が低ければ低いほど、政治参加によって伝達される社会の選好に政府は適切に応答できないので、そうした政府は政治参加を強権的に抑えようとする。物理的な強制力が十分高ければ、一定の期間、社会の要求を抑えることは可能であるが、ある一定限度を超えるとちょうど堤防が決壊するように政治参加は一挙に噴出し、政府と市民の緊張関係はいっそう高じてくるというのである。

さらに蒲島は、統治能力の成長という概念を提起し、政治の歴史的展開の中心的論点を、次のように提起していた。興味深い整理なので引用しておこう。

> 「一般的に政府は、政治参加のチャネルを拡大し、異なる社会の選好を効果的に調整するという困難な決定を何度も経験することによって統治能力を高めることができるが、政府はそのような手続きを踏むよりも、政治参加の抑制、情報の非公開、政治的制裁に頼って効率的に国家を運営するという近道を選びたがる。政治の歴史は政治参加を抑制しようとする政府と、参加の権利を求める市民の葛藤の歴史と言っても過言ではない」[15]。

この蒲島の論点整理をふまえれば、中国共産党の一党支配がこれまで予想に反して長期間持続してきた理由は、中国共産党が社会の選好に適切に応答できる能力をもっているということになる。そして、一党支配の持続を見直すことができなかったことの意味は、この応答する能力を、私たちが適切に正当に評価することができていなかったということになる。

►6　統治能力を再評価する

では、適切に評価してこなかった統治能力とは具体的にはなにか。その典型的な事例が、選挙や政党、議会といった民主的制度、中国においては人民代表大会の政治的機能である[16]。厳密にいえば、人民代表大会は議会ではない。立法機関であるとともに権力機関であるが、この政治的機能を理解するためには、権威主義国家における議会という民主的制度の政治的機能にかんする研究成果を援用することは極めて有用である。

民主的な国家と同様に、権威主義的な国家にも選挙や政党、そして議会が設けられている。選挙を実施するにも、政党を組織し運営するにも、議会を開催し、運営するにもコストはかかる。にもかかわらず、なぜそうした制度を権威主義的な体制の政治指導者は取りそろえるのだろうか。

周知のとおり、民主主義体制とは異なり権威主義体制の議会の活動は制限が設けられている。複数の政党が存在していたとしても、そのうちの１つの政党が他の政党よりも政治的に優位であるという政治原則が憲法に明記されている。議員を選出する選挙がおこなわれているとしても、選挙への立候補は制限され、仮に立候補したとしても選挙運動は妨害される。そして操作された選挙の結果、議会を構成する議員の圧倒的多数が特定政党の党員によって占められ、議会の運営は特定の政党の意思に操られる可能性が大きい。いわば偽装された民主的制度である。しかし、もちろんそれは民主的な国家であることをカモフラージュするための装置ではない。

これまで権威主義国家の民主的制度の活動に関心をもつ研究者は、その政治的な機能の活発化が民主化を促す働きをするかどうかに注目してきた。近年、この問題に関する研究は、１つの結論を導き出している。権威主義国家の民主的制度は民主化を促す働きをすることはほとんどなく、かえってそれは政治体制の安定性を高める役割を担うというものである。

こうした権威主義体制の民主的制度の政治的機能を「体制の持続」という概念と関連づけて理解するためには、その体制におけるトップリーダーが体制を持続させるために克服しなければならない政治課題とは何かを理解することが近道だ。スボリック（Milan W. Svolik）によれば、権威主義的な政治体制のトップリーダーには克服しなければならない2つの課題があるという[17]。１つが指導部内エリートとの間の権力の共有の問題である。

権威主義体制のトップリーダーは、１人で国家を統治するわけではない。現実には他の複数の指導部内エリートと協力し、任務を分担しながら国家を統治する。政治体制の安定を維持するためには、トップリーダーは指導部内エリートとの対立や、彼らの離反を防ぎ、安定的な関係を構築しなければならない。いま１つの課題が、社会に対する管理をめぐる問題である。トップリーダーおよび指導部内エリートは、あたかも彼らを取り囲むように存在する大衆による挑戦を未然に防ぎ、もし彼らによる敵対的な行動があった場合には対抗する必要がある。

これらの課題を克服するために、権威主義体制のトップリーダーは民主的制度がもつ、体制を安定させるための政治的機能を活用してきた。ガンディー（Jennifer Gandhi）や久保慶一によれば、それは３つあるという[18]。

第１には、トップリーダーと指導部内エリートとの間のコミットメント問題を克服し、「指導部内エリートの離反を防止する」機能である。トップリーダーは民主的制度が体制内エリートたちと権力を分有し、安定的な関係を構築する手段として機能することに期待してきた。コミットメントの問題とは、指導部内エリートは トップリーダーが提示した自らに安心を供与し取り込むことを目的とした権力分有の提案を実際には履行しないのではないかと疑うことを指す。民主的な制 度はトップリーダーの提案を法律・法規あるいは決議に置き換える役割を担う。提案を制度として確認すればトップリーダーは勝手気ままに提案を変更したり、無視したりすることはできなくなる。こうして民主的制度は指導部内エリートのトップリーダーに対する疑いをおさえ、対立、離反を未然に防ぐ働きをするという。

第2には「反体制勢力の抑制と弱体化」機能である。権威主義体制のトップリーダーは、潜在的あるいはすでに明示的な存在となっている反体制勢力の伸張を抑えるための手段として民主的制度が機能することを期待してきた。議会という場での予算案の審議や法制度の整備の機会をつうじて、トップリーダーは反体制勢力に予算を選択的に分配し、法律の制定をつうじて政治的資源の配分を制度化することができる。こうして民主的な制度は、彼らを分断し、団結することを阻止して、勢力を弱体化させることができるという。

そして第3が「統治の有効性の向上」機能である。トップリーダーは民主的制度の、政策決定に必要な情報、すなわち社会の要求や不満を把握する機能に期待してきた。民主的制度をつうじて収集した情報をふまえて、政治指導者は社会の期待に順応的な政策を形成、執行する。そうすることによって、国民の体制に対する支持を高めることができる、というわけである。

►7　統治の有効性の向上に貢献する政治制度の発見

今日、人民代表大会もまた、他の権威主義体制下の民主的制度と同じような機能を発揮していることが明らかになっている[19]。

しかし、こうした「発見」は最近のことであった。それまで、中国共産党の党籍をもつ人民の代表である人代代表（議員に相当）が7割以上を占める人民代表大会に、中国共産党や政府の決定を無条件に承認するだけの存在で、「ラバースタンプ」や「政治の花瓶」と揶揄されてきた。しかし、近年の研究成果は人民代表大会に「統治機構の有効性の向上」機能に関する一定の機能があることを明らかにしている。そしてこれが、蒲島のいう「政府の統治能力」の向上を促しているのである。

例えば、中央、つまり日本の国会に相当する全国人民代表大会は、改革開放を深化させるための制度的な保障となる経済改革に関連する法律の審議を通してさまざまな国家機関や中央と地方の利害を調整する場としての役割を担ってきた。

地方議会に相当する地方人民代表大会は、さらに、より人々の生活に直結した問題を議論してきた。例えば、経済発展にともなう都市の拡大にともない、汚染物質をまき散らす工場の移転先をめぐる問題やゴミ焼却場の設置場所の調整や、あるいは政府が立案した経済発展計画の対象地域の調整のための場として、地方人民代表大会が活用されて、政策の調整が行われていた。「納税者意識」が高まり、地方政府の支出の透明化を求める声が強まり、人民代表大会で審議するために提出が求められる予算案に関する資料は年々充実してきている。

また、環境保護に関する政府の失政が地方人民代表大会で厳しく追及され、担当政府幹部は辞職を迫られることは少なくない。企業経営者である地方人民代表大会代表は、自らが経営する工場の近くに高速道路のインターチェンジを作って欲しいという要求を政府に突きつけ、露骨な利益誘導をする。中央でも地方でも人民代表大会はさまざまな利害を表出し、調整する場として機能している。こうして、政策決定者は社会が何を欲しているのかを把握するのである。

中国共産党が操作する選挙をつうじて選出された人民代表大会代表は、そのほとんどが中国共産党員ではある。彼らは中国共産党の鉄の規律に従順な操り人形のようなイメージをもたれているが決してそうではないのである。先行研究は、こうした人民代表大会代表の多様な行動を、政策決定者の「代理者」(政府の決定を自らが選出された選挙区へ伝達する役割)、政策決定者の「諫言者」(政策立案と決定に必要な選挙区の情報を政府に提供する役割)、選出された選挙区の利益を代表する「代表者」(自らが選出された選挙区の要求を政府に表出する機能)と整理している。

人民代表大会代表の「代理者」としての活動は、中国共産党や政府の決定に対する挑戦的な行動へと発展する可能性があるのではないか、という指摘がある。しかし現実は、そうはなっていない。人民代表大会代表の多くは、政府機関の幹部であったり、地域の有力な国有企業や私営企業の幹部であったり、弁護士や医師、高等教育機関の教員など、社会の政治的経済的エリートである。地域社会の中産階級でもある。彼らは改革開放政策の受益者であり、既存の体制の擁護者でもある。彼らは政策の変更を要求するのであって、政府の変更（革命）は望まないのである。

地域の実情に詳しく、地域が抱えている問題や政策決定者が下した政策の問題の所在をよく理解している人民代表大会代表は「代理者」「諫言者」「代表者」として統治の有効性の向上に貢献しているのである。

▶8　中国共産党は新しい術を見つけたわけではない

なぜ中国共産党による一党支配の評価を見誤ったのか。どうやら、私たちは中国共産党の統治能力を低く見積もってきたのかもしれない。見誤ったのは日本の研究者だけではない。

2011年の春の、いわゆる「アラブの春」が中国政治社会にまで波及するかどうかに関心が集まった際、現代中国政治学者であるオブライエン（Kevin O'Brien）は中国共産党が如何にして「親指を発展させてきたのか」を理解しなければならないと語っていた[20]。この比喩は、チンパンジーとヒトとの相違を頭のなかで描くとすぐわかる。チンパンジーとヒトは非常に似た形態をもつ霊長類である。しかし違いがある。チンパンジーとヒトとの間の大きな違いの一つは、手の指が拇指対向であるのか、そうでないのか、である。ヒトは親指が他の指と対向している。その結果、ヒトは親指を使ってモノをつかむことができる。しかしチンパンジーはできない。

オブライエンは、ヒトとチンパンジーとの間の親指の能力の違いを比喩にして、中国共産党の統治技術に対する外部観察者の理解不足、あるいはその技術の発展の実態に注目する必要性があると訴えていた。ここ数年、中国研究者の研究成果は、社会環境の変化に適応させて中国共産党は能力を発展させてきたことへの再認識の必要性を訴えている。その時、「適応力」は、中国共産党による一党体制を論じる際の近年の中心的な概念となっている[21]。

権威主義国家中国をつくりあげているさまざまな政治制度と、それによって生み出される統治能力にかんする理解は、これまで必ずしも十分ではなかった。

例えば中国のメディアに対する理解もその典型だ。ストックマン（Daniela Stockmann）の研究は、中国のメディアの市場経済化には体制の強靭性を高める効果があることを論じていた[22]。中国共産党の喉であり舌であって、中国共産党の政策を宣伝するための道具としての役割を担ってきた中国のメディアは、

1990年代以降、市場経済化の道を歩みはじめた。これについて一般的な見方は、メディア企業の独立採算化が中国共産党のメディアに対するグリップ力の低下を引き起こすだろうというものであった。

しかし現実はそうではならなかった。メディアは、市場経済化の道を歩むことによって、商品価値の高いニュース報道を追究する必要性が求められる。そのために中国共産党は、メディアの市場経済化とともに、一定程度、言論空間の自由度を広げることを認めた。この結果、メディアに対する社会の信頼度が上昇することになったという。こうして中国共産党はメディアを通じて社会の選好を理解する強力なチャネルを手にすることになったという。

中国をはじめとする権威主義国家をかたちづくっている政治制度は、まだ多くの研究の余地を残している。政治制度について、私たちの理解が不十分であることは枚挙にいとまがない。例えば、「社会的爆発（Social Volcano）」にかんする問題だ。改革開放の進展にともない、中国社会は貧富の格差が拡大し、不公平と不公正、不平等が深刻化するにともない、「群体性事件」といわれる暴動が頻発するようになっている。「社会的爆発」とは、この暴動が、次第に、点から線となり、そして面となって中国社会は野火のように全国的な範囲に拡大するのではないかという見方だ。しかし、現実にはそうなっていない。

これについては、いくつかの優れた研究がある。理由を要約すれば、中国の社会階層は多用であり、層ごとに問題意識や不満、要求、期待は異なる。したがって、暴動の起因となる不満は個々に異なる問題関心に因るものであって、個々の暴動が相互に連携することは容易ではないということだ。また、不満は地域の政策の失敗に対する不満であって、体制に対する不満ではなく、体制の崩壊を目的とした暴動にまで成長することは容易ではないという。

本章での議論をふまえて導き出すことができる結論は、1つには、私たちは中国共産党の統治能力を注意深く評価すべきだということである。かつて私たちは、その統治能力を低く見積っていた。しかしもちろん、中国共産党による一党支配体制が予想に反して長時間持続しているだけなのであって、支配の持続が約束されているわけではない。

もう一度、政治体系論にたちもどって、中国共産党の統治能力とは何か、を再検討する必要がある。政治体系が持続する要諦は、インプットとアウトプット、インプットへのフィードバックという政治過程が切れ目なく連続することによって、社会が政策決定機構（政府）に対して一体感を抱くこと、つまり「支持」の表明にあると説いている。それでは、これまで社会は何に対して「支持」（一党支配体制の正統性の付与）を表明してきたのか。それは、長期の急速な経済成長の実現という中国共産党の「パイの拡大」を実現する能力に対してであった。

しかし、これまでのように経済成長を見込めない状況の下で、今後の中国共産党に求められる能力は、限られたパイを如何に配分するかである。分配は難しい。パイが拡大してゆく過程であれば、仮に一時的に分配に失敗があったとしても、それは先鋭化した問題にはならない。今日の配分に不満があっても、明日の配分で取り返すことができると信じられているからである。しかし、パイの拡大を期待できない状況の下では、今日の配分は重要となる。明日の配分に期待できないからである。

そして、分配の中身は経済成長の成果だけでない。持続的に成長するためのコストやリスクも含まれている。急速な成長期を過ぎた今後の中国社会は経済成長のコストがどのように配分されるのかに神経を尖らせている。いわゆる、NIMBY（Not in My Backyard ＝「うちの庭は嫌」）現象が中国でも普遍的に見られるのである。

このように考えれば、中国共産党がリプセット仮説を永遠に回避する術（すべ）を見出すことができたわけではないことは明らかだ。今日の中国政治研究は、たしかに、中国共産党の一党支配が社会の支持を獲得するための能力を思いのほか備えていることを明らかにしてきた。しかし、そうした能力が発揮されたのは、経済成長が約束された状況の下でのことである。コストやリスクの再配分に注力しなければならない社会において、かつてと同じように、中国共産党は高い統治能力を保つことができるのだろうか。

中国の政治社会は、急速な経済成長が約束されている時代とは異なる新しい状況下にある。中国共産党は、それまで経験したことのない環境に直面している。

（かも・ともき）

［注］

1　Steven Levitsky and Lucan Way（2015），“The Myth of Democratic Recession,” journal of Democracy, 26（1）pp.45-58.

2　サミュエル P. ハンチントン著、坪郷實・中道寿一・藪野祐三訳『第三の波 ――20世紀後半の民主化』（三嶺書房、1995年。【原著】Samuel P. Huntington, *The Third Wave: Democratization in the Late Twentieth Century*, University of Oklahoma Press, 1991.）

3　フランシス・フクヤマ著、会田弘継訳『政治の起源（上）』（講談社、2013年）

4　前掲ハンチントン。

5　「大平正芳内閣総理大臣の中国訪問の際の政協礼堂における公開演説（1979 年 12 月 7 日）」（『外交青書 1980 年』24 号、pp.378-382.）もちろん大平は、日中国交正常化と対中経済協力の実施の意味をもう少し広い視座で捉えていた。大平は、20年、30年後に中国が経済発展を遂げた後の日中関係には、日中両国民間に微妙な問題が生じうることを予見していたという（NHK『日中2000年 戦火を越えて「後編 周恩来の決断“民を以て官を促す”」』2022 年10月1日放映）

6　「大平正芳内閣総理大臣の中国訪問の際の政協礼堂における公開演説（1979 年 12 月 7 日）」（『外交青書 1980 年』24 号、pp.378-382.）

7　「当面の対中政策に関する基本的考え方について（平成元年・六・一四　外審　栗山）」No.19 2020-0553 対中円借款（天安門事件以降日中関係、国会答弁等）2. 日中関係〔10〕栗山外審ペーパー）『戦後外交記録公開目録・資料概要』（令和2〔2020〕年度）https://www.mofa.go.jp/mofaj/annai/honsho/shiryo/shozo/pdfs/2020/gaiyo.pdf

8　服部民夫・船津鶴代・鳥居高編『アジア中間層の生成と特質』（日本貿易振興会アジア経済研究所、2002 年）

9　サミュエル・ハンチントン著、内山秀夫訳『変革期社会の政治秩序（上）』（サイマル出版会、1972 年）

10　蒲島郁夫『政治参加』（東京大学出版会、1988 年）

11　Eric X. Li（2013），“A Tale of Two Political Systems,” *TED ideas worth spreading*, https://www.ted.com/talks/eric_x_li_a_tale_of_two_political_systems

12　D. イーストン著、片岡寛光監訳『政治生活の体系分析［上］』（早稲田大学出版部、2002 年）

13　高橋百合子『アカウンタビリティ改革の政治学』（有斐閣、2015 年）

14　前掲蒲島書。

15　前掲蒲島書。

16　例えば、O'Brien, Kevin（1994），“Agents and Remonstrators: Role Accumulation by Chinese People's Congress Deputies,”*China Quarterly*, No.138.　Kamo, Tomoki(2012),“Representation and Local People's Congresses in China: A Case Study of the Yangzhou Municipal People's Congress (co-authored with Hiroki Takeuchi),” *Journal of Chinese Political Science*, Vol.17, No.4.

17　Svolic, Milan（2012）*The Politics of Authoritarian Rule*. Cambridge:Cambridge University Press.

18　久保慶一「特集にあたって――特集・権威主義体制における議会と選挙の役割」（『アジア経済』Vol.54 No.4（2013.12），pp.2-10.）Gandhi, Jennifer（2008），*Political Institutions under Dictatorship*. Cambridge: Cambridge University Press.

19 加茂具樹「現代中国における民意機関の政治的役割――代理者、諫言者、代表者。そして共演」(『アジア経済』54巻、4号〔2013年〕、pp.11-46.)

20 O'Brien, Kevin (2011), "Where 'Jasmine' Means Tea, not a Revolt," *New York Times*, April 2.

21 Dickson, Bruce J (2010), "Dilemmas of Party Adaptation: the CCP' s strategies for survival" , in Peter Hays Gries and Stanley Rosen eds, *Chinese Politics: State, Society, and the Market*. London: Routledge. Dickson, Bruce J. (2011), "No 'Jasmine' for China," Current History, September.

22 Stockmann, Daniela (2013), *Media Commercialization and Authoritarian Rule in China*. Cambridge: Cambridge University Press.

第2章
毛沢東時代の遺産と中国社会

鄭　浩瀾

1　毛沢東時代の中国社会

あらゆる統治形態は社会の中で歴史的に形成されたものである。中国共産党（以下、共産党）による一党支配体制（以下、一党体制）の持続性の問題を考える際には、共産党の統治能力や新たな状況への適応力のみならず、一党体制が生み出された毛沢東時代（1949～1976年）に対する理解が必要である。なぜならば、共産党を中心とする一党体制が作られ、その権力が社会の末端レベルにまで浸透し始めたのは、毛沢東時代であり、その遺産は現在に至るまで継続しているためである。

本章では、毛沢東時代の遺産という歴史的視点から、共産党による統治を支える社会的基盤について考察する。毛沢東時代の遺産に関しては、これまで共産党の革命的イデオロギーや統治手法、政治文化の視点から分析した研究があるが〔Sebastian Heilmann and Elizabeth J. Perry, 2011; 中兼和津次、2021〕、本章では、社会の末端における毛沢東時代の制度的かつ組織的な遺産に着目し、その遺産が現在の共産党統治にどのように生きているのかを論じる。

まず、毛沢東時代の社会構造をみよう。本章では、その全体的な特徴を「組織化による分断化」という言葉で形容する。ここでいう「組織化」とは、国家と社会の縦の関係からみて、毛沢東時代の社会が国家によって上から高度に組織化された状態を指す。それに対して「分断化」とは、社会の横の関係からみて、社会が党組織と行政組織を中枢とする無数の地縁的集団（労働集団と居住集団）に組織化されたため、異なる集団における民衆の日常的活動が相互に分断されていた状態を指す。「組織化」と「分断化」という対義語を一つの概念の中に入れることは、やや不自然に思われるかもしれない。しかしこれは、後者（「分断化」）が前者（「組織化」）によってもたらされたものであるという中国社会の現状を表している。

毛沢東時代の社会に対する国家の組織化は、まず資源の集中という形で現れた。ここでいう資源とは、主に土地資源、労働力を中心とした人的資源、食糧を中心とした経済的資源という３つを指す。毛沢東時代において、これらの資源は、国家の統一的な管理の下に置かれた。土地資源については、1950年代半ばから本格化した農業集団化運動によって、建国初期の土地改革で農民の手に分配された土地が再び集団所有となった。それと同時に、統一販売・統一買付という食糧統制政策の下、各世帯の農業生産高と食糧消費の総量が計画的に定められ、個人による食糧の売買活動も禁止された。人的資源については、都市と農村を二分化した戸籍制度が1958年に本格的に実施され、それによって農民は労働力として農村に固定されるようになった。

社会に対する国家の組織化は、民衆の日常生活が「単位」によって管理されたことにも表れた。1950年代の社会主義建設運動の結果、毛沢東時代の民衆のほとんどは「単位」に所属するようになった[1]。「単位」は中国語では職場の意味であるが、実際には単に勤務する場所だけではなく、衣食住といった労働者の日常的生活に必要な資源の配分から、労働者の生産活動に対する管理や社会福祉サービスの提供まで一連の機能を持つ管理組織でもあり、党組織がその権力の中枢に存在した[2]。このように「単位」による組織化された社会においては、「生活の分断化」が顕著であった。民衆の日常生活は、無数の「単位」あるいは地縁的集団（労働集団と居住集団）によって管理されていたため、異なる「単位」の間で相互に影響しあうことはほとんどなかった。また都市と農村が二分化されたことにより、国家は農村から食糧を中心とする資源を吸い上げて、社会主義工業化建設を行うことができたのである。

「組織化による分断化」社会は、「情報の分断化」という構造的な問題を内包した。中央から地方に延びる垂直的な党組織・行政組織の体制のもとでは、自分が所属する組織以外から情報を入手するルートは限られていた。一方、中央も必ずしも基層社会の情報を正しく把握できるわけではなかった。それは、中央と基層の間の省、地区、市、県、それぞれに垂直的な党組織と行政組織が存在し、これらの組織の幹部が「上」に批判されるのを恐れ、情報を隠すことが多々あったことに起因する。たとえば、1959年に農村で大飢饉が蔓延し、多数の餓死者が出たことを、都市住民はほとんど知らされなかった。また中央が飢饉の実態を把握するのにも時間がかかったのである。

注目すべきなのは、「組織化による分断化」は中国社会内部から自然発生的に起きたものではなく、戦争を背景とした近代国家の建設の歴史的産物であるということだ〔奥村哲、2000〕。これは毛沢東時代の中国社会を理解する上で重要であるため、その経緯について以下で簡潔に触れたい。王朝期、少なくとも明清時代の中国では、官僚による支配は県のレベルに留まり、その下のレベルでは、地域有力者である郷紳および宗族の老人を中心とする村落自治が行われた。そのため、社会に対する国家の統治は、全体的にはゆるやかなものであった。だが清朝が崩壊し、中華民国が成立して以降、近代国家の建設と社会統合が急速に進んだ。とりわけ日中戦争以降、県レベル以下の行政組織が急速に整備されるようになった。県レベル以下では、郷鎮政府、その下にさらに甲（10世帯を組織する行政単位）と保（10の甲、約100世帯）が作り出され、これらの行政組織を通して食糧と兵士を対象とする戦時徴発が行われた。ただ、これらの行政組織がほとんど地域内部の有力者の手に握られていたため、戦時徴発はきわめて乱暴な形で進められ、結果として地域有力者の勢力の拡大をもたらした〔笹川・奥村、2008〕。このような状況は、日中戦争後の国共内戦（中国国民党と共産党との内戦）時にも続いていたのである。

日中戦争から国共内戦期にわたり中国社会に整備された行政区画は、1949年の中華人民共和国の成立以降、共産党政権が社会に対する統合を加速化させる土台になった。日中戦争と国共内戦を背景に成長した共産党組織は、社会の諸資源を動員する能力と経験を持つ軍事化された政党であった。その政権によって社会への本格的な浸透が開始されたのは、朝鮮戦争の時点であった。1950年に勃発した朝鮮戦争によって、戦争の傷跡からまだ回復していなかった中国社会は、再び戦時徴発体制のもとに置かれるようになった。このような状況において、共産党政権は、農村では土地改革、都市では三反五反運動と思想改造運動、さらに反革命鎮圧運動を全国で展開することで、権力を社会の隅々まで浸透させることができた。これらの運動の結果、地主勢力、秘密結社および社会に潜んでいた武装勢力が徹底的に排除された。同時に、これらの運動により、民営企業家や知識人の思想と行動に対する統制が本格化し、社会エリートや宗教組織が運営した民間団体も自由な活動空間を失うようになった。

共産党は、中華民国期に存在した地域の有力者の代わりに、党組織が選抜した「積極分子」を新たな幹部として育成した。1953年から本格化した社会主義建設運動のなかで、これらの幹部が社会の末端レベルにまで配置されるようになり、彼らを中心とした党組織と行政組織が次第に形成されていった。幹部たちは、政治審査が定期的に行われるなかで、党組織への忠誠心をもって働かなければならなかった。社会主義的改造の基本的な達成が宣言された1956年頃までには、中央から地方までの各行政レベルにおいて、共産党の組織を権力の中枢とするピラミッド状の行政組織が作られ、その組織網は、職場から生活コミュニティーにまで張り巡らされるようになった。そして、1958年以降に都市と農村を二分化した戸籍制度と人民公社体制が作られたことで、「組織化による分断化」を特徴とする社会構造は完成したのである[3]。

►2　毛沢東時代の遺産と党統治

以上のような毛沢東時代の社会は、逆説的ではあるが、全体的としてみれば、安定性を維持していた。「上」から繰り返し政治運動が展開され、また大飢饉のなかで数千万人の死者が出たにもかかわらず、大規模な反乱は生じなかった〔鄭・中兼、2021〕。それは、個人が共産党と行政組織による管理から離れて自律的に活動することが厳しく制限されたことに関係する。その意味において、毛沢東時代の社会は、「自律性なき安定性」という特徴を持っていたといえる。

それでは、毛沢東時代と比べて、現在の中国社会はどこまで変わったのであろうか。改革開放以降、中国社会に大きな変化が生じたのは言うまでもない。その変化は、以下のようにまとめることができる。(1)「単位社会」の崩壊。民衆の日常生活は「単位」によって管理されるものではなくなり、個人は自由な生活を取り戻した。(2) 社会階層の多様化。農民や労働者、幹部といった従来の単純な分類にとどまらない新たな社会階層が生まれた。(3) 社会団体の成長。NGOやNPOなど社会問題の解決に取り組む組織が増え、ネット空間における言論のコミュニティーが拡大した。(4) 社会意識の変容。具体的には、生活水準の向上や情報化の進展などに伴い、民衆の権利意識が強まり、価値観が多様化した。以上の４点からみて、「単位」による「生活の分断化」は消失したといえる。

しかし、現在の中国社会は1949年以前の状態に戻ったわけではない。毛沢東時代は現在の中国にさまざまな遺産を残した。社会の末端に限定してみれば、主に2つの制度的、組織的な遺産が残されている。一つは、土地の公有制（農村では集団所有制、都市では国有制）である。もう一つは、党組織と行政組織の一体化された管理組織である。この2つの遺産は、改革開放から現在にいたるまで存続し、共産党の統治に活かされていると思われる。

まず、土地の公有制についてみよう。土地の公有制が持つ意味は、単に社会主義イデオロギーの堅持にあるだけではない。周知のように、改革開放以降の中国経済の発展は地方政府主導のものであるが、それは土地の公有制によるところが大きい。1980年代に地方政府はこの制度のもとで、土地および労働力を活かして郷鎮企業を発展させることができた。1990年代、特に1994年の分税制改革以降、地方政府は土地の収用・売買を通して経済開発を加速化させた。改革開放以降の地方政府主導の経済開発は、土地の公有制を抜きに語り得ないのである。

土地の公有制は、社会の安定化にも寄与した。公有制のもとでは個人による土地の買収が禁止されたため、土地を基盤とする地域有力者の成長が阻止された。また土地の公有制は、都市で失業した出稼ぎ労働者を吸収し、流民の大量発生を防いだ。無論、地方政府による土地収用は、失地農民による集団的抗議行動を頻発させ、社会の不安をもたらした側面があった。しかし、中国社会の全体を考えると、農村の土地は集団所有であるがゆえに安定してきた面もある。家庭生産請負制[4]により農民には平等に土地の使用権が認められ、土地に頼って生計を立てるという最低限の生活が保障されたのである〔田原、2020、p. 237〕。農民が一時的に都市に出稼ぎに行っても、失業した場合には農村に戻って生活することができる。したがって、土地の公有制には、農民に最低限の生活保障を与え、同時に失業した「農民工」を吸収する受け皿として機能してきた側面があるといえる。

次に、党組織と行政組織の一体化された管理組織についてみる。ここでいう管理組織とは、農村の「村民委員会―村民小組」、都市の「街道弁事処―居民委員会」を指すが、これらはいずれも党組織の指導下に活動している。農村における「村民委員会―村民小組」は、おおよそ人民公社時代の「生産大隊―生産隊」の組織を継承したものであり、土地の集団所有制を基盤にしている。

これらの組織に党支部が設置されたのは、1950年代の農業集団化・人民公社化運動の時期である。同様に、都市における「街道弁事処―居民委員会」は、1950年代初期にすでに作られていたが、党組織と一体化されるようになったのは、主に人民公社化運動が行われた1950年代後期であった[5]。改革開放以降、人民公社は解体されたものの、人民公社時代に作られた「党政合一」（党組織と行政組織の一体化）体制は解体されずに存続し、今日に至っている[6]。法律を見ると、確かに村民委員会と居民委員会は、大衆による自治組織と定められている[7]。だが実際のところ、これらの委員会は党の指導のもとで農民と都市住民を管理する行政の末端組織としての役割を発揮する場合が多い。また同委員会の幹部は、党支部の幹部を兼任することも少なくない[8]。

このように、社会の末端レベルからみて、土地の公有制と党組織・行政組織の一体化された管理組織は、毛沢東時代から残された制度的かつ組織的な遺産として、今日にも生き続けている。しかし、この2つの遺産の継承は、中国社会に新たな問題をもたらしている。まず土地の公有制についてみれば、地方政府主導による経済発展が達成された一方で、強引な土地収用と開発が進み、その結果として一部の農民が土地を喪失しただけでなく〔王国林、2010〕、膨大な地方債務も生み出されたのである〔Adem Y. Liu, Jean C. Oi and Yi Zhang, 2022〕。この問題は2022年現在、いまだに解消されたとはいえない。次に、社会末端における管理組織についてみると、これらが必ずしも全て効率よく機能を果たしてきたわけではないことがわかる。改革開放初期においては、村党支部の機能不全または機能麻痺という問題が現れていた。土地の集団所有制の下では、村幹部が土地の資源を利用して企業や工場を設立し、商業活動を展開することで経済収入を得られた。そのため、村レベルでの公共サービスの内容と水準は、集団経済の経営状況、集団所有土地の市場価値、村幹部の経営意識と管理能力などによって大きく異なった。村の年間GDPが百億元を超え、村民の住居までもが提供される豊かな村もあれば、村民委員会と村党支部の管理機能が低く、全く公共サービスを提供できない極貧状態の村もあり、農村内部の貧富格差が広がった。

以上の2つの問題のほかに、党組織がどのように社会構造の変化に対応するのかという新たな問題も出現した。市場経済メカニズムの浸透により、かつての「単位社会」が崩壊し、日常生活における民衆の活動空間と自由度が著しく高まった。また民営企業や外資系企業の成長や社会団体の増加が示すように、社会構造が多元化した。周知のように、江沢民政権が提唱した「三つの代表論」は、これらの社会変化への対応策である。「三つの代表論」は、市場化改革によって新たに生まれた民営企業家を党員として、党組織内に吸収することを可能にした。さらに江沢民政権は、改革開放以降、新たに生まれた社会組織（民営企業や社会団体など）の内部において党組織建設を行う方針を示した[9]。この方針が明確化されたのは胡錦濤政権下で、全国規模で全面的に推進されるようになったのは、現在の習近平政権に入って以降のことである[10]。

目下のところ、習近平政権は、社会の全領域における党組織建設を提唱し、「党による社会の組織化」を全面的に推進している。前政権と比べて、習近平政権の党組織建設は、次の2点において特徴的である。(1) 党組織の浸透度の上昇。農村では村民委員会レベルからその下の村民小組レベルまで、都市では街道弁事処からその下の居民委員会、さらに居民委員会の下の居民小組にまで党支部が設置された。(2) 党組織の拡大と党組織間の連携関係の同時強化。その代表的な例が「網格化管理」（グリット管理）である。「網格化管理」とは、住民の居住区域である「社区」をいくつかのブロックにわけて、ブロックごとに党員幹部の責任者を決めるとともに、ブロック間の党組織ネットワーク、また企業や学校の党組織と「社区」の党組織とのネットワークを構築し、横の連携関係を強化することを指す。中国共産党中央委員会組織部の統計によれば、2021年6月5日の時点で、全国の8,942の街道、113,268の居民委員会と491,748の行政村のうち、99.9％以上に党組織が作られたという[11]。党組織の管理が行き届かない「社区」は、皆無に等しいといえる。また、人工知能を搭載した監視カメラや携帯アプリなど最新の通信技術を活用し、社会への監視能力を高めたことも、近年の中国社会にみられる新たな変化の一つであろう〔梶谷・高口、2019〕。

「党による社会の組織化」という方針のもとで、村民委員会と居民委員会の「自治機能」は、党組織の機能の中に一括して統合されるようになった。2018年に公布された「中国共産党支部工作条例」においては、村党支部と都市「社区」の党支部は、それぞれの管轄区域における全ての組織と仕事を指導しなければならないとされている。具体的には、農村では、村民を指導して集団経済を発展させ、共同富裕の道を歩ませること、また都市では、「社区」における資源を組織化して統合し、住民の福祉を増進させることが、同条例の中で定められている[12]。ここで明らかなのは、社会末端におけるガバナンスの主体が、大衆自治組織としての村民委員会と居民委員会ではなく、党組織になっていることである。社会の末端に残された毛沢東時代の遺産は、継承されたばかりでなく、近年さらに強化されてきているのである。

党組織によって社会を組織化するためには、幹部が党中央に対して忠誠心をもって政策を執行することが不可欠である。習近平政権は、この点を強く認識している。そのため、彼らは「全面的に厳しく党を治める」という方針を打ち出し、反腐敗キャンペーンを通して幹部の不法行為に対する取り締まりを強化、人民のために奉仕する社会主義イデオロギーを宣伝し、幹部の自己点検と自己規制を要求してきた。また党中央は、前述した党支部の機能が麻痺した貧困村に対しては、全国からの幹部の派遣をはじめ、技術提供や資金援助などを行うことで、全国的な貧困脱却キャンペーンを展開したのである。

▶3　社会の変化と統治の課題

共産党統治の持続性の問題を考える上で、歴史制度論の視点からその「強靭性」を支える歴史的経路を理解する必要がある〔加茂・林、2018〕。前述したように、毛沢東時代の社会主義建設の歴史は、戦争を背景とした国家建設の歴史である。日中戦争、国共内戦、朝鮮戦争さらに冷戦下に、共産党は社会に対する組織化を通じて資源を吸い上げ、近代国家の建設を行った。その過程において、党組織自体も社会に対する組織力と動員力を持つ政党として成長した。こうした「歴史的経路」からみれば、中国の共産党は、利益集団として行動する欧米社会の政党とは性格が大きく異なり、社会統合と国家建設を同時に進行してきた政党であるといえよう。さらに指摘するならば、改革開放以降の中国社会に萌芽した社会組織が、ほとんど党組織の管理下に置かれている現状をみると、経済発展に伴って中間層が成長し、政治的民主化を促すというリプセット仮説が、中国政治にどこまで適用され得るのか疑わしい。

それでは、共産党と民衆の関係は、どのように捉えればよいであろうか。社会の不平等構造のもとでは、民衆の政治に対する不満が高まり、それがやがて共産党政権を揺るがすという議論がある。しかし、このような議論は、中国の社会構造をやや単純化しているように思われる。中国社会の不平等問題は、公権力と市場メカニズムとの癒着という大きな構造だけではなく、①毛沢東時代の戸籍制度による農村と都市との分断的構造、②土地の公有制のもと、地方政府主導の経済開発によってもたらされた地域間の分断的構造、という二重の「分断化」構造下に生まれたのである。こうした構造のもとで、依然として格差問題が存在するものの、土地公有制があるために、少なくとも現段階では、大量の流民が発生しておらず、社会はおおむね安定性を維持している。また貧困層は、社会に対する不満があっても、地域を超えて相互に連携し、利益団体の形成を通じて意見を表出することが難しい。無論、地方の幹部が国家権力を私的に濫用し、民衆の利益を大きく損なった場合には、民衆による集団的抗議が生じる。だがこれまでに発生した集団的抗議行動の多くは、一度目的が達成されると、自然に解散するというような臨時的な性格であり、そのほとんどは、地域や組織を超え、全国規模の連帯を生み出すことは無かった。

また、党組織・行政組織を社会に対する国家の抑圧装置として単純に捉えることも、適切ではない。社会の末端において行政組織と一体化された党組織は、民衆の生活ガバナンスの主体として機能を果たすことが求められている。彼らは、現実において、政策の執行者として上部組織の指令に明確に背くことができないが、より民衆に近い立場の存在であるため、社会の慣習や価値観などから影響を受けながら政策を執行し、民衆との間に様々な私的関係を結んでいる。このことからみて、党・国家が幹部を通じて社会の組織化を図る以上、政策執行過程において公私混同の問題が生じるのは避けられない。だがこの公私混同の問題は、幹部による権力の私的濫用や腐敗を助長し、地域住民の大きな不満を起こすが、時には地域住民との私的関係を通じて、社会内部に生じた紛争や衝突を和らげ、社会の安定化に寄与する。したがって、これは党の統治にとって必ずしもネガティブ要素ではない。

そもそも大部分の民衆からすれば、政治の在り方に異論を唱えることより、如何に平穏で豊かな暮らしを送るかの方が重要である。そのため、彼らは自らの日常生活や利益が損なわれない限り、積極的には共産党の方針には反対しないのである。彼らにとっての党組織は、国家全体の運営する組織だけではなく、日常生活上の諸問題に係るガバナンスの主体であり、資源でもある。共産党員になることは、多くの人にとって社会地位の上昇を意味する。それは、共産党の一党体制を代替できるほかの選択肢がなく、党による支配が社会の隅々まで浸透しているためである。ただ、これはあくまでも大半の民衆の生活が保障されていることを前提としている。もし経済が崩壊し、民衆の生活が不安定になれば、党に対する民衆の依存が薄くなり、党支配の正当性の低下につながる可能性がある。

以上のように、現在の中国社会の基本構造は、毛沢東時代の遺産によって形づけられている。毛沢東時代に形成された土地の公有制とそれに基づく管理組織を活用することで、現在の習近平政権は社会に対する党の全面的な管理を強化しているのである。しかし、毛沢東時代の遺産は、永続的には効果を発揮できない。なぜならば、毛沢東時代の遺産を継承している以上、その問題をも引き継いでおり、また現在の中国社会は、かつての毛沢東時代のそれとは異なるためである。共産党統治の持続性の問題を考える上、以下いくつかの課題を指摘したい。

第一は、「情報の分断化」と政策決定の問題である。前述したように、毛沢東時代の「組織化による分断化」は、「情報の分断化」という構造的な問題を内包した。その問題が生じたのは、党組織・行政組織の幹部が自己保存の心理のもとで社会の諸問題を隠蔽し、それによって政策決定の主体である党中央が、必ずしも社会末端の実態を把握できなかったためである。かつて1958年の大躍進運動の際に、地方幹部による食糧生産高の捏造が相次いだ背景に、1957年の反右派闘争を契機とした言論統制の急速な強化があったことを思い出すべきである。毛沢東時代の歴史的教訓から学ぶためには、幹部だけに頼らずに、社会の末端レベルで問題を発見し、それらを自由に討論するような環境づくりが必要である。そのためには、知識人や専門家が理性的かつ健全な議論を行うことを許容し、集合知により政策決定を行い、また政策執行の現場を監督する社会の力を育成しなければならない。

第二に、社会意識の変容への対応力である。社会を物理的に組織化することは比較的簡単だが、それより難しいのは、人々の価値観や思想を統一することである。毛沢東時代における幹部と民衆は、生活する「単位」以外の人々との交流に乏しく、身体上の快楽を追求する経済的な基盤を持たなかった。また民衆の中には、上からの政治動員に呼応し、自ら革命や社会主義イデオロギーを学ぼうとする者も多かった。それに対して現在の幹部と民衆は、改革開放以降の経済改革により生活水準の向上を実感し、またインターネットで外部社会の情報を簡単に入手できるため、社会主義イデオロギーに対する関心が薄い。民衆の認識とプロパガンダの間に大きな乖離が存在するのである。

情報化の進展は、社会意識の変容をさらに促している。中国国内において、インターネットに対する厳格な情報統制が敷かれているのは確かである。だがインターネットの普及によって、民衆は物理的な空間に制限されずに、地域を超えてネットワークを結成することが可能になっている。近年、中国国内で展開されたセックスワーカー運動がその具体例である。同運動は2000年以降、インターネットの普及によって影響力を拡大し、フェミニズム行動派との連帯を形成した〔小浜・板橋、2022〕。このような権利保護の運動は近年、政府の取り締まりによって沈滞したとはいえ、今後何らかのきっかけで活発化する可能性がある。

2022年1月に中国全土を揺るがした「首を鎖でつながれた母親」の事件は、インターネットの影響力を示したもう一つの例であろう。この事件では、ネットシティズンの努力によって、地方幹部による情報の隠蔽が暴露され、母親と子供をめぐる人身売買の取り締まり活動につながった[13]。同事件は、2022年2月末現在、江蘇省政府による調査報告書の開示で収束が図られたものの、インターネット空間における世論が、党の政策に影響を及ぼせることを如実に示している。

第三に、経済発展の減速によるリスクである。党組織が社会の全領域を覆う以上、膨大な管理コストがかかる。「人民を中心とする」政治を維持するためには、教育、医療、年金などの諸サービスの提供が必須である。これまで中国が経済成長を実現できたのは、人口ボーナス、外資企業の誘致に有利な国際的環境などの恩恵を受けたためである。だが現在、これらの要素は次第に希薄化しつつある〔Thomas Fingar and Jean C. Oi, 2020〕。とりわけ少子高齢化の問題は深刻化し、経済への影響がすでに現れている。また、党組織の建設に必要な管理及び活動費用はすべて国家の財政から捻出されるため、財政上の保障がなければ、社会のあらゆる領域をカバーすることが難しくなるかもしれない。前述したように、地方政府は、土地の公有制に基づく地方経済の開発モデルのもとで膨大な債務を抱えてきたが、さらに新型コロナウイルスを徹底的に封じ込める「ゼロ・コロナ」対策の費用が加わったことで、地方政府の財政的状況は深刻化する可能性がある。「ゼロ・コロナ」政策に対する民衆の不満も無視できない。今後、どのように民意を吸収し、社会の安定性を維持しながら、経済成長を持続させるのかが、共産党政権にとって大きな課題である。

（てい・こうらん）

［注］

1　職場に属さない失業者や犯罪者などは、居住地を管轄する政府の「街道弁事処」とその下に設置された居民委員会によって管理された。

2　「単位」とは、都市社会における職場を指す場合が多いが、農村の集団生産組織である生産隊も農民の労働および日常生活に関する資源を分配する基本的な組織であるため、「単位」の一種とみなされる。

3　政権は、「階級区分」（革命に対する「敵か味方」を基準に人々の出身階級を定めること）をもって、もともと流動的であった社会の分断化・固定化を通じて、社会を組織化することができた。このように、社会の分断化は、必ずしも社会の組織化によってもたらされた結果と限らず、社会の組織化を行うための手段でもあった。

4　家庭生産請負制とは、土地の集団所有制度をもとに、農民が集団から請け負った土地を自由に経営することを認める制度である。この制度では、農民は一定の収穫物を国家に上納した後、余った収穫物を自分で自由に販売することができる。

5　ただし、毛沢東時代では都市部における党組織の建設は、工場、学校、政府機関といった「単位」を中心に行われていたため、街道における党組織の建設については、さほど重要視されなかった。

6　人民公社は、郷の政権機構（郷政府）と農業生産合作社との合併によって成立した「政社合一」の組織であり、その権力の核心は党組織に集中した。1983年に「政社分開」によって郷政府と農業生産合作社が分離された。だが土地を含めた集団経済組織に対する郷政府の所有権は存続し、党組織と行政組織の一体化体制も残った。

7　『中華人民共和国村民委員会組織法・中華人民共和国城市居民委員会組織法』（中国法制出版社、1998年）。

8　村民委員会の主任は党支部書記を兼任しない場合も多くあるが、両者の関係の良し悪しは、幹部の性格や相性によって異なる。

9　中共中央組織部、民政部「関於在社会団体中建立党組織有関問題的通知」1998年2月16日、http://www.moe.gov.cn/s78/A01/zclm/moe_968/moe_1040/tnull_10673.html（2022年2月22日アクセス）

10　中共中央組織部「関於加強社会団体党的建設工作的意見」2000年7月21日。http://www.moe.gov.cn/s78/A01/zclm/moe_968/moe_1040/tnull_10674.html（2022年2月28日アクセス）

11　中共中央組織部「中国共産党党内統計公報」https://www.12371.cn/2021/06/30/ARTI1625021390886720.shtml（2022年2月12日アクセス）

12　『中国共産党支部工作条例』（党建読物出版社、2018年）。

13　「人身売買を繰り返され8人出産　中国『鎖につながれた女性』調査結果」『朝日新聞』2022年2月24日。

［参考文献］

王国林著、中田和宏・田村俊郎訳『土地を奪われゆく農民たち —— 中国農村における官民の闘い』（河合出版、2010 年）

奥村哲『中国の現代史 —— 戦争と社会主義』（青木書店、2000 年）

小浜正子・板橋暁子『東アジアの家族とセクシュアリティ —— 規範と逸脱』（京都大学学術出版会、2022 年）

加茂具樹・林載桓『現代中国の政治制度 —— 時間の政治と共産党支配』（慶應義塾大学出版会、2018 年）

梶谷懐・高口康太『幸福な監視国家・中国』（NHK 出版、2019 年）

田原史起『草の根の中国 —— 村落ガバナンスと資源循環』（東京大学出版会、2019 年）

鄭浩瀾・中兼和津次『毛沢東時代の政治運動と民衆の日常』（慶應義塾大学出版会、2021 年）

中兼和津次『毛沢東論 —— 真理は天から降ってくる』（名古屋大学出版会、2021 年）

Adem Y. Liu, Jean C. Oi and Yi Zhang, "China' s local Government Debt: The Grand Bargain" , *The China Journal*, Vol.87, No.1, PP.40-71, 2022.

Sebastian Heilmann and Elizabeth J. Perry eds., *Mao' s Invisible Hand: The Political Foundations of Adaptive Governance in China*, Cambridge, Massachusetts: Harvard University Press, 2011.

Thomas Fingar and Jean C. Oi eds., *Fateful Decisions: Choices that Will Shape China' s Future*, Stanford, California: Stanford University Press, 2020.

第3章

中国共産党と国有企業

――党国家との相互依存関係――

Macikenaite Vida

▶ 1 経済発展と一党支配

1959年にシーモア・M・リプセット（Seymour Martin Lipset）が提起した伝統的な近代化論が示したように、中国もいずれは民主化すると20～30年前には広く信じられていた。この理論によると、経済発展の段階を上がるに従い、その国が民主的制度が定着する可能性が高まるという。したがって、多くの中国研究者は伝統的なリプセット仮説の通り、経済発展が中国の民主化を導くだろうと中国の変化を展望してきた。ところが、これらの議論は中国の経済発展において国内構造が果した影響を十分に考慮していなかった。中国の構造は、欧米において初期の民主化を促した構造とは著しく異なる。欧米社会における民主化要因の一つは、国家と企業家との関係にあるが、それと中国における経済改革を通じてかたちづくられた党国家と企業家との関係は異なる独特な関係であった。本章の目的は、党国家と国有企業との関係を分析し、経済改革の深化とともに、徐々に形成された両者の相互依存関係を論じることにある。

比較政治学においてリプセット仮説として知られている近代化論は、元々、経済学者と経済歴史学者が展開した理論である。それによると、すべての社会は経済発展の過程で同じ段階を経験するとされる。また比較政治学では、伝統的な社会は近代化の過程においてより適した政治体制へ移行すると論じられてきた。すなわち、前近代社会における権威主義体制は、社会の経済的発展とともに異なる政治体制へ移行するのである。こういった説明は、発展の遅れた途上国を歴史的により原始的な段階にあると仮定し、国家発展を線形過程として説明し、所得水準の向上と民主化が直線的に論じていた。しかし、こういった理論は根拠が不十分であるとしてしばしば批判の対象になっていた。統計的な関連性に頼り、国家の社会経済的な構造、文化的な変化といった視点からの説明は不足しているといわれてきた。

近代化論をに懐疑的な政治学者によると、民主化をもたらすのは所得水準の向上それ自体ではなく、経済発展にしたがって生じる社会経済的構造の変化である。彼らの説明は国民を搾取する国家（predatory state）の視点からなされており、産業革命時代のイギリスを参考にしていた。近代化が進んだ絶対王政下のイギリスでは、17世紀までに、富裕層は少数の伝統的な農業エリートから羊毛の生産者、商人や金融仲立人という台頭する経済的階級へ徐々に転換した。農家は収税吏から畑を隠せない一方で、羊を移動して資産を隠すことが可能であった。そのため、新たな富裕層の資産は国家の目が届きにくく、課税が困難であった。体制を維持するため収入が必要な主権者は、自らの独裁的な権力を制限し、一定の権限と意思決定権を新興の中産階級に移譲することに同意したのである。その結果、議会をはじめとする民主的な制度の権限が強まり、王政の権力は制限されるようになったのである。

こういったイギリスの実態は、リプセット仮説を導いた早期に工業化した先進国における国家と社会の関係を展望するうえで、重要な論点を提供している。そのひとつは、工業化初期の先進国では、経済発展は国家に依存せず、国民が原動力になったという指摘である。対照的に中国では、経済発展と、その結果として多くの社会集団で実現される生活水準の向上は、国家の政策の産物であった。端的に言えば、中国の経済発展は国家に依存してきた。したがって中国では、経済発展は体制変化を引き起こす誘因というより、安定性を高める要因としての役割を果たしてきたのである。経済が急速に発展しても、一党体制は無傷のままである。中国の持続的な経済発展が権威主義体制の正統性を支える柱の一つになっているというのが、共通の認識である。1970年代後半、毛沢東のカリスマ性を土台とする正統性が文化大革命の後に否定され、社会は社会主義的なイデオロギーに幻滅した。中国共産党の指導者たちは、イデオロギーで国民の空腹を満たすことはできず、最低限の生活水準を保証しなければ中国共産党は権力を維持できないとの意見で一致した。これ以降中国共産党は、経済発展を実現するとの約束を基盤として、体制の正統性を築き上げる道を歩み始めた。

このプロセスでは、党国家と中国国有企業との関係が重要となる。本章では、改革全体を通じたこの多面的な関係性を考察する。改革の初期段階における公式の制度改革（国家と企業システムの分離）についての考察をふまえて、体制が経済発展戦略の全般で中国国有企業を活用するために、これらの関係を修正しようと努めていたことを明らかにする。その後、党国家と中国の中央企業の関係における非公式の側面へと分析の焦点は移る。この非公式の側面とは、国有企業から党国家組織への政治的移動の結果として発生する、党国家と国有企業幹部の結びつきである。このような結びつきは、国有企業と党国家の分離が完了した2000年以降にさらに顕著になった。このようにシステムの枠を超えて国有企業から党国家組織へと人材を取り入れることは、体制にとって主に2つの目的にかなう。一番目の実利的な目的は、体制の統治能力を強化することであり、二番目の目的は、新興の経済エリートを党国家体制に取り込みつつ、彼らが体制から孤立するのを防ぐことである。本章の最後では、中国の党国家と国有企業の間で徐々に出現しつつある相互依存関係について考察する。

►2　経済改革の重点としての国有企業改革

鄧小平はかつて、中国の改革を「2つの分離」と表現した。すなわち政府を企業から分離すること（中国語で「政企分开」）と、党を政府から分離すること（中国語で「党政分开」）である。後者は最終的に断念されたが、企業改革は中国の経済改革の核心であり続け、効率性向上のために推進された。これにより、企業体と党国家の関係は根本的に変化した。

改革の初期段階における基本的な考え方は、市場経済メカニズムを旧来のシステムに導入することだった。多くの国有企業は、かつての主管していた政府の各部門を母体として、これらの職務を継承する形で設立された。例えば石油産業では、かつて石油工業省や化学産業部、繊維産業部の一部だった39社を引き継ぐ形で、中国石油化工総公司が1983年に設立された。その時点では部を継承することは意図されていなかったが、1988年には石油工業部が廃止され、国務院直属の中国石油天然気総公司に引き継がれた。1998年には中国石油化工総公司と同時に、大規模なグループ企業へと再編された。すなわちそれがCNPCと中国石油化工集団公司（シノペックグループ）であり、現在いずれも中国最大級の石油会社である。

同じく中国鉄路工程総公司は1989年7月、鉄道部の旧・建設部門を継承した。2013年の国務院改革では、鉄道部を解体することが決定され、その行政権を交通部と国家発展改革委員会に組み込む一方、その商業的機能は中国国家鉄路集団が引き継ぐことになった。このような形で設立された企業は、主管していた政府部門の官僚幹部を人材として招く場合が多い。重要性や規模が最も大きいと考えられる企業は、副部長や部長級の役職（中国語で「部级」）を現在でも保つ一方、その他の企業は局のレベルへと格下げされた。いずれにせよ国有企業の経営者は、中国の経済エリートとして徐々に頭角を現したのである。

中国の開放改革の初期段階では、様々な企業改革が実施された。はじめに鄧小平は、国有企業に設けられている党委員会の機能を制限しつつ、経営者により多くの自主権を与えることと、企業内の幹部あるいは労働者から党書記を選出することにより、党書記の専門性を高めることを目指した。この慣行は現在でも続いており、少なくとも中央企業では、党書記が幹部の一人としての役割を兼務するケースが多い。時が経つにつれ、企業はその活動でより多くの自主権と自由が認められるようになった。しかし、これによって企業の効率性の問題が解決されることはなかった。

1992年は節目の年となった。すなわち鄧小平は同年春、中国経済の更なる開放を宣言した。1993年秋には早くも、公有制を柱とした「近代的企業システム」を構築するという、企業改革の方向性が宣言された。1997年に開催された中国共産党第十五回全国代表大会は、主要な国有企業を近代的で欧米型のコーポレートガバナンスを有する株式会社に転換するという方向性を示した。2003年3月、第9期全国人民代表大会第5回会議で江沢民は、混合経済のセクターを発展させることを目指し、国家のみによる資金拠出を必須とするごく一部の企業を例外として、その他全ての企業に株式会社制度を導入すべきことを再確認した。ただし、いわゆるライフライン企業については、国家が株式の過半数を所有することになった。同会議において朱鎔基首相は、政府の取り組みに関する方針を示した。この中で朱鎔基は、企業は引き続き経営の質を強化、改善する必要があり、かつ近代的な経営手法と情報技術の導入を加速させるべきだと指摘し、最終的には、これが市場志向の株式会社化と所有の多様化への道を開いた。その結果、大規模および中規模の国有企業の大部分が株式会社化された。なお所有の多様化は主に2つの形態で現れた。大規模な国有企業においては国内および海外の株式市場への上場、そして中小規模の国有企業においては国内および海外の投資家への売り出しである。国有企業を上場企業に転換するとの決定は、中国社会主義の終わりの始まりの一部では見られていたものの、このシステムは現在も続いている。

ほぼ同じ時期に別の取り組みも始まった。すなわち国際競争力のある中国の大企業による「ナショナルチーム」を作る取り組みである。この改革を通じて企業の再編が行われ、多くの企業が民営化または閉鎖された。一方、支柱産業に属する企業は大規模な企業グループへと再編され、「ナショナルチーム」が作り上げられた。

この政策は数年にわたり実施された。江沢民は2002年の第十六回全国代表大会での報告で、市場の力と政策ガイダンスを通じて大規模かつ国際競争力のある企業を作るとの目標を明確に確認した。これと同時に、小規模または経営不振の企業は政府の指導により統合されるか、破産企業として閉鎖されることになった。この改革は企業経営者らに対して、業績を改善させよう、または少なくとも政策プロセスに影響を与えようとのインセンティブをもたらした。というのも、国有企業の数が大幅に減少したからである。このプロセスにおいて、大規模な国有企業は国家経済の柱であり続けた。江沢民は2002年、公有は主要な役割を果たすべきであり、所有形態の多様化を並行的に進めるべきことを改めて強調した。

全ての国有企業の株式会社化は、この改革の特徴の一つである。もう一つの特徴は、代理人問題を標的とする、新たな国有資産管理システムが構築されたことである。この目的のため、2003年、国務院に代わって中国の大規模国有企業の所有権を引き継ぐことを任務とする、国務院国有資産監督管理委員会（国資委）が設立された。この新システムの下で政府は、通信、石油および鉱業会社などといった主要産業の所有権を保持することとなった。国資委の監督下に入った国有企業は現在でも、中国の主要な国有企業（いわゆる中央企業）である。

中央企業は、中国による海外直接投資拡大の最前線に立つだけでなく、中国経済に天然資源を供給する上でも重要な役割を果たす。中央企業は基本的に、中国の公式の「海外進出」戦略の産物である。2001年の第十次五カ年計画では、奨励すべき主要な投資の種類として5つの分野がリストアップされた。すなわちプロジェクト契約の締結、海外加工貿易、輸出、そして資源開発である。

その後の第十一次五カ年計画では、海外でのインフラ建設に参加するよう企業に奨励することが求められた。第十二次五カ年計画では、投資支援の分野が拡大され、技術研究開発、海外での投資協力、国際的なマーケティングや販売チャンネル、有名ブランドを創出するための、製造業の主要企業による海外直接投資、農業分野や海外プロジェクト契約での協力、そして地方の生活水準向上に資する労働協力と協力プロジェクトがリストアップされた。この戦略が中国の経済発展にとって重要な要素だと考えた政府は、資金提供を頻繁に行うなど、中央企業に対して強力な財政支援を行った。

国務院は1979年8月、国家政策として初めて海外投資を奨励した、「ビジネスのための海外進出」と題する文書を発表した。2000年代初頭の「海外進出」戦略は、非常に効果的だったことが明らかになっている。アメリカのフォーチュン誌が毎年発表している「フォーチュン・グローバル500」（Fortune Global 500）という世界の主な企業のランキングには、2019年の上位500社のうち、中国の119社が入っている。一方、米国は121社、日本は52社だった。2000年の同ランキングにおいては中国企業が10社しかなく、最高位の中国石油化工集団公司は58位であった。「フォーブス・グローバル2000」（Forbes Global 2000）の2015年版リストにおける上位10社のうち、中国は米国と同様に、5社が入っている。2015年には中国企業は初めて上位4社になっている。2015年版リストにおいては、日本の218社に対し、中国は日本を初めて抜いて238社になっている。2019年版のリストでは日本が223社、中国は309社だった。

これらは、全てではないものの大部分が国有企業であった。一部の報道によると、2014年の「フォーチュン・グローバル500」に選ばれた中国企業の80%が国有企業だった[1]。最も重要なのは、これらの企業が世界経済に華々しい進出を果たしたのは、ある特定の政府が実施した政策の直接的な結果だということである。一般的に、他国は外国からの資本受け入れに躍起になって取り組んでおり、海外への投資には消極的である。中国は、中国企業が海外から先進的な技術や経営ノウハウを学んで国際的な競争に生き残り、世界トップクラスの企業となることを目指し、外資導入と海外への投資拡大の両面に積極的に力を入れた。

その他の分野でも、国有企業は中国経済にとって決定的に重要であることから、政府は国有企業を積極的に支援している。ベリン・エヴァ（Belin Eva）が強調しているように、第二次世界大戦後の世界は工業化が進み、商業的に統合されたため、競争が非常に激しくなっている。中国のように遅れて工業化を経験した国家の企業は、初期に工業化した先進国の企業よりも激烈な競争に直面し、国家に強く依存している[2]。1978年に改革開放に踏み出した中国共産党は、経済発展において企業が果たす役割の重要性を認識し、対内的にも対外的にも企業にとって有利な環境の構築に取り組み、経済活動を促進してきた。例えば、世界貿易機関（WTO）のような国際機関に加盟する際、共産党は国内企業の利益を保護する立場をとったように、企業側には体制を支持するメリットがあった。

▶3　統治能力の強化と国有企業

企業と国家の分離は、企業の全般的な経済効率性を改善することを目指す改革の核心だった。しかしこの分離は、体制そのものにとって高い代償を伴うものだった。企業と国家の分離が完了に近づくにつれて、経営と経済の専門知識も徐々に国家から遠ざかるようになった。国有企業は経営者によって率いられ、国家組織は官僚に率いられるようになった。分離は改革の最初の目的だったが、そのために国家は経済政策を実施する力を失ってしまった。それでも政府は、経済発展や体制そのものを支えるための政策を起草、実施する能力を確保する必要があった。

政府は経済と産業の分野で統治能力を高めたいと考えたが、そのためには人材のレベルにおいて、国家と国有企業の間で非常に特異な関係を構築する必要があった。政府は、国有企業の経営者を中央、地方レベルの国家組織に任命することにより、政府の統治能力の不足を埋めようとした。国家と中央企業を非公式のレベルで結び付けるこの傾向は、2000年前後から現れ始めた。この頃には、企業経営者を中央政府の部長、副部長級の役職や、あるいは地方省政府の役職に迎えることが、一般的な慣行となった。

中央レベルでは2003年以降、国有企業の経営者らが持つ専門性を、国資委が主導する国有企業監視制度で活用していた。2019年初めまで、国資委の主任5名のうち3名（すなわち60%）は、防衛産業（中国航天機電公司）、石油産業（ペトロチャイナ）、そして非鉄金属産業（中国アルミニウム）出身の国有企業の元幹部だった。同様に、国資委の副主任19名のうち6名が、国有企業の元幹部（シノペックグループ、神華集団、中国航空工業集団I（AVIC I）、および中国機械工業集団）だった。

これらの国有企業は、航空産業と航空宇宙産業を除けば、全て経済の主要セクターに属している。加えて、これらは中国の主要な多国籍企業でもある。全世界の企業を売上高で順位付けする「フォーチュン・グローバル500」によると、シノペックグループは2000年には58位だったが、2002年は86位、2003年は70位（2013年には4位）だった。ペトロチャイナは2012年に6位、2013年には5位だった。そして神華集団は2013年に178位、2014年には165位だった。中国アルミニウムは世界第3位のアルミニウムメーカーだったが、2019年にはロシアのユナイテッド・カンパニー・ルサールを生産量で上回った。中国機械工業集団は、2018年の「エンジニアリングニューズ－レコード 世界建設業界上位250社」リストで57位にランクされた。

これらの企業の世界的地位は、幹部が企業経営の専門知識をどの程度有しているかを示す指標と解釈できる。このような専門性は、国資委にとって決定的に重要である。国資委は2003年、国家が投資する企業を国務院に代わって監督することを主な任務として設立された。国務院に代わり投資家としての責任を果たし、国有企業を監督しその経営者を任命するという、上述した行政的任務に加えて、国資委は、国有資産の監督と企業の管理に関する規則と制度を定めることにより、規制枠組みを構築するという任務も負っている。言うまでもなく、中国の国有企業制度に関する広範な知識と内部事情に通じていることが望ましい。というのも国資委は、国有企業内部の重大な問題に取り組む任務に携わっていたからである。このように中国企業の幹部らは、国務院は2003年の規定に従い、国有企業制度を改革し、国家経済の設計と構造の調整を促し、国家経済の全般的な質を改善するという任務を託された。

国有企業経営者の専門性を国家の国有企業監督制度で活用するという考え方は、官僚組織の全体でも観察することができる。国有企業の幹部らは、大規模で主要な国有企業の監事会に迎えられるケースが多かった。国務院、その後は国資委に対して説明責任を負うこれらの監事会は、企業の元幹部をメンバーとして招いた。この監督制度が存在した2018年3月までの18年間、大規模な主要企業の監事会の会長94名のうち14名が、中国の支柱産業（主に非鉄金属、航空宇宙・防衛、石油、鉄道、発電、エンジニアリング・建設サービス、原子力、電子産業）のいずれかを代表する会社から直接任命されていた。また1名は、鉱業の学位を取得した一方で中国核工業集団でも実務経験があるという、様々な職歴を有する人物だった。

大規模で主要な国有企業の監事会は、「主要で大規模な国有企業における国有資産の価値増加の継続に関する状況を監督する」ことが任務だった。財務面の監督が主眼である一方、監事会は、企業責任者の運営活動と経営活動の監督も担っていた。2000年に施行された『国有企業監事会暫行条例』によると、監事会は、企業の定期検査を年に1～2回実施すべきこと、そして特定の事項に関する企業の不定期検査を、必要に応じて行う権限を有することが定められている。繰り返しになるが、この任務において国有企業幹部の専門性と経営経験が非常に重要だった。

かつて中国の省長のキャリアパスは、5つのグループに分類できた。すなわち、共産主義青年団の幹部、地方政府だけでキャリアを重ね体制内で出世した者、中央の党や政府機関で幅広い経験を積んだ者、一部の学者出身者、そして元企業経営者である。そして省部または副省部級だった国有企業幹部は、省長または副省長に選任される。繰り返しになるが、2000～2003年前後に現れたこの傾向は、2007年以降に顕著となった。概して言えば、企業経営者が省部級幹部に任命されるのは、産業界の専門家としての力量を買われたからである。一時的に企業に派遣された幹部が、その後国家組織に復帰するということではない。彼らの卓越した実績が、省部級幹部に任命される主な要因の一つだった。例えば、2007年から2011年までシノペックグループの総支配人を務めた蘇樹林は、2011年に福建省の省長に任命された。その理由は、蘇が経営経験と経済関連の知識を有していたからだ。報道によると、中央政府の幹部らは、大慶油田における蘇の事業戦略に感銘を受けたという。2013年には中国兵器工業集団（NORINCO）の社長が重慶市の副市長に任命された。この任命は同社の業績と関連していた。NORINCOの売上高は2011年には3,000億元だったが、2012年には3,510億元となったという。

とはいえ中国の中央企業の幹部は、ある特定の産業、すなわち幹部を任命する省の主要な産業から選ばれるケースが多かった。このような任命のあり方は、中国の各省における経済活動の分布を反映している。2000年には、石油産業のある幹部が青海省の省長に任命された。青海省には中国最大級の石油・天然ガス田が存在する。報道によると、南シナ海での石油・ガス資源を開発したいとの中央政府の意向を受け、中国海洋石油集団（CNOOC）の経営者が2003年、海南省の省長に選任されたという。この人物は石油産業で数十年もの実績を積んだだけでなく、同社の経営でも手腕を発揮した。中国アルミニウムのある幹部は2004年、副省長に就任するため広西チワン族自治区に移り、その後2008年には省長に昇格した。広西地方はアルミニウムの主原料であるボーキサイトの、中国有数の埋蔵地である。中国第一汽車集団の総支配人は吉林省政府の役職に任命された。同省は自動車生産が主要産業の一つである。上海宝鋼集団の総支配人は2005年以降、上海市の副省長を兼務した。

中国電子信息産業（CEC）の元幹部は、2007年から2013年まで湖南省の副省長を務めた。任命の時点で同社との明確な関係はなかったものの、1991年に国務院が承認した長沙ハイテク産業開発区において、エレクトロニクスは支柱産業の一つだった。また同区にはエレクトロニクス企業が数多く進出している。さらに2015年、湖南省政府とCECは、いくつかの分野で協力を深めるため、そして特にハイテク製造業の国家的実験プラットフォームの構築などの取り組みを進める「中国製造2025」戦略に注力するため、戦略的枠組み契約を締結した。

2012年頃までは、ある特定の産業で経験を積んだ幹部と、この幹部が省レベルで任命される場所との間には、高い相関性が存在した。ところが習近平政権下ではこの相関性が低下しつつある。当時、航空宇宙・防衛産業の経営者らは省政府に迎えられていた。2011年、中国航天科技集団（CASC）の経営者は、河北省の副省長に就任し、翌年には省長に昇格した。習近平政権下では、これらの産業の元経営者らは重慶市、天津市、広東省、湖北省、湖南省、遼寧省、浙江省、そして寧夏回族自治区の各政府の最高位に任命された。

国または地方の政府組織への企業幹部の任命が、少なくとも2012年頃まで、統治能力の強化を目指す体制側の戦略の一環だったことに疑問の余地はない。中国の発展過程において質の高い人材がいかに重要であるかは、第十次五カ年計画（2001～2005年）でも強調されていた 。報道によると、朱鎔基首相は2001年3月の全国人民代表大会でこの計画を提案した際、「今後5年間で様々な課題を確実に達成するため」には、「人材を精力的に活用する」戦略の実行が不可欠であると述べた。朱鎔基は「近代化推進と長期的発展がもたらす全般的な利益を考慮すれば、非常に有能な幹部層を訓練、育成する必要がある。指導者らは、中国の特徴を考慮しつつ社会主義の道を粘り強く歩まねばならず、かつ政治理論と開拓者精神を深く理解しつつ、近代的な科学と文化、そして経営の専門知識を習得し、十分な経験を積み重ねなければならない」と強調した。有能な幹部を養成することに加えて、経験豊富な人材が持つ専門性を活用することの重要性も強調された。人事制度の改革案には、専門家の登用・転任方法を改善することなどが盛り込まれ、また「人材の才能を最大限に活用」することが奨励された。したがって2000年頃から、幅広い経営知識を備えた経験豊富な国有企業幹部が国家組織のポストに任命されるようになったことは、何ら驚くに当たらない。

中国は共産党の指導者層により統治されているが、国家の能力（国家が政策を効率的に起草・実施する能力）は、体制を安定させる上で決定的に重要である。事情に通じた官僚を登用することにより、体制はこの能力の不足を補うことができる。一方、党組織（特に共産党中央委員会）でも同様の取り組みを観察することができる。1990年代、支柱産業に属する企業の人材が共産党中央委員会の候補委員として選出されるようになった。2000年代、限定された範囲ではあるが、国有企業の幹部らは共産党中央委員会の中央委員にも選出されるようになった。2002年秋に開催された第十六回全国代表大会の前後には、国有企業の幹部が政界全般で非常に強い存在感を示すようになった。間もなく国有企業幹部らは、中央政府や党組織、各省、軍部そして学界の代表者と並んで、共産党中央委員会における一大勢力として認知されるようになった。

本当の「権力エリート」は共産党中央委員会の中央政治局であり、さらに中国の政治権力の頂点に君臨する中央政治局常務委員会であるが、その他の党国家組織に国有企業幹部を選抜することには、大きな意味を持つ。中国経済の戦略的セクターに属する支柱産業の国有企業幹部を登用する理由は、彼らを党の構造に組み込むことにより、企業経営者が持つ専門知識や世界経済での経験から利益を獲得するためだと解釈できる。

►4　経済エリートの支配と取り込み

改革期における企業と国家の分離が生み出したもう一つの重要な副産物が、国有企業幹部の独立性の向上である。ある特定の産業で出世の階段を上りつめた、業界の専門家としての彼らは、中国の経済エリートとして頭角を現している。そこには、国有企業は国家の代理人なのか、それとも独自に営利を追求できる存在なのか、その度合いに関する疑問が一貫して存在していた。一部の研究者の主張によると、国有企業の利害は党国家の利害と常に一致するわけではない。このような特徴は、国有企業の利益最優先の性質と、世界的な事業展開によって説明できるという。この主張はある程度正しい。例えば中央企業、特に国有石油会社の場合、運転席に座るのは企業であり国家はその後を追うだけだとしばしば指摘された。

それでも、共産党は公式、そして非公式の手段を用いることにより、新興の経済エリートを党の影響下に置くことに注力し、成功してきた。第一に、共産党による一党支配体制の下には、国有企業幹部を党の影響下に置くための、公式の制度が存在していた。それは、ソビエト共産党から受け継がれた旧来の人事任命制度（いわゆるノーメンクラトゥーラ・システム）である。ノーメンクラトゥーラとは、党から直接任命された主要な職員や、他の機関から任命、解職または異動の勧告が出されたが、党の承認が必要な職員のリストである。企業改革が進展するにつれて企業体に対してより多くの自治権を与えることによって、政治的優位性を保持しつつ経済の柔軟性を実現するという困難なジレンマに、共産党は直面することになった。そして、1998年にノーメンクラトゥーラの再編が行われた結果、共産党は小企業への支配を大幅に緩める一方で、最も重要な企業に対しては支配力を維持するという戦略を選択した。共産党は現在でも、大部分の中央企業の経営幹部の任命に関して支配権を行使している。その結果、これらの企業の最高幹部のほとんどは、省部または副省部級の地位に就いている。

ノーメンクラトゥーラには2種類のリストが含まれる。一つは中国共産党中央委員会の組織部だけが取り扱うリストである。このリストには省部級の役職が含まれるため、省部級の役職を持つ一部企業の総支配人も含まれることになる。二番目のリストは、その他の国家組織と党組織（中央企業の場合はSASAC）が管理するリストである。このリストについては共産党中央委員会への報告が必要であり、中央委員会は拒否権を行使できる。1998年の再編後、非金融国有企業44社の経営陣の任命は、中央企業工作委員会により集中的に管理されるようになった。さらにその後、総経理、副総経理、董事長、副董事長および首席執行官（CEO）（該当する場合）は、中国共産党またはSASAC（企業の行政ランクに応じる）により任命されるようになった。2007年時点で、非金融中央企業53社の経営陣の任命は、共産党中央組織部により管理されていた[3]。

ノーメンクラトゥーラ・システムの一部として、国有企業幹部の序列は公務員と同等であり、それゆえ共産党は、幹部を企業の間で、または企業と国家組織の間で異動させる権限を有している。しかし、この任命制度や経営陣選定の実際の運用に関する情報は非常に少ない。ブロズガード（Kjeld Erik Brødsgaard）によると、幹部への就任を待つ内部候補者らは常に存在するという。CEOの場合、いわゆる「民主的推薦」（民主推薦）に基づき複数の候補者の中から選ばれるという[4]。まず企業の従業員の間の相談や提案、推薦、評議を通じて、これらの候補者が選び出される。続いてSASACは、中央組織部の承認を得た上で、従業員が選んだ候補者の中から、上位10名を投票でリストアップし、選別によりランク付けする。SASACまたは中央組織部が結果に賛成しない場合、2回目の投票が行われる。このようにして2名の候補者が選ばれる。現職のCEOが退任する際、SASACは当該企業の董事会と協議を行った後、2名の候補者のうちどちらが新たな指導者とすべきかを勧告し、中央組織部の承認を仰ぐ。

共産党組織部は、ノーメンクラトゥーラに加えて、中央企業の党委員会の主要な役職に対しても支配権を持っている。重要なのは、ほとんどの場合、国有企業の党委員会の書記は、当該企業の経営トップを兼任していることである。これは省政府の場合と同様である。そして国有企業の元幹部は、省長と党委員会書記の両方に任命される。このようにして、政府は幹部レベルにおいて、統合された2つの平行的システム（企業のシステムと、国・政党のシステム）を維持しており、かつこれらのシステムを支配することができる。

さらに、党国家と国有企業の関係には、制度化されていない側面が存在し、これによって共産党は、国有企業の幹部らを党国家の領域内に取り込んでおく。様々な産業の中央企業幹部が、全国人民代表大会（全人代）や中国人民政治協商会議（全国政協）の代表として派遣されるのは、中国では一般的な慣行である。

全人代と全国政協は、国家レベルで中国の政治制度を構成する、主要な2つの組織である。憲法によると、全人代は国家権力の最高機関である。全人代は、その常設機関（常務委員会）とともに、国家の立法権を行使する。これに反して、実際のところ、全人代の権能は大幅に制限されており、長きにわたり「追認するだけ」の機関という烙印を押されてきた。全人代の役割は変化しつつあるものの、全人代代表の関与は依然として限定的である。彼らは専任職ではなく、全人代の5年の任期のために自らの職を離れることはない。彼らは、年に1度の短い会期のために招集される。そして全人代に代わり、約175名の代表で構成される全人代常務委員会が日々活動する。中国の最高政治諮問機関である全国政協は、中国語で「両会」として知られる2つの会議のうちの2番目の会議であり、毎年3月に全人代と同時に開催される。

一方で、会社経営者がこれらの機関で代表を務める意義を過小評価すべきでない。確かに彼らはプロの政治家ではなく、会議に出席するのも年に1度に過ぎない。しかしこれらの会議は、エリートたちが人脈づくりを行う重要な機会だと考えられる。一般に全人代の代表に就任すると、権力エリートの一端に加わる地位を得たと見なされる。そして重要な人脈がこれらの会議を通じて築かれる。全人代代表の地位は、その人物の政治的地位を保証する「お墨付き」を与えると主張する見方もある。したがって国有企業の幹部を全人代代表として招き、制度の中に彼らを取り込むことによって、体制側に属することによるメリットを増大させる一方で、共産党が主導する一党体制から疎外されるリスクを低下させることができる。このようにして、幹部らが体制に依存する度合いはさらに高まる。

加えて、全人代代表の地位を得たということは、その人物が（たとえ党員でなくても）価値ある貢献をしたと、共産党から認められたことを意味すると言われる。第12期の全人代で、共産党から派遣された代表はわずか72%に過ぎなかったと推定されている。残りの代表（830名）は、多種多様な職業（芸術、スポーツ、そしてとりわけ産業界など）から選ばれた。したがって、国有企業の幹部が全人代代表に就くということは、その人物の功績が認められたことを示唆するとともに、その人物が体制に属しているとの見方をも強化する。その結果、彼らが体制に反対する動機は少なくなる。

国家と同じく党制度においても、共産党中央委員会は、経済エリートを共産党に取り込むシステムとしての役割を果たしている。しかもそれは、全人代を通じたシステムよりも意義が大きい。共産党中央委員会の委員は、全人代代表には提供されない内部事情や情報を得られるだけでなく、より多くの特権を享受できる。上で考察した通り、国有企業の経営者は通常、共産党中央委員会の候補委員に選ばれ、より最近では中央委員にも選出される。確かに経営者らは、様々な段階で政策決定プロセスに関与する可能性が高い。一方で彼らを党組織に組み込むことによって、体制側は、システムの内部に中国の経済エリートを常に引き入れておくことが可能になり、彼らが体制から離反することを予防できる。

▶5　国有企業と党国家の相互依存

中国の党国家と国有企業の関係の公式・非公式の構造を把握することによってはじめて、この複雑な関係の本当の性質を正しく理解することができる。このような関係性は、共産党の一党体制の安定性に著しく貢献してきた。公式の制度のレベルでは、改革によって企業は国家組織と制度的に分離されて、一般的な市場アクターになった。このような改革の主な目的は、国有企業の活動効率性をより高めることだった。正式な政府政策は特定の産業を保護する一方で、大企業（いわゆる中国の中央企業）の形成を後押しした。加えて、グローバル市場を志向する政策によって､中国の「国内チャンピオン」企業の「海外進出」が促進された。その結果これらの企業は、世界的大企業の国際ランキングの最上位に名を連ねることになった。その結果、これらの企業は中国の経済発展を牽引する一方で、これらの企業が中国のGDP全体に占める割合は低下しつつある[5]。またこれらの企業は、必要な天然資源を確保するだけでなく、全世界における中国のイメージアップにも貢献している。これら全ての公式の制度的手段（改革と具体的な決定）には、一つの共通した特徴がある。これらは、党国家と国有企業の相互依存関係と形容することができる。中国の経済発展を推進するという体制の目標に資するだけでなく、中国共産党主導の一党体制に対する一般国民の支持を維持することにもつながる。同時にこれらの手段は、国有企業がこの体制に依存していると言えるほどに、国有企業に大きな利益をもたらす。

この同じ特徴（相互依存）は、非公式のレベルでの党国家と国有企業の関係をも特徴づけていると言える。この関係は、党国家と国有企業の間を幹部が移動するという形で目にすることができる。国有企業の幹部を党や国家組織に任命することは、体制にとって2つの目的に資する。第一に、党国家は自らの統治能力を高めることができる。なぜなら国際経済の経験と知識を有する経営者らは、政策決定と実施のプロセスに貢献できるからである。第二に、反対派となりうる者をその台頭前に体制に取り込むことによって、経済エリートを党国家により強く依存させることが可能になる。国有企業や経済エリートである各個人の立場から見ても、これらの政策は大歓迎であるに違いない。なぜなら経営者らは有利な立場に立てるようになるからだ。全人代の代表や共産党中央委員会の委員になれば、価値あるリソース（情報、内部事情、コネクション、そしてこれらのシステムのメンバーであることに関連するその他の恩恵）にアクセスできるようになることは間違いない。

このような相互依存関係は過去数十年にわたり、体制を安定させる力として作用してきた。一方で長期的には、この関係が体制の安定性にどのような影響をもたらすかを予測するのは困難である。党国家と国有企業の関係は、それ自体が小宇宙となっている。公式の政策、そして国有企業経営者の党国家組織への任命は、個人的な関係だけでなく、情報流通や陳情ルートの、広大なネットワークを作り出した。このようなネットワークは、きわめて不活発な隘路へと体制を追いやり、抜本的な改革の障害となる可能性がある。

習近平が政権の座に就いた当初、この政権が体制内の既得権者と戦い、必要な国有企業改革を開始できるかについて、多くの議論があった。習近平が着手した反腐敗キャンペーンによって、国有企業と党国家の間の非公式のネットワークが大幅に弱まったことは間違いない。また習は、「核心的」産業を主な基盤として国有企業制度改革を行うべきことを強調した。通常の（主要産業や支柱産業ではない）民間産業に属するこれらの国有企業は、国による所有を低下させつつ利益を最大化すべきである。一方で主要産業および支柱セクターの国有企業は、営利的・戦略的な事業分野を切り離すべきである。公的サービスを提供する国有企業は、コスト管理とサービスの質に注力すべきである。実際のところ、通常の産業、すなわち市場競争を不可欠な要素とすべきだと中央政府が判断した産業（農業、医薬品、不動産、観光業、投資、専門サービス、一般取引、一般製造業）における国有企業の売上高比率は、2013年の24.4％から2018年には14.2％に減少した。しかし、これと同じ期間における国有企業の総資産利益率は、他の主要な所有カテゴリーに属する企業に比べて著しく低いままだった。このことは、数十年来の大問題である国有企業の効率性に対し、改革がほとんど影響を与えていないことを示唆する[6]。国有企業改革は行き詰まっているというのが一般的な評価である。2013年の第三回全体会議では、主に公共サービスと自然独占セクターで国家が引き続き重要な役割を果たすことが約束された。一方で国有企業は、市場の役割を高めることが予定されていたセクターの多くを、依然として支配し続けている。

（マチケナイテ・ヴィダ）

［注］

1 Grzegorz Kwiatkowski and Pawel Augustynowicz, "State-Owned Enterprises in the Global Economy – Analysis Based on Fortune Global 500 List," in *Managing Intellectual Capital and Innovation for Sustainable and Inclusive Society: Managing Intellectual Capital and Innovation*, Proceedings of the MakeLearn and TIIM Joint International Conference 2015、下記のサイトで閲覧可能：https://econpapers.repec.org/bookchap/tkpmklp15/1739-1747.htm

2 Eva Bellin, *Stalled Democracy: Capital, Labor, and the Paradox of State-sponsored Development*, London: Cornell University Press, 2002.

3 Kjeld E.Brødsgaard, "Politics and Business Group Formation in China: The Party in Control?" The China Quarterly, 2012: 211, p. 624-648, 633-634。 2007 年 7 月に著者が中国共産党中央組織部の職員に行ったインタビューに基づく。これらの企業の完全なリストは 635-637 頁を参照。

4 民主的推薦の一般的手続きは、2002 年に採択された『党政領導幹部選抜任用工作条例』の第 3 章に正式に規定されている。

5 国有企業が中国の GDP に占める割合は、2007 年は 29.1% だったのに対し、2017 年は 23.1% ないし 27.5% だった（出典：Chang Chunlin。「意見：金融危機以降、中国の国家部門はいかに変化したか」Caixin（財新）、2020 年 1 月 10 日。下記のサイトで閲覧可能：https://www.caixinglobal.com/2020-01-10/opinion-how-chinas-state-sector-has-changed-since-the-financial-crisis-101503011.html

6 Rhodium Group、"State-Owned Enterprise: State-Owned Enterprise Policy Reform," fall 2018. 下記のサイトで閲覧可能：https://chinadashboard.asiasociety.org/fall-2018/page/state-owned-enterprise

第4章

中国共産党と人民解放軍

──軍は一党支配体制の維持にどのように貢献しているのか──

土屋 貴裕

► 1　政治権力とその源泉たる軍隊の関係

中華人民共和国（以下、中国）の政治権力である中国共産党（以下、共産党あるいは党）は、中央においても地方においても強制力や経済など国家資源の統制を重要な基盤としている。かつて毛沢東が「政権は銃口から生まれる」と述べたように、国家資源のなかでも軍隊を中心とする武装力は、物理的な強制力を持つ組織であり、主たる政治権力の源泉である。権力の源泉たる中国の軍隊は、中国人民解放軍（以下、人民解放軍あるいは軍）である。

人民解放軍は、共産党の軍隊として1927年8月1日に建軍したとされている。これは、1927年8月1日に共産党が江西省南昌市で起こした武装蜂起（南昌起義）を起点とするものである。この党の軍隊である人民解放軍は、1949年の建国後も「国防」を提供する唯一無二の資源として、共産党一党支配を支える「党の柱石」である。建軍から今日まで、軍は、いくつかの動揺を超克して、共産党一党支配の持続に貢献し続けてきた。

しかし、こうした事実にも関わらず、外部の観測者からは、人民解放軍は「党の軍隊」であることから、国益よりも党益を優先する組織に過ぎないとしばしば指摘されてきた。その一方で、専門職業化した軍が党益よりも国益を優先し、党から離反してクーデターや暴走したりする可能性があるのではないかといった指摘がなされてきた。さらには、軍組織内部で対立が生じる可能性があるのではないかとも指摘されてきた。

こうしたさまざまな見方や誤解が生じる理由は、共産党の軍隊の構造や制度、および中国の党と国家（政府）と軍の関係に対する理解と情報が欠如しているからである。たとえば、「党の軍隊」という側面のみを見ると、なぜ軍が国防を提供しているのかが見えなくなり、「国家の軍隊」という視点のみを見ると、党の指揮に従う理由がわからなくなる。また、軍区（戦区）や軍種間の対立という見方は、軍の構造や制度に対する理解が欠如している。

それでは、中国では、軍は体制持続にどのように貢献しているか。また、なぜ中国では、党軍離反、軍区間対立、軍種間対立などが起きず、人民解放軍が共産党一党支配の持続に貢献しているのか。本章では、第1に、人民解放軍のどのような政治的機能や組織構造が、共産党による一党支配の持続に貢献しているのかを論じる。第2に、そうした人民解放軍の政治的機能がどのように形づくられてきたのかを説明する。第3に、党軍関係が今後どのように変化する可能性があるのかを考えてみたい。

►2　公共経済学的視点から見た人民解放軍の政治的機能

まず、人民解放軍のどのような政治的機能が共産党一党支配の持続に貢献しているのかを、公共経済学的視点から理解してみよう。人民解放軍は元々、非競合性と排除性を持つ「クラブ財」(club goods) を党のために提供する存在であった。すなわち、「党の柱石」と称される人民解放軍の政治的機能は、「クラブ財」として党のために物理的な強制力を提供することであった。この政治的機能は、党が国政を握ることで、変化が生じた。

一般的に、国民国家における国防は、正規軍として国の安全を保障し外国と戦うことを本来任務とする軍隊（国軍）が提供する「純粋公共財」である。純粋公共財は非排除性と非競合性を持つ。非排除性とは、その財を利用しようとする人々がその財を享受できないように排除することが不可能であるという性質を指す。また、非競合性とは、追加的利用者に提供するために必要となる限界費用が必要ないという性質を指す[1]。

中国共産党が政権を握り、中華人民共和国を建国して以降は、中国共産党の私軍として「クラブ財」を提供していた人民解放軍が公共財としての「国防」をも提供することとなった。共産主義、社会主義思想の政党が率いる国家では、党が国家を超越し、党が国家を領導する政治体制をとっている。この党と国家が領導－被領導関係にある政治体制は「党国体制」（第2章と第3章は、党・国家と表記）と呼ばれる。そのため、中国の「国防」は、この「党国体制」の護持を意味している。

つまり、人民解放軍は、共産党が政権を握ることで、党の軍隊として「クラブ財」を提供するとともに、党が領導する国家の安全保障、すなわち「党国体制」の護持という「公共財」の機能を果たすことで、共産党一党支配の持続に貢献してきた。また、「党の軍隊」が国家の安全保障という「公共財」の提供を行うことによって、党の国家や国民に対する領導や優位性を担保することにも貢献してきたと言えよう。

この軍が政治的機能を二重に有するようになったために、人民解放軍は「党の軍隊」（党軍）か「国家の軍隊」（国軍）かという議論が生じるようになった。だが、軍は国防という「公共財」を提供しているが、「クラブ財」として党のための強制力の提供および党が国家を領導する「党国体制」の護持、そのための治安維持や国家安全維持が全てに優先する。したがって、天安門事件のように政治体制を脅かす「人民の敵」に対して排除性を持つのである。

▶3　軍による「公共財」の提供範囲の拡大

軍が提供する「公共財」である国家の安全保障の範囲は、他国の軍事的脅威から国を守る「伝統的安全保障」のみならず、気候変動に伴う洪水や地震などの自然災害、疫病などの公衆衛生、非国家主体によるテロといった越境的脅威から国を守る「非伝統的安全保障」の分野にも拡大している。公共秩序、市民の生命・財産、公衆衛生を損なう深刻な非常事態が発生した際、公共の秩序を保つため、治安維持や社会管理を軍が担うようになっている。

中国では、2006年1月に公表した「国家公共突発事態総合緊急対応策」に基づき、同年8月に「人民解放軍司令部条例」を改正した[2]。この改正では、1996年版の条例にも記載のあった「突発（性）事件の組織的な対応と処置」（組織指揮処置突発事件）を独立章としたほか、その他の章について加筆修正を行った。また、同年11月には、中央軍事委員会が「突発（性）事件における軍隊の処置草案」を軍内に公布した。

こうした国家の公共突発事態への人民解放軍および準軍事組織である人民

武装警察部隊の役割拡大を、高まる格差や社会不安を背景に年々増加する「群体性事件」を背景にした変化と捉える見方がある[3]。無論、「最悪の局面では、正規軍たる人民解放軍が出動し、武力鎮圧に加え、戒厳状態が敷かれることになる」が、「群体性事件が、初めからこの種の行動として発生することは多くない」[4]。

また「突発（性）事件」とは、「国家公共突発事態総合緊急対応策」では「突然発生し、深刻な人員の死傷、財産の損失、生態環境の破壊、および深刻な社会的危害をもたらし、またはもたらすおそれがあり、公共の安全に危害が及ぶ緊急の事件」と定義されている[5]。このことからも、「群体性事件」が生み出す最悪の局面は、自然災害、事故災害、公衆衛生事件、および社会の安全に関する非常事態の一部に過ぎないことが見てとれる。

このように、非伝統的な脅威、あるいは非伝統的・伝統的な脅威の複合事態の増加は、軍に求められる役割および機能を変化・増大させてきた。これは、人民解放軍にとっても、住民と密接に協力して民生支援を行うことは民心の掌握や支持獲得に繋がるものであり、伝統的な軍民関係の姿を強化するものとして活動上の武器となる。また、そうした脅威に対処するために軍のリソースを用いることで、中国共産党は、国内の治安を維持するとともに政治体制の維持を図っている。

▶4 グローバルに拡大する国益を守る役割

「非伝統的安全保障」は、国際的な取り組みにも及んでいる。一般的に、国際的な非伝統的安全保障の取り組みは、環境問題やテロ、海賊、違法取引などの国際犯罪、地域紛争、難民問題などを含む破綻国家への対処など、さまざまな脅威に対する各国の政策協調によって行われる。従来、中国の国際的な政策協調や安全保障制度への取り組みは、あくまで主権の範囲に留まってきた[6]。

しかし、21世紀に入って、中国もこうした国連の平和維持活動（PKO）や国際的な非伝統的安全保障への取り組みに人民解放軍が参加するようになり、またその分野に関する研究を深めてきている。その背景には、2001年12月の世界貿易機関（WTO）加盟以降、中国の経済的利益がグローバルに急拡大し、そうした国益を国家の主権の範囲を越えて守ることに目が向けられたことが主として挙げられる。

実際、中国では、2004年12月、中央軍事委員会拡大会議において胡錦濤が提起した「新世紀新段階の軍の歴史的使命」の中で、軍が「国益を守るために有力な戦略的支えを提供する」ことが掲げられ、国家の枠を越えて発展する国益を守ることが新たな軍の任務とされた。これを受けて、人民解放軍は、非伝統的安全保障分野における国際的な取り組みに参加することを通じて「国際貢献」を行うとともに、グローバルに拡大する国益を守ろうとしている。

権威主義国家がこうした国際的な取り組みに参加すること自体は、それが非伝統的安全保障分野における問題の解決や改善につながるものであれば否定されるものではなく、むしろ歓迎され得る。一方、軍は、PKO活動や海上船舶の護衛活動などの国際的な取り組みを通じて、他国の軍隊との交流を深めるとともに、自身の能力構築や実践的な作戦経験を蓄積している。

他方、そうした人民解放軍によるグローバルな活動は、パブリック・ディプロマシー（public diplomacy；公共外交）を通じて、中国の国際的な影響力や存在感の拡大、すなわち国益の増進に結び付けられている[7]。このことは、敷衍して国内外で共産党統治の正統性を認識させ、中国の政治体制の維持や強化につながる。そのため、「非伝統的安全保障」分野における軍の活動も、一党支配の持続に貢献するものとなっていると言えよう。

▶5　中国の党と国家（政府）と軍の関係をめぐる見方

一方、中国の党と国家（政府）と軍の関係については、これまで大きく分けて3つの見方から説明がなされてきた。

第1に、外交部や国防部などの政府機関（国務院）と軍とを対置させる見方である。しかし、中国の軍隊は前述の通り「党の軍隊」（党軍）であり、「国家（政府）の軍隊」（国軍）ではない。建国以来、中国では国家よりも党（とその指導者）の方が常に上位概念として規定されるとともに、「党の軍に対する絶対領導」が規定されてきている[8]。

第2に、党と軍とを対置させる見方がある。党指導部と軍部との間において齟齬があるのではないかとするものである。もし軍が党の領導に反する形で海洋進出などの軍事行動やそれに伴う言動を行っているのだとすれば、「ライン」組織としての軍隊による党の指揮からの逸脱を意味しており、中国のみならず日本を含む近隣諸国や国際社会にとっても深刻な問題となり得る。

こうした党と軍を対置させる見方は、「紅」か「専」かをめぐる議論として知られている。「紅」は共産党のイデオロギーや政治、「専」は専門的な知識や技術、装備を指す。毛沢東時代には「紅」が優先することが強調されたが、鄧小平時代には、「専は紅と等しくはないが、紅は必ず専でなければならない」と位置づけられ、両者は二者択一の概念ではないとされた。それゆえ、こうした見方に対しては、党のみならず軍の高官らも「党の軍に対する絶対領導」が貫徹されていると否定している。実際、少なくとも1929年12月の古田会議から今日にいたるまで軍によるクーデターや独立は起きていない。

第3に、軍内政治に着目する見方である。これは、さらに2つに分類することができる。1つ目は、政治委員と職業軍人とを対置させる見方である。これは、軍内における「紅」か「専」か、すなわち革命化か専門化・近代化かという路線対立の軸を強調するものであり、ライン組織としての軍内に、職能（ファンクション）別の対立軸が存在し、二元統制の問題が生じているとみなす考え方である 。

建軍以来、たびたび軍における党の政治工作と近代化とをめぐる路線対立が存在していた。この「革命軍」か「近代軍」かをめぐる路線対立がなくなった時期、すなわち鄧小平期以降、党の方針の下で軍の近代化が進められてきた。ただし、軍の近代化は職業軍人の発言力の増大をもたらし、他方で政治委員の地位や党の影響力の低下をもたらしたと考えられている。

2つ目は、軍内の一部、たとえば軍区や海軍、空軍などの独立した軍兵種が党の指示を無視するか、先んじた行動にでるなど一部の統制に問題があるとする見方である。これは、欧米の軍隊に対する一般的な捉え方に基づくもので、司令部などをスタッフの参謀機能と捉える一方で、軍区や独立した軍兵種を「事業部制組織」とみなす考え方である。しかし、この説明では、軍内の党組織および政治委員と職業軍人との関係について説明されていない。

►6 「ラインアンドスタッフ」組織としての人民解放軍

以上の見方に対しては、軍を「ラインアンドスタッフ」（line and staff）組織と捉え直すことが肝要である。すなわち、「スペシャルスタッフ」である司令員や司令部といった参謀職能のみならず、「ゼネラルスタッフ」である政治委員や軍中党組織といった管理・サービス職能を「スタッフ」、職業軍人や軍事専門職能を「ライン」として捉えるということである。

そもそも、軍隊が「ラインアンドスタッフ」組織であることは言うまでもない。この場合、「ライン」は部隊や下士官を指し、「スタッフ」は司令部および指揮官を指す。中国でも、軍自身が「司令部は参謀部とも呼ばれ、英文名称はスタッフ（staff）である」と定義している。参謀機能としての「スタッフ」は、ラインの意見を汲み、専門的見地から軍の戦術を策定し、戦略を提言する。当然、党はこうした意見や情勢判断を踏まえて戦略を決定している。

しかし、一般的に、スタッフ組織は2つの機能を持つ。1つは参謀機能であり、もう1つが管理やサービスの機能である。中国では、政治委員（教導員、指導員）制度が存在している。彼らは軍令系統の「スタッフ」ではない。無論、「ライン」にも属していない。いわゆる「直接部門」ではないが、だからといって超組織的存在というわけではなく、「間接部門」として、「ライン」に対して管理・サービス機能を担っている。そこで、彼らは軍政系統の「スタッフ」として位置づけるべきである。

司令員と政治委員、両者の関係は、軍令については司令員が行うため、ラインへの指揮は一元的である。しかし、権威主義体制、とりわけ共産主義体制下の軍隊は、軍事行動に関する軍令面、「司令部」工作も「党の軍に対する領導」が前提であり、政治委員が副署権を有するとともに、党委員会の承認を経ることなどが『司令部工作条例』によって規定されており、「党の軍に対する絶対領導」が貫徹されている。また、それは軍政面でも貫徹されており、党は政治・思想面と予算・財務面から軍を統制している。

そのため、欧米の軍隊と同様に、「スタッフ」を司令部もしくは司令員としてのみ理解することには限界がある。司令員と政治委員は、ともに党委員会（党委）委員であるが、この党委委員は軍内の党代表大会で選出され、かつ党および中央軍事委員会の領導を受ける。そのため、党内の路線対立が軍に反映されることはあるにせよ、政治委員と司令員はともに党委委員、すなわち党員であり、対立軸ではない。

また、人民解放軍内には、この党委員会をはじめとして党支部といった軍中党組織、政治部や政治処といった政治機関、および政治委員や教導員・指導員といった人員が軍内の各階層、各職能に設置されている[9]。これらは『中国共産党軍隊委員会条例』、『政治工作条例』によって規定されている。このようにして、「党の軍に対する領導」が末端まで貫徹されている。

▶7　なぜ軍は「党の軍に対する絶対領導」を受け入れているのか

このように､党は「党の軍隊」（党軍）を「国家の軍隊」（国軍）とすることなく､クラブ財としての機能を担保した上で、国防という公共財を提供している。それは、仮に国軍化すると、党益と国益が相反する場合、軍が国益を優先して党から離反してしまう可能性があるからである。そのため、軍が社会の民主化要求に同調することや、国軍としての意識が高まることに対しても、党は常に警戒し造反を戒めてきた。

そこで、軍が党から離反しないように、党が軍の統帥権、軍令、軍政を握って党と軍との関係を領導－被領導の関係に置くとともに、軍内に張り巡らせた軍中党組織を通じて「党の軍に対する絶対領導」を貫徹してきた。

今日の習近平政権下における軍改革もこうした党軍関係の強化という文脈で理解することができる。習近平政権下の軍改革には、2つの特徴がある。それは、新型戦闘力の構築やインテリジェント化された戦争（intelligentized warfare；智能化戦争）への対応といった軍事職業専門化と、党中央軍事委員会への権限集中である。

とりわけ、2015年12月31日から翌2016年4月にかけて、陸軍司令部、ロケット軍、戦略支援部隊の創設、中央軍事委員会の組織改編、軍区の廃止と戦区の改変といった大きな組織的な変化が打ち出され、中央軍事委員会が統括して管理し､戦区が戦闘を主導し､軍種が建設を主導する体制（「軍委管総､戦区主戦､軍種主建」）へと改められたことは特筆に値する。

これは、第1に、中央軍事委員会および同委員会主席である習近平に権限を集中するものである。第2に、軍令と軍政とを分け、党の指揮命令を貫徹しようとする試みでもある。また、民兵、予備役、人民武装警察部隊も、それぞれ法律法規を改正し、中央軍事委員会と地方政府や公安部の二元指揮体制から中央軍事委員会の一元指揮へと改めるなど､「党の軍に対する絶対領導」を強化している。

それでは、なぜ軍は「党の軍に対する絶対領導」を受け入れているのであろうか。少なくとも、軍が党国体制から恩恵を受けている限り、党の領導を受け入れ、党国体制を守ろうとする。こうした「プリンシパル・エージェント」（principal-agent）関係が成立するためには、思想や政治工作、人事や組織、軍事行動などと並んで軍隊建設の根幹をなす資金面が決定的に重要である[10]。

一般的に、政治が軍隊を統制する際には、主に人事と活動と予算の3つを通じて行われる。軍の人件費や活動費を含む軍事費は、戦時、平時を問わず軍事・安全保障に必要不可欠な源泉である。実際、中国でも、政治工作と並び、財務工作を通じて軍政面から軍を統制してきた。また、少なくとも公表国防費ベースでも国防と軍隊建設のために多くの予算を割き、21世紀半ばまでに「世界一流の軍隊」を建設することを掲げている。

►8　軍改革と「危機の社会化」が持つ政治的意味

「世界一流の軍隊」を建設し、また「軍事闘争準備」すなわち「戦って勝てるための軍隊」を建設して実際の戦闘に備える中で、習近平は破壊的技術（disruptive technology；顚覆性技術）やインテリジェント化した戦争への対応を強調して軍改革を進めている。これは、党が軍の近代化が必要であることを認識していることの証左でもあるが、党軍関係における政治的な意味をも有している。

党が欧米との能力ギャップを指摘し、「国防と軍隊の現代化建設」を推進する限り、職業軍人もそれに従わざるを得ない。破壊的技術の獲得やインテリジェント化した戦争への備えのためには、軍のハイテク化・情報化・インテリジェント化に積極的な陸・海・空・ロケット軍の改革派、および戦略支援部隊の意見を聞かなければならなくなり、軍内の保守派は制約を受ける。

これは、国防費の面でも部隊への通常兵器の配備だけでなく、先端技術の研究開発、配備にも向けることを意味する。そのため、実質的に通常兵器配備の予算が少なくなり、この方面でも軍改革に対して否定的な保守派の職業軍人に対する制約となる。また、そうした保守派の職業軍人たちがついて来れない場合は、人事交代の口実にもなるだろう。

「軍事闘争準備」を進める一方、現状で米国との戦争、特にインテリジェント化した戦争が生じた場合、その帰結は明白であり、少なくとも先端兵器が揃うまでは米国との大規模な戦争はできない。戦争にならない程度で近代化が進めば、専門化・近代化を志向する職業軍人のアイデンティティに見合う状況が継続、維持されるため、軍が党に反発し、離反することにはならない。

これは、実際に戦う職業軍人にとっても米国との大規模な戦争を当面回避できることを意味し、習近平をはじめとする党中央にとっても戦争にならないため、権力を安定して保持できることとなるだろう。こうした背景が、シャンボー（David Shambaugh）が指摘する、党と軍の「共生」（symbiosis）関係が実現する背景の1つともなっている[11]。

こうした中国の党軍関係と社会との関係は、ラズウェル（Harold Lasswell）による「兵営国家」（Garrison State）として理解することが可能である。ラズウェルによれば、「兵営国家」は、(1) 国家資源を軍事用途のために動員する体制と、(2) 国内で外敵の脅威や紛争リスクを煽る「危機の社会化」(socialization of danger）により国民の支持を得る体制という2つの特徴を持つ[12]。

実際に、中国共産党は、党と軍とが「共生」する外部環境を作り出すべく、「危機の社会化」を行っている。それは、「危機の社会化」により、国内で軍の近代化や「軍事闘争準備」のために多額の予算を割り当てることを正当化できるからである。

►9　軍の予算配分から見た動揺の可能性

「世界一流の軍隊」に向けた大規模な軍改革が進められる一方、経済成長率が低減する「新常態」の中、軍に関する予算配分にはどのような影響がもたらされるのであろうか。以下、予算配分をめぐって党軍関係に動揺が生じる可能性について、3つの通説を通じて検討してみたい。

第1に、「軍区（戦区）間の対立」が存在するという説である。これは、戦前の中華民国期の軍閥割拠の歴史的経験を念頭に置いて、今なお軍区（戦区）間の対立が存在するのではないかという仮説に基づく推論である。

第2に、「軍種間の予算獲得競争」が激化するという説である。これは、大日本帝国の陸軍と海軍との間で存在した予算獲得をめぐる対立が中国においても存在するのではないかとの仮説に基づく推論である。

習近平政権下の中国で進められている軍改革は、党と軍との関係で、従来軍区とその中心を形成する陸軍が持っていた権利や権限の一部を剥奪し、他軍種に再配分して戦区へと再編するものである。そのため、軍区（戦区）や軍種間の対立軸はないが、陸・海・空・ロケット・戦略支援という軍種を同列にし、相対的に海軍・空軍・ロケット軍・戦略支援部隊の予算配分比率を増加することで、今後、軍種間の建設をめぐる対立を生みだす可能性は否定できない。

特に、習近平政権下の軍事改革で目に見える恩恵が少ない陸軍に残る不満が許容範囲を超える可能性があるだろう。ただし、ハード面での配分の変更は現在進行中であり、予算の重点は、必然的に海軍、空軍、ロケット軍、戦略支援部隊のハードに置かれている。そのため、陸軍に不満が残るも、軍の党代表大会で決定した方針に対する挑戦はないとみてよいだろう。

また、軍種建設も中央軍事委員会および各軍種内の党委員会が管掌することとなっている。そのため、「党の軍に対する絶対領導」は引き続き担保される。ただし、実際に指揮命令系統と軍種建設とを分ける改革とそれに伴う配分の変更が上手く機能するかについては、更なる検証が必要であろう。

第3に、国防費の増大によって財政破綻を招くという説である。これは、ポール・ケネディ（Paul Kennedy）の『大国の興亡』に強い影響を受けたものである[13]。

同著では、大国の後退局面では権益を保護するために「経済力の伸び以上に」軍事力に力を注がれ、それが財政的負担となることが指摘されている。これを中国の経済成長率の低下と伸び続ける軍事費（公表国防費）の関係に当てはめた見方である。

たしかに、習近平政権下で行われた中央軍事委員会の組織改編・統廃合などによって、一時的に予算増となる可能性がある。実際に、国家海洋局、中国海警局の組織再編後、2014、2015年の国家海洋局の海上法執行機関の決算、予算額は増大した。ただし、これは一時的なもので、基本的に組織建設・近代化の費用は中・長期計画に基づくものであり、概ね織り込まれているとみるべきであろう。

►10　増大する国防費とその持続可能性

他方、中国の軍事的拡張は、財政的制約を理由に早晩に終了するという見方も存在する[14]。実際には、民間技術の軍事転用や軍工企業の株式化など、公表国防費以外の手段で軍事技術の発展とそのための資金を確保し、軍の近代化を推進しようとしている。このことから、公表国防費が急速に増加し、財政を圧迫し、『大国の興亡』のような事態が直ちに起こることはない。

なお、2013年以降、中国共産党中央紀律検査委員会・中華人民共和国監察部がウェブ上で党幹部への推薦図書を公表しており、上述の『大国の興亡』もその推薦図書の1冊に含められている[15]。少なくとも、党幹部は現在の公表国防費の伸び率を維持できないことを認識しており、その影響を分散させるべく軍民融合発展戦略をはじめとした対策を講じていることがうかがえる。

それでは、国内総生産（GDP）の経済成長率の低減は、党軍関係にどのように影響するだろうか。少なくとも、低成長でも実質成長が続き、公表国防費の増額をはじめ、軍に対する恩恵が続く限り、党軍関係に影響はないだろう。しかし、経済成長率がマイナスになった場合に問題となるのが、軍内の予算配分、予算獲得競争の行方である。

経済の後退局面においてGDP成長率がマイナスに転じれば、当然ながら公表国防費もマイナス成長、すなわち減額に転じることもあり得るだろう。予算の減額は軍内の予算配分や予算獲得をめぐる競争を生み出し、結果として軍が党から離反する可能性もあり得る。そうした場合に備え、近年、党は経済建設と国防建設の一体化や軍民融合発展戦略によって、増大する資金面での需要を充足しようとしていると見られる。

逆に、そうした経済の後退局面で、公表国防費の増額を維持することは、社会の反発を招くことも想定され得る。そこで、国防という公共財の提供にリソースを投じ続けることが困難になった時、最後に残された選択肢は、国防上の脅威の増大や有事によって、公表国防費の増額をはじめ、軍に国家資源を割くことを正当化することかもしれない。　**（つちや・たかひろ）**

［注］

1　公共財について、詳しくは、J.E. スティグリッツ著、薮下史郎訳『スティグリッツ公共経済学［第２版］（上）──公共部門・公共支出』（東洋経済新報社、2003年）、pp.161-167を参照。

2　全12章90条。各章は、（1）司令部工作の指導思想・基本要求、司令部の位置・職責・基本任務などを記した総則、（2）参謀長および（3）総参謀部の地位・権力・職責、（4）司令部と参謀部の人員の基本職責、（5）司令部の内部および対外関係、（6）軍事建設の組織、（7）指揮作戦の組織、（8）指揮所の組織、（9）指揮の自動化システムの組織、（10）工作制度、（11）突発性事件処理の指揮組織、（12）作戦文書の様式などで構成されている。

3　たとえば「中国公布軍隊処置突発事件預案」大紀元（WEB）、2006年11月15日、<http://cn.epochtimes.com/gb/6/11/15/n1522182.htm>、および林載桓「社会のリスク増大と人民解放軍の役割拡大」『アジ研ワールド・トレンド』20(9)（アジア経済研究所、2014年10月）、pp.20-23、<http://d-arch.ide.go.jp/idedp/ZWT/ZWT201409_008.pdf>など。

4　渡辺剛「調和社会と都市部における『群体性事件』」『現代中国の政治的安定』（日本貿易振興機構アジア経済研究所、2009年）、p.20。

5　「国家突発公共事件総体応急預案」『人民日報』、2006年1月9日。また、2007年8月30日には、

「中華人民共和国突発（性）事件応対法」を制定、同年 11 月 1 日に施行された。同法でも、「突発（性）事件」について「突然発生し、重大な社会的危害をもたらし、またはもたらすおそれがあり、及び応急処置をとり対応する必要がある自然災害、事故災害、公衆衛生事件、および社会の安全に関する事件」（第 3 条）と定義されている。なお、同法の日本語訳は、宮尾恵美「中国における大規模自然災害への対応──突発事件対応法と応急対策計画を中心に」『外国の立法』251（国立国会図書館調査及び立法考査局、2012 年 3 月）、pp.227-238、<http://dl.ndl.go.jp/view/download/digidepo_3487064_po_02510009.pdf?contentNo=1> を参照。

6　高木誠一郎「アジアの地域安全保障制度化と中国：1990 年代～ 2007 年」『中国外交の問題領域別分析研究会』日本国際問題研究所、2011 年 3 月、pp.1-13。

7　中国のパブリック·ディプロマシーについては、張雪斌『日本と中国のパブリック·ディプロマシー』（ミネルヴァ書房、2019 年）などを参照されたい。

8　1982 年には、個人への権力集中回避と国家による党軍関係の承認を企図して国家中央軍事委員会が創設されたが、国軍化や軍の影響力向上は否定された。

9　1929 年 12 月の古田会議により、中国共産党の軍隊内における各級委員会の同級司令部に対する領導関係が確定した。

10　「プリンシパル・エージェント」理論を用いた党軍関係について、詳しくは、浅野亮「中国政治と軍の役割」『中国の政策決定システムの変化に関する研究会（財務省委嘱調査）』第 6 章、国際金融情報センター、2005 年 3 月、pp. 69-84、および土屋貴裕『現代中国の軍事制度──国防費・軍事費をめぐる党・政・軍関係』（勁草書房、2015 年）、pp.43-45 を参照されたい。

11　David L. Shambaugh, *Modernizing China' s Military: Progress, Problems*, and Prospects, California: University of California Press, 2002, pp.16, 32.

12　Harold D. Lasswell, "The Garrison State," *The American Journal of Sociology*, Vol. 46, 1941- Issues 4, 1941, pp. 455-468.

13　Paul Kennedy, The Rise and Fall of The Great Powers: economic change and military conflict from 1500 to 2000, Random House, 1987.（邦訳は、ポール・ケネディ著、鈴木主税訳『大国の興亡』〔上・下〕、草思社、1987 年を参照。）

14　たとえば、Salvatore Babones, "Why China' s Massive Military Buildup Is Doomed," The National Interest(WEB), August 5, 2015. <http://nationalinterest.org/feature/why-chinas-massive-military-buildup-doomed-13494>

15　「大国的興衰」中国共産党中央紀律検査委員会·中華人民共和国監察部ホームページ、2020 年 7 月 24 日閲覧。<http://www.ccdi.gov.cn/shudan/bwzp_sd/201309/t20130925_159974.html>

[参考文献]

土屋貴裕『現代中国の軍事制度 ─ 国防費·軍事費をめぐる党·政·軍関係』（勁草書房、2015 年）

川島弘三『中国党軍関係の研究』上·中·下（慶應義塾大学出版会、1988 年）

Nan Li. "Chinese Civil-Military Relations in the Post-Deng Era: Implications for Crisis Management and Naval Modernization," China Maritime Studies, No. 4, Newport, RI: China Maritime Studies Institute, U.S. Naval War College, 2010.

David M. Finkelstein, Kristen Gunness (ed) , Civil-military Relations in Today's China: Swimming in a New Sea, Routledge, 2015.

You Ji, China' s Military Transformation, Malden, MA: Polity Press, 2016.

第5章

中国共産党とメディア

――メディアはどう利用され、管理されてきたのか――

荒川 雪

▶ 1　監視国家への肯定的な反応とメディア統制

2019年8月、『幸福な監視国家・中国』という衝撃的なタイトルの新書が発売された。同書は、「現実世界でもインターネット上でもすべてが政府に筒抜けであるが、驚くべきは中国人のほとんどがそれに不満を抱いていないどころか現状を肯定的に見ている（中略）「監視カメラ網」の充実や、「信用スコア」などのレイティングシステムの浸透によって、中国の大都市は「行儀がよくて予測可能な社会になりつつある」と指摘する〔梶谷懐・高口康太、2019〕。この評価は、エリート知識人を除く、一般的な中国人の情報管理・監視国家への反応として妥当と考えられる。国家による強固な情報管理及び監視システムが構築されたようにも見える。特に、2020年の旧正月期間中に大流行した新型コロナウイルス（COVID-19）が中国国内で抑え込まれた一方、中国以外の多くの国で感染拡大を抑えきれなかった状況が報じられるにつれて、国家の情報管理に疑念を抱きつつも、若年層を中心に監視社会に対する信頼や支持は一層強まったといえる。本章では、こうした変化に留意しつつ、中国共産党（以下、共産党）とメディアの関係について論じたい。

旧来のメディア研究では、紙媒体に関する分析が多いが、今日では、メディアの定義がかなり広く、コミュニケーションを行う際の媒体のことであれば、すべて包括的にメディアと言える時代になった。新聞、雑誌、ラジオ、テレビなど伝統的なマスコミ以外には、電話（携帯電話を含む）のようなパーソナルメディアやインターネットの発展により、パソコンやスマートフォンのアプリを利用してインターネット上で不特定多数の相手あるいは知り合い同士の交流を図るためのブログ、ミニブログ、Facebook、Twitter、音楽、映画、映像を視聴する様々なアプリなど、中国でいえば、微博（ミニブログ）、微信（ウィーチャット）、すべてメディアとして定義されるようになった〔辻泉、2018〕。本章で言及する中国のメディアも以上の広範的な定義に基づくメディアを指す。

中国のメディアの現状を確認すると、国内外において巨大なネットワークを構築し、産業としての規模も拡大を続けている。2017年に中国で発行された新聞は363億部、雑誌は25億冊、書籍は92億冊に及ぶ〔山田賢一、2019〕。2017年末までに国家新聞出版ラジオ映画テレビ総局の批准（認可）を経て設立された放送機関は2656、放送しているラジオ・テレビのチャンネル数は4638（有料デジタル放送のテレビを除く）となっている。2017年の全国のラジオ・テレビの売上高は4841.76億元（約7兆3595億円）、年間映画興行収入は559億元（約8496.8億円）に上った。また、中国のネットユーザーは2019年6月時点で8.54億人に達し、インターネットの普及率は61.2%、そのうち、携帯電話を使ってインターネットに接続している割合が99.1%を占め、携帯電話やスマートフォンを通じた映像の視聴、情報の収集及び発信が国民の間で定着した。結果、2017年のネット広告収入は2957億元（約4兆4946億円）と、「伝統メディア（新聞、雑誌、ラジオ、テレビ）」の広告収入1784.65億元（約2兆7127億円）を大きく上回った〔中国社会科学院新聞与伝播研究所、2018；曽祥敏・劉日亮、2019〕。インターネットの台頭に対し、伝統メディアも、自社のホームページを立ち上げ、記事の公開、テレビ・ラジオ番組の配信を行うようになったため、中国のネットユーザーは、伝統メディアによって公開された情報もネット上からいつでも獲得できる環境を得た。スマートフォンが小学生から80代、90代までの幅広い年齢層の中国人に使われている今日では、紙媒体やテレビ、ラジオよりインターネットで伝統メディアの情報を含めてアクセスするようになった。いまやインターネットは、中国メディアの中心的な地位にある。

こうした状況を受け、2018年4月の全国ネット安全と情報化会議において、習近平国家主席は「情報化は中華民族に千載一遇の機会をもたらした」と強調した上で、インターネットの発展による情報化社会を歴史的な機会と認識し、新たな時代に即した手法をとることを強調し、インターネット上の世論を重視し、中国国内における世論の誘導だけではなく、国際社会におけるインターネット情報管理の制度作りにも意欲を見せた。このような共産党のインターネット世論を含む厳しい情報管理と世論の誘導を重視する姿勢は、共産党の結党から政権獲得までの過程、さらには建国後の統治経験と深く関係している。

►2　メディアは共産党の情報機関かつ宣伝機関

メディアは共産党が支配を続けるために必要な情報を収集し、共産党の政策を宣伝する機関である。共産党一党支配の中国では、選挙による国家統治の正統性を強調できない以上、共産党の統治に対する国民の広範的な支持がその権力継続の不可欠な要素になる。そこで、中国のメディア政策は、厳格な情報管理と世論の誘導が柱であった。こうした共産党とメディアの関係を理解するためには、共産党の結党の時期まで歴史を遡る必要がある。なぜなら、共産党創設メンバーの一人である毛沢東は、共産党のメディア政策だけではなく、共産党と中国国民党（以下、国民党）が協力関係にあった時期に国民党のメディア政策にも関与したからである。そして毛沢東は死去するまで、一貫して、世論への影響の大きさを意識しつつ、自身及び共産党の政策目標の実現に向け、あらゆるメディアをつうじた宣伝活動を重視してきた。毛沢東死去以後の歴代の指導部もまた、このメディア政策を堅持してきた。

1921年7月の共産党の結党と同時に組織された中央局には、宣伝担当者が置かれていた。その後、1924年5月の中央執行委員会拡大会議の決定により、共産党中央に組織、宣伝、工農、婦女の4部門が設置されてから今日に至るまで、共産党のメディア政策、宣伝活動は共産党中央宣伝部（以下：中宣部）が管理してきた〔谷安林、2019〕。

また、党によるメディア事業は、中華ソビエト共和国臨時政府が1931年に成立した際に設立された紅色中華通信社（略称紅中社）から始まった。これは、国営通信社である新華通信社（以下、新華社）のはじまりである。新華社は無線を通じて、ソビエト中央政府の法令や通達、内外のニュースを伝える報道機関としての役割に加え、共産党の情報収集機関としての役割も担った。例えば、新華社は、国民党中央社や外国の通信社のニュース放送を傍受し、『無線電材料』（後に『無線電日訊』、『参考消息』と改名）という冊子を作製し、中華ソビエト共和国臨時政府及び紅軍（共産党軍）の指導部門向けに提供した。この冊子は、紅軍の長征時や日中戦争、国共内戦時における共産党の貴重な情報源となった〔新華通信社史編写組、2010〕。さらに、新華社及び中国各地の共産党や政府の報道機関は、一般民衆には知らせない、あるいは知らせる時期ではないと判断した国内外の情報を整理して『内部参考資料』を作成し、中央及び地方の高級幹部に情報を提供してきた。この情報収集と分析、整理の制度は、1949年に中華人民共和国が建国してから確立され、今に至っている〔朱家麟、1995〕。

▶3　メディアの国家機関化と自由な言論の喪失

この後、国共内戦を経て支配地域が拡大した共産党は、メディアをいかに管理するか、という問題に直面した。共産党は、解放した都市にあった日本軍や国民党支配下にあったメディアを次々と接収し、新たに支配の下においたメディアが増加していったからである。建国直前に共産党は、急増したメディアに対する管理制度を整えるために、各地の党委員会に対して、管轄地域内のメディアの活動が正しい共産党の政策に従っているのかを確認するために専従の担当者を決め、彼らがメディアの報道内容に対する事前審査をするよう義務付ける、メディア管理制度を構築した〔朱家麟、1995〕。

中華人民共和国の建国後、共産党にとっての課題は、共産党と国家機関とメディアとの関係であった。建国直後の1949年10月19日、新聞総署と出版総署が中央人民政府政務院に置かれた。この結果、共産党の機関紙はなお中宣部の管轄下にあったが、国営通信社である新華社と広播（放送）事業局は、国家機関である新聞総署が管轄することになった。

ところが新聞総署は1952年2月に廃止され、新聞社を管理する権限は出版総署が引き継いだものの、さらに出版総署が1954年に廃止され文化部がその職務を継承した際、文化部は新聞を管轄する権限を継承しなかったのである。共産党や軍の新聞、中華人民共和国の建国後に国有化されたその他のメディアは、省や市などの地方政府や軍隊がそれぞれのメディアを管理することになったのである。省都や大半の主要都市では、共産党機関紙の新規発行あるいは国営ラジオ放送局の開局も行われた。こうした経緯を通じて、メディアは党と国家の権力構造に組み込まれたのである〔林秀光、2010；朱家麟、1995〕。

この共産党と国家によるメディア事業の管理方式は、市場経済の要素を無視し、国家財政はメディアの必要経費を負担し、メディア報道の目標、人事の編成・任免、部署の配置などを含めてすべて党委員会によって統一的に管理されるようになり、報道機関は行政機関に似た「事業単位」になり、メディアの国家化が実現したとも言える〔西茹、2008；朱家麟、1995〕。

中華人民共和国初の憲法（1954年9月公布）において「中華人民共和国公民は言論、出版、集会、結社、デモおよび示威の自由を有する（87条）」という条項が盛り込まれたことで、建国当初の憲法から中国の報道の自由が保障されていると思われがちであるが、同憲法の第19条には、「中華人民共和国は人民民主主義制度を守り、一切の反国家的・反革命的活動を鎮圧し、一切の売国奴と反革命分子を処罰する」と規定している。また1975年憲法の第26条では、「公民の基本的権利と義務は中国共産党の指導を擁護し、社会主義制度を擁護すること」という規定もあるため、中国の憲法が保障する言論、出版等の自由はいずれも、共産党及び社会主義制度への支持を前提条件とした制限付きのものと判断するのが妥当であろう〔朱家麟、1995；李相哲、2012〕。

そして、建国から10年も経たない間に、中国のメディア報道や記者・編集者の姿勢は大きく変化した。新華社の党組メンバー、国家新聞出版署署長などの経歴を持つ杜導正は、「新中国の建国前後は、記者が真実を語る気風があった。だが、「反右派闘争」、「反右傾闘争」の後、この素晴らしい気風は消失し、悪い方向に変わった」と回想した。このようなメディアの萎縮、記者の変質は、「三反五反」運動や、1957年に毛沢東が提起した「大鳴大放（大いに意見を出して大いに討論する）」運動の影響が大きい。毛の提起に応じて、自らの意見を率直に述べたメディア関係者や知識人は、その後の「反右派運動」や文化大革命（以下、文革）で糾弾された。結果、中国のメディアは共産党の「喉と舌」化した。『内部参考』等による下から上への情報伝達ルートを妨げる大きな要因にもなった。これらの点について、朱家麟は「民衆に対する思想コントロールの面では、確かに成果を上げたが、共産党の政権運営に重大な支障をもたらした」と述べ、共産党指導部の政策決定の誤りを報道によって是正するメカニズムの喪失につながったと批判したのである〔横澤康夫、2003；朱家麟、1995〕。これも、文革後に共産党中央指導部のメンバーを含めて、共産党体制内からも報道の自由を守るためのメディア法の制定に積極的な意見が多く出される一因である。

►4　改革・開放後のメディア改革

文革の反省から、1989年の天安門事件までの間、とりわけ政治制度改革が盛んに議論された1986年前後に中国マスコミ制度の改革をめぐる一連の新しい概念が提起された。その主要なものは、報道機関の自主的編集権、民衆の知る権利、表現の自由、政府を監督する権利、民営新聞の復活要求などである。1987年10月に共産党の第12回全国代表大会で当時の総書記趙紫陽が「社会的対話制度の確立」、「議事公開」、「世論による政府の監督」などを基に、社会協商義民主を拡大しようという方針を提起した〔朱家麟、1995〕。

同時期に報道の自由などの内容を盛り込む「新聞法（メディア法）」の制定に関する議論が盛んになり、1984中国政府も「新聞法」の制定を決定し、元人民日報総編集長全国人民代表大会教科文衛委員会副主任の胡績偉を責任者とする専門チームを組織して、具体的な法制化の準備を始めた。新聞法の制定に関する党、国家と社会の関係について、林秀光が詳細に分析して、党内の反対勢力の反対と天安門事件の発生によって挫折した過程を解明した。また林は新聞法の挫折の原因として陳雲（共産党中央政治局常務委員会委員）による「国民党統治の時代に『新聞法』を制定したが、われわれがその文言を研究し隙をついた。われわれがいま権力の座にいて、人に隙をつかれないためにも『新聞法』を作る必要はないと思う。法がなければ、われわれに主導権がある。コントロールしたいようにコントロールできる」という反対意見も強調した〔林秀光、2010、2013〕。結局『新聞法』制定の挫折によって今日に至っては、メディアに関する法制化は中国で実現にならずに、共産党による管理が継続されている。陳雲の主張は今なお、共産党指導部内のコンセンサスと考えられる。

また、改革・開放以降、報道機関の数が急増したうえ、コストが嵩み、国家予算から出された資金のみでは経営が成り立たなくなった。そこで、党の宣伝機関としての役割を維持させつつ、広告の復活、新聞販売の自由化（郵便局による独占販売の見直しなど）といった「独立採算制」の導入をメディアに認める改革も進められた。なお、この改革は、報道機関が予算以外の収入を得るべく、一般民衆の興味に合わせた編集構成を積極的に行うようになるという副次的な効果をもたらした〔朱家麟、1995；西茹、2008〕。

1990年代に入ると、メディアの企業グループ化と産業化が進んだ。本業（党や政府の機関紙の発行など）の不振をカバーするため、新華社、人民日報社をはじめ、多くの報道機関は経営の多角化を進め、多様な読者に受け入れられやすい専門紙・誌を創刊した。ホテル業や観光業、不動産業といった異業種にも参入し、株式制を導入したメディア企業まで現れた〔西茹、2008；朱家麟、1995〕。結果、政府の財政に頼らず、市場から多くの収入を得る巨大メディアグループが生まれ、グループ内で党や政府の機関紙発行のような収益性の低い本業を続ける体制が確立した。例えば、中国中央テレビCCTV（CNTV）は、その国内外に有する放送網から巨額のCM収入と有料チャンネル視聴収入を得ることができる。この収入を使って、採算が取りにくい多言語放送のチャンネル及びネット放送（35チャンネル〔うち6チャンネルは外国語チャンネル英語、スペイン語、フランス語、アラビア語、ロシア語、英語ドキュメンタリー〕）を中国国内のみならず、世界に向けて24時間放送している〔王冲、2014〕。

つまり、党や政府は多大な費用をかけなくても、メディアを通じて国内外に宣伝活動を行うことができるという中国特有の現象が出現したのである。2020年2月に米政府は中国メディア5社を「外国の宣伝機関」として認定し、さらに6月に追加4社を認定したのも、これらのメディアが自主収益によって巨大化し、米国を含めて世界各地に数千人規模の記者や報道関係者を派遣して、現地での取材だけではなく、英語、中国語、現地語を含めた中国政府や共産党のための宣伝活動を行っていることへの警戒からである。同時に、中国国内では外国記者への厳しい活動制限、取り締まりへの報復措置だとも言われている。つまり、中国に対する取材、報道を厳しく制限している中国政府は、海外では、自国政府や共産党がコントロールしているメディア機関が自由に報道、宣伝活動ができ、影響力の拡大を図ることができるという不均衡の状況に対する警戒感だともいえる。

▶5　独自のネット言論空間の拡大と共産党による世論の誘導

1990年代後半から2000年代にかけて、中国ではインターネットが急速に普及した。これを受け、新華社や『人民日報』、『光明日報』などの報道機関は、いずれも自身のホームページを立ち上げ、国内外に情報を発信するようになる。ヤフーやグーグル、アマゾン、マイクロソフトといった海外の大手IT企業もこの頃中国市場に参入した。

当時、多くの中国人ユーザーがこれらの企業の提供するサービスを利用したため、中国で事業を急拡大させた外資系企業は少なくなかった。いうまでもなく、世界のインターネットの主導権を握っていたのはアメリカであることから、米系IT企業の事業拡大が外資系の中でもとくに際立った。

しかし、2000年代に入ると、中国のIT企業も急成長を遂げるようになる。また、中国政府は、中国のインターネット情報のセキュリティ強化の観点から、関連法の整備に注力するようになった。特に、2016年の「インターネット安全法（サイバーセキュリティ法）」により、インターネット運営業者は、中国で収集した個人情報及び重要データを中国国内で保存するよう義務付けられた。これにより、中国にサーバーを置かない海外の運営業者は、サービスの提供が困難となり、中国から撤退する外資系IT企業が相次いだ。FacebookやTwitterなど、米系のネットサービス、LINEなど、日本に本拠地を置く企業のネットサービスは、中国国内では現在利用できず、中国市場から実質的に排除された状態にある。これらに代わり、中国の三大IT企業と言われるアリババ（ネット通販）、テンセント（LINEに似たチャットアプリWeChatやネットチャットサイトQQなどを運営）、バイドゥ（ヤフーやグーグルに類似する検索サイト「百度」は、漢字を使った検索機能に長けている）が中国のネットサービス分野では支配的な地位を築いている。地場企業が提供するキャッシュレスサービスや、ショッピングアプリ、タクシー配車アプリ、オンライン授業や会議などのサービスも急速に普及し、インターネットに接続しなければ、生活できないような社会へと中国は変容した。世界で使われているサービスから切り離されたことにより、独自のインターネット言論空間が構築されたとも言える。

また、中国のIT企業が提供するインターネットサービスを使い慣れると、友人や家族、ビジネス上の連絡に限らず、ショッピング、各種支払いサービスなどをすべてスマートフォン上のアプリで行うようになる。こうした傾向が強まるほど、中国政府は情報を統制しやすい。例えば、COVID-19の感染拡大が中国国内で起きた際、多くのユーザーがWeChatなどのSNSで膨大な情報発信や転載を行った。こうした行動が後日問題視され、アカウントの停止あるいは停止警告を受けたユーザーが多数いたとされる。アカウントを停止された場合、アプリでチャージしたお金を使えなくなるうえ、友人や家族との連絡、自らのビジネス展開にも大きな支障が出る可能性は高い。COVID-19をめぐる発言等がSNS上で盛り上がる一方で、多くのユーザーは、政府やネット企業がアカウントを停止するリスクを意識するようになり、中国政府や共産党の政策に関する発言、文章の転載を次第に控えるようになった。一部のユーザーは自ら当局の対応に批判的な発言を監視し、それらを批判する動きも高まった。

最近では、海外に出た中国人留学生や中国系住民の間でも、中国企業が提供するインターネットサービスの利用が広がっている。留学生については、中国国内で慣れ親しんだものを使いたいというのが主な理由であるが、中国系の住民については、英語や現地語が不得手、プライベートでは中国語と漢字を使いたい、中国にいる友人や家族と気楽に連絡を取りたいといった理由により、サービスの利用が増えていると考えられる。こうして、世界から切り離された中国独自のネット言論空間は、世界中の中国系住民や中国人留学生を取り込みながら、海外でも拡大したのである。無論、この言論空間は、共産党によって厳しく管理されている。COVID-19が中国で流行した当初、世界中の華僑華人及び中国人留学生団体がマスクや医療用防護服を大量購入して中国の医療機関に寄贈した。彼らの間で共産党、中国政府に対する批判が高まらず、支援の動きが広がった背景には、共産党に管理されたインターネット言論空間が存在したためという指摘も可能であろう。

前述した中国の三大IT企業はいずれも民間企業であるが、習近平国家主席の外国訪問に企業のトップが随行するなど、当局との関係は良好である。しかも、2017年6月28日に施行された「国家情報法」の第14条には、「中国の国家情報機関は必要に応じて、関係機関、組織及び個人に必要な支持、協力を要求することができる」と書かれており、要請があれば、中国企業や個人が収集した情報を政府に提供しなければならない。この法律により、中国政府は、中国企業が提供するインターネットサービス利用者（国内居住か否かは問わず）のインターネット上での言動を監視することが可能になる。

2000年代以降、中東地域におけるジャスミン革命後の社会の混乱、難民問題を機に混迷を深めたヨーロッパ情勢、COVID-19の感染拡大に対する先進国の対応の遅れ、そして白人警官による黒人暴行死を発端として全米に広がった暴力を伴う大規模デモの続発等々、中国のテレビやインターネットがリアルタイムで伝える国際ニュースは、民衆の海外への憧れを失望へと変えるものばかりであった。こうしたニュースを報じる前には中宣部の検閲があるため、海外のマイナス面に焦点を当てたものを選びがちになる。ニュース解説の際も、普遍的な価値よりも共産党による支配の正当性、社会の安定に重点が置かれる。

一連の世論誘導、情報管理を通じて、民主主義よりも中国式の統治体制の方が優れているといった冷戦期さながらのイデオロギー色の強い主張がいまやSNS上であふれかえっている。

そして、党や政府の管理下でメディアに誘導された中国の世論は、民主化などの政治改革を希求せず、現在の監視社会、強権政治の下で実現した「安全」で心地よい現実及び仮想（ネット）世界に満足しているようにも見える。こうした状況は、共産党と政府が20年かけて、インターネットの特徴を学び、制御・管理の経験を積み重ねた産物である。習近平が2018年の会議で強調した「千載一遇の機会」という言葉は、伝統メディアが強かった時代よりもインターネットの方が、国内外の世論を誘導しやすい点を端的に表している。

調査会社イプソスの「世界が懸念していることに関する調査（What Worries the World Study）」の2019年の結果によると、自国の進んでいる方向性について最も自信を持っているのは中国で、調査対象者の94％が「正しい方向に向かっている」と回答したことは、その傍証になる〔梶谷懐・高口康太、2019〕。今日の中国は、監視社会の下で治安が改善傾向をたどり、社会保障制度も拡充しつつある。共産党や政府の定めた法律・規則に従って批判的な言動さえしなければ、現在及び近い将来においてある程度「幸福」な生活が続くという庶民の期待は、ますます高まっていると判断するのが妥当であろう。

半面、世界から隔離された監視社会、インターネット言論空間から幸福感を得られるのは、高い経済成長が続いている間に限定される可能性が高いことにも注意を払う必要がある。中国経済が停滞し、現在の先進国のように、ほとんどの子供世代が親世代を上回る収入を得られず、それまでに享受してきたバラ色の将来が待つ「幸福」な生活を見込めない場合、共産党や政府への不満が一気に噴き出すこともあり得よう。このように考えると、習近平政権による言論統制、そして国民の行動監視・管理の強化は、将来に対する不安の表れであり、超大国を目指す布石とは大きくかけ離れたものという見方も可能である。

とくに、2018年に共産党中央が「党と国家機構改革方案（プラン）」を発表したことを境に、新聞やテレビといった伝統メディアに対する管理機能は、党の中宣部にすべて集められた。インターネット関連メディアはこれまで、工業情報化部の下部組織である国家計算機ネット・情報安全管理センターが管理していたが、その権限は共産党中央ネット安全・情報化委員会弁公室に移された。一部の業務は、名目上国家機関が引き続き行うことになったものの、メディアに対する主要な管理権限は、共産党組織に集められたことで、党による情報管理が一段と強化された。この管理体制の対象は、メディアの報道内容だけではなく、人事や経営、資産など多方面に及んでいる。これも共産党の国民世論の支持に対する自信の欠如の表れだとも考えられる。

結果として共産党によるメディア管理は共産党の一党支配を継続するために、改革開放初期に一時制度化、限定的な自由化を図ったことで、地方メディアやインターネット世論による世論監督はある程度が実現した。しかし、その一部の内容が、共産党の支配継続に対するマイナス面を認識させるようになり、逆に以上の共産党によるメディア管理の強化につながり、伝統メディアだけではなく、インターネットや民間企業によって開発されたアプリの運営や投稿内容にまで影響を及ぼすようになった。インターネットは国境を簡単に超えられる特徴から、共産党によるメディア管理は中国国内の共産党支持への世論誘導のみならず、その影響力は伝統メディア、インターネットを通じて世界範囲に拡大している。これも、中国系企業が運営するアプリは米国を含め、多くの国での使用制限が検討されている一因であろう。また、中国政府は立法などの手段で中国国内から一部の外国のインターネットサービスへのアクセス制限を可能にし、インターネット上で「国境」を作ることが、世界におけるインターネットのブロック化を加速させる可能性でさえある。そうなれば、世界におけるインターネット使用のルール作りに参加し、インターネットを使って世界における中国の影響力を拡大させたいという共産党の思惑は逆に遠のくであろう。自らインターネットの「国境」を開放しなければ、他国も中国にインターネットの「壁」、「国境」を作る可能性が高まる危険性について共産党も認識すべきであろう。

（あらかわ・ゆき）

［参考文献］

≪日本語≫

梶谷懐・高口康太『幸福な監視国家・中国』（NHK 出版新書、2019 年）

朱家麟『現代中国のジャーナリズム──形成・変遷・現状の研究』（田畑書店、1995 年）

焦国標（坂井臣之助訳）『中央宣伝部を討伐せよ』（草思社、2004 年）

西茹『中国の経済体制改革とメディア』（集広舎、2008 年）

辻泉「メディア社会論のために」辻泉・南田勝也・土橋臣吾『メディア社会論』（有斐閣、2018年、pp.1-15）
山田賢一「マスメディア」中国研究所編『中国年鑑 2019』（中国研究所、2019年、pp.254-256）
李相哲「岐路に立つ中国メディア ── 規制に苦しみながら歩んできた六〇年の軌跡」李相哲編『日中間の戦後メディア史』（藤原書店、2012年、pp.17-59）
林秀光「中国におけるメディアと「党 - 国家 - 社会」── 一九八〇年代「新聞法」の制定をめぐって」『法学研究』（慶應義塾大学法学研究会、Vol.83、No.12、2010年12月、pp.279-316）
林秀光「党報体制の構築 ── 既存メディアの接収と改造を通して」国分良成・小嶋華津子編『現代中国政治外交の原点』（慶應義塾大学出版会、2013年、pp.71-93）
横澤康夫編著『中国　報道と言論の自由 ── 新華社高級記者・戴煌に聞く』（中国書店、2003年）

≪中国語≫
谷安林主編『中国共産党敵視組織機構辞典』（中共党史出版社・党建読物出版社, 2019）
新華通信社史編写組『新華通信社史』第一巻（新華出版社, 2010）
王冲『中央電視台新聞生産機制変革研究 ── 基于媒介社会学的視角』（経済管理出版社 , 2014）
中国社会科学院新聞与伝播研究所主辦『中国新聞年鑑　2018』（中国新年年鑑社 , 2018）
曽祥敏・劉日亮「2019年中国媒体融合発展綜述」曽祥敏主編『中国新媒体研究報告 2019』（人民日報出版社 , 2019年 , pp.2-43）

第6章

中国共産党と司法

――どのように統治の道具として役立てているのか――

内藤 寛子

▶ 1　なぜ司法体制改革を推進するのか？

権威主義体制には人治が相応しいという考え方が一般的である。これは、権威主義体制下の司法が政治指導者の統治の道具であることから、政治指導者は法律による制限を受けないという考えに基づく。一方で、政治指導者が権威主義体制の持続を政治的命題とする中で、どのように司法を統治の道具として役立てているのか、あるいは司法とはどのような統治の道具なのか、という点はこれまであまり検討されてこなかった。

本章は、この点に注目し、中国共産党指導部（以下、「党指導部」）が、法に基づく政治運営を実践するための重要な機関として司法を機能させるとともに、人々の利益を保護する場としての役割も司法に期待したことを論じる。人々の利益を保護する場としての司法と統治の道具としての司法は、一見すると相反するように捉えられるが、中国共産党（以下、「共産党」）の論理から鑑みると、双方は対立していない。人々の利益を保護する場としての司法も統治の道具の一つとみなしている。

そして、このような共産党指導部の司法の取り組みは、「法治」を実現するための具体的な政策の一つとして推し進められている。2014年10月に開催された共産党第18期4中全会において、習近平指導部は「法治」の徹底を重要な政治目標として掲げた。同全体会議で習近平は、現体制を維持するために、法に基づく国家統治の全面的な推進が必要であると説明した。さらに習近平は「法治」を実現するための具体的な政策の一つとして司法体制改革の実施を促した。しかし、共産党の「法治」と人治の対義語としての法治（rule of law）は同じ状態を指す言葉ではない。法治（rule of law）は、政治的自由度と相関性があることから、司法の独立性が高まると、政治指導者への法の制約も強まるという特徴をもつ。共産党の「法治」は、あらゆる組織からの司法の独立性を高め、政治的自由の拡張を目指しているのかというと、そうではない。2017年1月に開催された会議において、中国の最高裁判所にあたる最高人民法院の院長である周強は「憲政民主や三権分立、司法の独立などといった西側の誤った思想を断固阻止する」と言及した。中国の「法治」は司法の独立を含まないことを明確に示している。本章では、中国の「法治」を「政治的自由の拡張なき法治主義」（legalism without democratization）と定義し、議論を進める。

それでは、党指導部の「法治」の試みや、その具体的な政策としての司法体制改革の実施は、いったい何を目指しているのであろうか。本章は、中国の司法機関である人民法院に注目し、共産党が推進してきた司法体制改革の狙いを論じる。まず、共産党が公安・司法系統の国家機関に対する命令的指導の実現を保証する党内組織である政法組織に注目し、共産党と人民法院との関係を明らかにする。そして、その歴史的変遷を確認することで、党指導部が人民法院を重視するようになった経緯を明らかにする。

次に、党指導部が人民法院に期待した役割を理解するため、司法体制改革をめぐる二つの論点に注目する。第一に、共産党と社会の関係である。党指導部は社会との安定した関係を築くために、人民法院がどのように機能することを期待したのであろうか。第二に、共産党と国家の関係である。党指導部は人民法院に対する命令的指導をどのように維持しようと試みたのであろうか。この二つの議論を通じて、歴代の党指導部が現体制を維持するために人民法院に期待した役割を析出し、党指導部が司法体制改革を推し進めてきた論理を明らかにする。さらに本章では、司法体制改革として試みられている人民法院の組織改革が地方人民法院や裁判官らによって党指導部の思惑通りに実現されていないという事例から、党指導部が現体制を維持させることの困難さについても言及する。

▶2　中国共産党指導部が注目する人民法院の役割

あらゆる組織の長の党内序列は、その組織の政治的な重要さを示している。この理解を踏まえれば、現在の党指導部における最高人民法院の政治的地位は決して高くない。第19期中国共産党常務委員会を構成する7名の常務委員の中で、行政機関である国務院総理の李克強は序列二位であり、立法機関および国家権力機関である全国人民代表大会の栗戦書は序列三位であるにもかかわらず、最高人民法院院長の周強は中央政治局常務委員ではなく、中央政治局委員のさらに下位の中央委員会委員にすぎない。党内における最高人民法院の政治的地位が低いことがわかる。

最高人民法院の政治的地位の低さは、歴代の指導部が、人民法院や公安部、人民検察院に対する共産党の命令的指導を確保するために設けた政法組織の人事の変遷からも確認することができる。一方で、その変遷から、歴代の党指導部が人民法院を含む法律に従事する組織を次第に重視し始めたことも理解できる。政法組織の性質は、書記を中心とした上意下達の組織から各組織の協調を重んじる組織へと時代とともに変化しているが、司法や治安管理に関連する各部局に対する共産党の命令的指導を保証する最も重要な組織であるという政法組織の役割に変わりはない〔唐、1996〕。**図表6-1**に示したように、政法組織は公安部や国家安全部、司法部、最高人民検察院、最高人民法院という各国家機関の党組のトップと中央軍事委員会の委員によって構成されている。

図表6-1　政法委員会組織構成

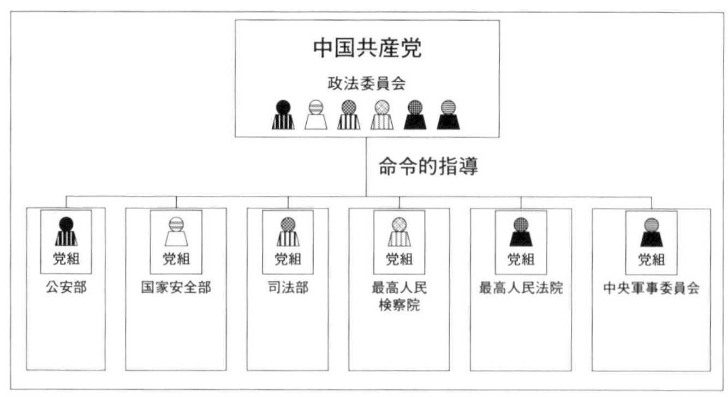

〔出所〕中央党史研究等編（2000）『中国共産党組織史第七巻（上）社会主義事業発展新時期（1976.10－1997.9）』北京：中共党史出版社、pp.237-239にある政法組織の構成員および組織の性質に関する説明をもとに筆者作成。

人民法院制度の基本的な体系は、1954年に制定された中華人民共和国憲法および中華人民共和国人民法院組織法などによって形成された。その後、大躍進期に政法組織である政法小組を党内に設置し、公安部、人民検察院、人民法院に対する共産党の命令的指導を確保する体制を作り上げた。この際、党指導部は「統治の道具としての司法」とみなすソビエト法の法理論を採用し、公安部、人民検察院、人民法院を実質的に統合し、その中で公安部の地位を相対的に高めた。この状態は、「大公安、小法院、あってもなくてもいい検察院」と揶揄され、「大公安体制」とも呼ばれた〔小口・田中、2012〕。そして、文化大革命（以下、「文革」）期には、革命委員会が司法関連の組織に取って代わったことから政法小組も一時的に解体された。

党内に政法小組が再度設けられたのは1978年である。同年に開催された共産党第11期3中全会においては、鄧小平が「民主と法制」という施政方針を提示した。「民主と法制」とは、共産党の命令的指導の下の「民主」を充足させるために、その条件や規則を法律にする、あるいは「民主」の要素を制度に組み込むことを意味する。このような立法、制度化が必要な理由として、鄧小平は、「制度や法律は、政治指導者の交代によって変化せず、政治指導者の考え方や注目するところが変わったとしても変化しない」からであると説明した。この「民主」とは、民主主義（democracy）ではなく、民主集中制における「民主」を指す。民主集中制とは、主権者である人々が、人民代表大会という国家権力機関を通じて主権を行使するという政治制度である〔初宿・辻村、2010〕。つまり、鄧小平が掲げた「民主」とは、共産党の命令的指導の下での「民主」を指し、多党制や自由選挙を認めている民主主義とは根本的に異なる。鄧小平は、この方針の提示をつうじて、文革期に崩壊した司法制度の再建に取り組むという意思を内外に示した。

図表6-2で示した1978年以降の政法組織の書記あるいは組長の人事の変遷を見ていくと、三つの特徴がある。第一に、1980年代以降の政法組織の長である書記の兼任職が、公安部部長から全国人民代表大会や国務院、最高人民法院の各長や副長へと変化していることである。このような変化は、「大公安体制」の見直しと「民主と法制」の推進に呼応しており、党指導部が、司法や治安管理に関連する部局の中で議会や司法といった法律に従事する組織を重要視し始めたと理解することができる。1987年に開催された共産党第13期全国代表大会では、趙紫陽が「我々は片方の手で改革と建設を行い、もう片方の手で

法制を進めなければならない」と主張した。また、同会議で趙紫陽が提起した政治体制改革では、社会主義民主制度の改善のためとして人民代表大会制度の改革に、社会主義法制建設の強化のためとして司法制度の改革に言及している。1980年代後半に提起した政治体制改革の一環として、党指導部は、政法委員

図表6-2　政法組織組長および書記の人事変遷（1966―2017年）

<table>
<tr><th>組織名</th><th>組長・書記</th><th>期間</th><th>兼任職</th><th>歴任職</th></tr>
<tr><td rowspan="2">政法小組</td><td>謝富治</td><td>1966年3月
―文革初期</td><td>公安部部長</td><td>公安部</td></tr>
<tr><td>紀登奎</td><td>1978－1980年</td><td>国務院副総理</td><td>人民解放軍</td></tr>
<tr><td rowspan="3">政法委員会</td><td>彭真</td><td>1980－1983年</td><td>全人代常務委員会委員長</td><td>全人代</td></tr>
<tr><td>陳丕顕</td><td>1983－1985年</td><td>全人代常務委員会委員長</td><td>人民解放軍</td></tr>
<tr><td rowspan="3">喬石</td><td>1985－1988年</td><td>国務院副総理</td><td rowspan="3">紀律検査委員会、
外交部、
宣伝部、
組織部</td></tr>
<tr><td>政法領導小組</td><td>1988－1990年</td><td rowspan="2">中央政治局常務委員</td></tr>
<tr><td rowspan="7">政法委員会</td><td>1990－1992年</td></tr>
<tr><td>任建新</td><td>1993－1997年</td><td>最高人民法院院長</td><td>人民法院</td></tr>
<tr><td rowspan="2">羅幹</td><td>1997－2002年</td><td rowspan="2">中央政治局常務委員</td><td rowspan="2">労働部</td></tr>
<tr><td>2002－2006年</td></tr>
<tr><td>周永康</td><td>2007－2011年</td><td>中央政治局常務委員</td><td>公安部、
石油工業部、
国土資源部</td></tr>
<tr><td>孟建柱</td><td>2011－2017年</td><td>公安部部長</td><td>公安部</td></tr>
<tr><td>郭声琨</td><td>2017年ー</td><td>武装警察部隊第一政治委員</td><td>公安部</td></tr>
</table>

（注）網掛けの箇所は、政治局常務委員を兼任している年度を示している。
〔出所〕中央党史研究等編（2000）『中国共産党組織史第七巻（上）社会主義事業発展新時期（1976.10－1997.9）』北京:中共党史出版社、ラヂオプレス編（1980－2018）『中国組織別人名簿（1979－2018年度）』ジェイピーエムコーポレーションをもとに筆者作成。

会内の法律が関連する組織の重要性を認識した。特に、1980年代後半に政法委員会書記を務めた喬石が中央政治局常務委員を兼任したことによって、共産党指導部内における政法委員会の政治的地位は高まった。

図表6-2から読み取ることができる二つ目の特徴は、2007年に中央政法委員会書記に就任した周永康以降、公安部の歴任者あるいは兼任者が政法委員会の長に登用されたことである。これは、2000年代に入り治安維持が重要な政策目標となった中で、当時の政治指導者がその目標を達成するためには、公安部をトップとする組織編制が必要であると認識したからであろう。まず、治安維持が重要な政策目標となった背景として、群体性事件と呼ばれる集団抗議行動の発生件数急増があげられる。党指導部が群体性事件への対応を重視したことは、公共安全に割く財政支出が年々急増し、国防費を上回ったことからも明らかである（**図表6-3**）。そして公安部は、群体性事件を未然に防ぐこと、発生した際の処置を任された重要な部署であった[1]。

三つ目の特徴は、2002年以降に中央政法委員会書記と中央政治局常務委員が兼任となり、共産党内の政法委員会の政治的地位が格上げされたことである。既述したように、中央政法委員会は司法や治安管理に関連する各部局の内部に設けられている党組の長を寄せ集めて構成されている。そして、その重要な役割の一つが、「政法各部門に共通して関係する全局的な問題に対し中央の方針、

図表6-3　公共予算支出に占める公共管理費と国防費の推移

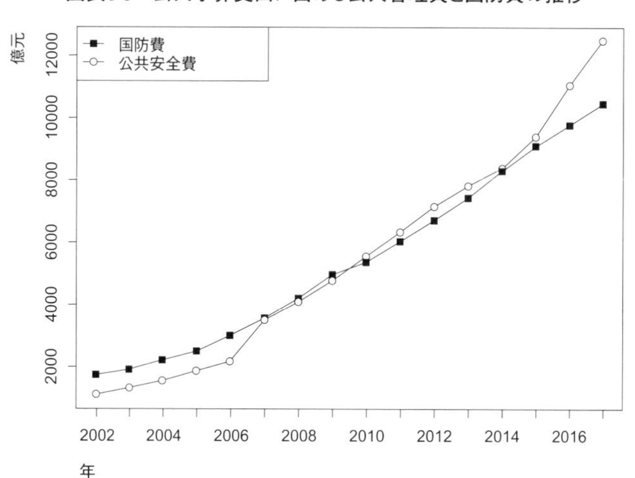

〔出所〕国家統計局編（2003－2018）『中国統計年鑑』北京：中国統計出版社をもとに筆者作成。

政策、指示に基づいて認識を統一させ、仕事の割り振りも統一し、行動も統一すること」である〔中央党史研究室等編、2000〕。

2007年以降、中央政法委員会は公安部をトップとする組織編制になっていくわけだが、それは大公安体制への揺り戻しではなく、公安部を中心に様々な組織が連携をとることで、治安維持を実現できるという考えによるものだろう。そして、党指導部が治安維持を重要な任務として位置づけるようになってから、法の手続きに基づき合法的な手段によって紛争を解決する機関である人民法院の役割に対する党指導部の評価は高まってきた。そのため、党指導部は司法体制改革を積極的に推進するようになった。

►3　胡錦濤指導部下の司法体制改革──「人々の利益を保護するための司法」の出現

司法体制改革は、2002年11月に開催された共産党第16期1中全会で胡錦濤が提起したことにより始動した。2003年に組織された中央司法体制改革領導小組を中心に2004年には「司法体制と業務制度の改革に関する中央司法体制改革領導小組の初歩的意見」(以下、「意見(2004年)」)が出された。共産党第17期1中全会では、前回大会で提起された「司法体制改革の推進」からさらに重要性を高め、「司法体制改革の深化」を目指した。そして、2008年には「意見(2004年)」を基礎とした「司法体制改革の深化と業務制度改革の若干の問題に関する中央政法委員会の意見」(以下、「意見(2008年)」)を出した。この「意見(2008年)」の中で特に強調されたのが、「人々の利益を保護するために司法」を機能させるということである。

これまで党指導部は、ソビエト法の法理論を採用したことから、人民法院に対する命令的指導を徹底し、司法の独立を否定してきた。そのため、中国の司法は、共産党が国家および社会を統治するための道具と看做されてきた〔高見澤・鈴木、2010〕。したがって、胡錦濤指導部が司法を「人々の利益を保護する場」としたことは、これまでの「統治の道具としての司法」と対立するように思われる。しかし、党指導部の説明に基づけば、双方の矛盾はない。司法体制改革を推し進め、人々に親しみやすい人民法院を実現することは、人々の体制に対する満足度を高め、共産党は統治に対する支持を人々から獲得できるということである。

このような論理を胡錦濤指導部が示した理由は、既述したように群体性事件の発生件数が1990年代後半以降に急増したことがあげられる。そしてその要因として、胡錦濤指導部は法律に基づいて紛争を解決するという認識や紛争解決の制度に対する理解が人々に乏しいこと、人々の利益を保護することや紛争解決を目指す法律、司法制度が整備されていないことをあげた。これに関して、2006年に開催された共産党第16期6中全会において、胡錦濤は、「社会主義民主法制をさらに完備し、法に従い国を治めるとの基本方略を全面的に実施し、人々の権益を着実に尊重し保証する必要がある」と述べている。また、胡錦濤は2007年に開催された全国政法工作会議においても「積極的に確実に司法体制改革を推し進めることを引き続き行わなければならない、そして公正で効率が良く権威のある社会主義司法制度をつくることに尽力しなければならない」と述べ、人々の利益を保護するために司法制度を整備する必要があると主張した。

その試みの事例として、共産党による公益訴訟の認可がある。公益訴訟とは、権利や利益を侵害された本人以外の社会的組織が、問題を起こした者を提訴することを指す。これまで公益訴訟は人々の基本的権利や公共利益を保護できる一方で、現行の政策に対する批判が起こる可能性があり、それらの政策を実行する、あるいは決定する組織の正当性を動揺させかねないと考えられたことから、党指導部は公益訴訟に消極的であった。

公益訴訟が最初に認められたのは、2012年に改正された民事訴訟法である。同法は、環境問題および消費者の権益問題に関してであれば、公益訴訟を許可すると規定した。そして民事訴訟法の改正を受け、全人代は2014年に環境保護法を改正し、⑴法に基づき区分けされた市レベル以上の人民政府の民生部門が登記した組織、⑵環境公益訴訟を専門とした活動を5年以上続けており、また法律に違反した記録がない組織は公益訴訟を提訴できると、具体的に規定した。

また、環境保護法の改正過程の議論を参照すると、環境問題を解決するには地域の人々の訴えを組み入れなければならないとする意見が多く提出され、公益訴訟を提訴できる原告の条件が草案ごとに緩和された。加えて、条件を緩和させることによる訴訟の乱立を懸念したことから、官製NGOや行政組織といった共産党の命令的指導下にある組織が公益訴訟の原告となり、環境問題に対する人々の要求を収集する媒介組織として機能するような制度設計が行われた。その結果、人民法院は、「統治の道具としての司法」と「人々の利益を保護する場としての司法」の双方を機能させる制度として位置づけられることになった。

▶4　習近平指導部下の司法体制改革――司法の地域主義化への対策

習近平指導部は、胡錦濤指導部が推進した司法体制改革を継承し、さらにそれを国家の重大な政策と位置づけ、積極的に取り組んでいる。2017年に出された重要指示において習近平は、「司法体制改革は改革の全面的深化、全面的な法に基づく国家統治において重要な位置を占め、国家の統治構造と能力の近代化の推進にとって重大な意味を持つ」と強調した。この重要指示に応えるかたちで最高人民法院も「人民法院の司法改革の全面的深化に関する最高人民法院の報告」を発表した。そこで、人民法院に従事する人材を管理する制度の改革の必要性について指摘した。そして人民法院に従事する人材として、まず先に裁判官を挙げた。

裁判官は、共産党と人民法院の命令的指導関係を論じるうえで非常に重要な行為主体（アクター）である。中華人民共和国憲法第126条によると「人民法院は、法律の定めるところにより、独立して裁判権を行使し、行政機関、社会団体および個人による干渉を受けない」と定められており、人民法院が行政機関、社会団体および個人から独立して裁判権を行使することが認められている。そして、実際に判決を下す裁判官について、人民法院組織法は、「重要で難しく、複雑な案件に対して、どのような法律を用いるのかを議論し、決定することができる」のは裁判委員会であると規定している。この裁判委員会の構成員は、共産党の人民法院に対する命令的指導を保証する人民法院内に設けられた組織である人民法院党組と重複しており、また、裁判委員会が担当することができるとされている案件の複雑さや難しさの具体的な指標は決められていない。このことから、人民法院は行政機関、社会団体および個人から独立して裁判権を有している一方で、人民法院に従事する裁判官は共産党から独立しておらず、人民法院は司法の独立を保証されていないということがわかる。この構造は共産党と人民法院の命令的指導関係の実態を見るうえでのカギとなる。

党指導部は、「人々の利益を保護する場」としての役割を人民法院に発揮させるためには、人々の人民法院に対する信頼を高める必要があると考えた。そのためには裁判官の質の向上を目指し裁判官の専門職業化を推し進める必要があった。専門職業集団の専門職業化に関する代表的な事例として、政治家と官僚の関係がある。例えば、政治家は官僚に法案の作成を委託し、それに係る煩雑な業務を回避することがある。本来、政治家が法案を採択する決定権を持つが、法案を実際に作成するのは官僚であることから、政治家よりも官僚が法案に関する情報や知識を多く有する。その結果、官僚が政治家に提案する法案は、官僚にとって都合の良い法案に限定されるようになる。政治家は官僚から提案された法案の中から最も良いものを選択するわけだが、いずれを選んだとしても官僚にとって都合の良い法案が採用されることから、法案の決定権が政治家にあるとは言い難い状況が生まれる。つまり、専門職業集団の専門職業化は、本来専門職業集団がとるべき政治指導者の利益の最大化よりも自身の利益を優先するようになり、双方の関係が非正常化（エージェンシー・スラック）すると考えられている。この理解に基づけば、党指導部が推し進める裁判官の専門職業化に関しても共産党と裁判官の関係を非正常化する可能性があり、党指導部がどのように裁判官の専門職業化を行うのかが論点となる。

そこで、裁判官の専門職業化に関する党指導部の取り組みを理解するためには、党指導部が求めた専門職業化した裁判官とは何かという問いを解く必要がある。党指導部による裁判官の専門職業化過程をみると、党指導部は専門的な知識を持つだけでなく、政治的な資質も重視していた。また、2001年から実施した国家統一司法試験は、法知識が豊かな裁判官を選抜することだけを目的としていなかった。特定の地域や業種への利益誘導を図る「公正ではない」裁判官の是正を目指したものでもあった。このため、習近平指導部は裁判官の任用を同行政レベルの党指導部から上級レベルの政府あるいは人民法院に移すよう試みており、裁判官の人事権が同行政レベルに集中せず、上級に集まるような制度を設計している。このような専門職業化した裁判官の存在は、人々の人民法院に対する信頼を高め、中国共産党の統治を強化することにもつながると考えたのであろう。

このような習近平指導部の司法体制改革の特徴は、人民法院を「人々の利益を保護する場」として機能させようと試みた胡錦濤指導部の成果を引き継ぎながらも、前指導部との最大の違いとして権力の集中化を目指した点にある。習近平は、共産党第18期4中全会において、「司法の公正は社会の公正をリードする重要な役割を果たすが、司法の不公正は社会の公正の致命的な破壊につながる。それゆえ、司法管理の体制と司法の権力運用の仕組みを充実させ、司法行為を規範化し、司法活動への監督を強化して、どんな訴訟においても人々に司法の公平と正義を感じてもらえるよう努力しなければならない」と述べている。習近平指導部は、裁判官の専門職業化政策として、裁判官の任用方式の転換を行い、特定の個人や地域の利益を保護せず、全国画一的な専門性を持つ裁判官の育成を目指した。

しかし、このような裁判官の専門職業化政策は党指導部の思惑通りに展開されているのかというと、そうではない。党指導部が決定した政策を現場の人民法院や裁判官がどのように実施しているのかに注目すると、人民法院は、現場の実情を踏まえて、党指導部の政策を柔軟に解釈し、現状維持を優先していることが分かった〔Naito、2020〕。その理由として、第一に、地域格差の是正が容易ではないからである。共産党は、地域や人民法院の行政レベルに合わせて専門職業化の度合いを一定程度傾斜的にしたものの、基本的には政策とその実施を全国で画一的に進めていこうとしていた。しかし、国家統一司法試験を通過し、専門的な知識を持つ裁判官の多くは沿海地域の上級の人民法院に就職することを希望するため、必然的に内陸地域の基層人民法院は人材不足に悩まされる。このような状況下で、全国の人民法院が党指導部の設定する基準を満たすことは難しい。

いま一つに、法律に基づく判決よりも話し合いによる解決を重視するという伝統的な裁判文化がある〔寺田、2018〕。現代においても、この文化は、国家司法試験を経験せず、退役軍人や人事異動によって他の組織から人民法院に移ってきた裁判官によって継承され、根付いている[2]。また、人々も話し合いによる解決を望む傾向にあることから、裁判官は法律知識の獲得よりも地域性を重んじた人情によって解決ができる技術を身に着けようとする。このような裁判官の姿勢は人々や地域の利益を保護するように働きやすい。党指導部が裁判官の専門職業化政策を推し進める際に重視したのは個人や地域の利益に偏重しない「公正な」裁判官であったが、裁判官は専門的知識である法律に基づいた判決を出すことよりも、紛争を抱える当事者の状況を重視し、また地域の利益を保護するような姿勢をとっている。例えば、訴訟当事者の一方が当該法院の管轄区域内に居住もしくは活動の拠点を置いている場合、管轄区域外のもう一方の当事者の正当な権利や利益よりも前者のそれが優先され、公正な事実認定に基づく判決が下されないという〔木間、2011〕。この事例から、党指導部の思惑通りに現体制の維持を目指した政策が遂行されているとは限らず、その困難さが分かる。

▶5　司法体制改革の今後の展望

政治指導者が権威主義体制の持続を政治的命題とする中で、どのように司法を統治の道具として役立てているのか、また、司法とはどのような統治の道具なのか。これらの問いに対し、本章は、司法体制改革の実施をめぐる党指導部の論理に注目し、党指導部が人民法院に期待した役割とその変遷を考察した。まず、「民主と法制」という施政方針のもとで、文革期に崩壊された司法制度の再建を目指したことが、現在の人民法院を形作る最初の契機であった。党指導部は、法に基づく政治運営を実践するための重要な機関として人民法院を重視するようになった。

その後、中国は改革開放路線を進み、それに伴い社会構造が大きく変化した。その変化の歪みとして様々な紛争が発生するようになった。その紛争を法に基づく手段によって解決できると期待されたのが、人民法院であった。そこで、党指導部は司法体制改革の推進を掲げ、治安維持を目的とした人民法院制度の整備を進めた。その中で胡錦濤指導部は、人民法院を「人々の利益を保護する場」としても機能させようと試みた。このような胡錦濤指導部の司法体制改革を継承しつつも、習近平指導部は、権力の集中化を目指した制度を設計し、政策の実施を促している。

今後、党指導部は人民法院の役割をこれまで以上に重視すると予想される。例えば、習近平指導部で最も注目されている政策の一つとして汚職対策があるように、「公正でない」幹部を管理するために裁判を行うケースが増えている。人民法院は共産党が現体制を維持するために解決しなければならない諸問題を対処する際のより重要な機関となっていくだろう。

（ないとう・ひろこ）

［注］

1　2000年6月にまとめられた公安部弁公庁研究室の報告によると、「群体性事件を適切に処置することは、各級党委と政府の重大な責任だけではなく、全国公安機関がこれまでだけでなく今後相当長い期間において直面する重大な任務である」という。詳しくは、中文出版物服務中心編『中共重要歴史文献資料滙編　第二十九輯　公安法制史料専輯　第二十七分冊“群体性事件研究”【公安部弁公庁研究室・2000年6月】』美国洛杉磯：中文出版物服務中心、2011年、p.3を参照されたい。

2　筆者が2016年に行ったインタビュー調査に基づく。詳しくは、Naito（2020）を確認されたい。

［参考文献］

小口彦太・田中信行『現代中国法』（成文堂、2012年）

木間正道「中国の司法改革──人民法院・裁判官制度改革を中心に」（2011年『法律論叢』第83巻第6号、p.1-14）

初宿正典・辻村みよ子編『新解説世界憲法集』（三省堂、2006年／第2版、2010年）

高見澤磨・鈴木賢『中国にとって法とは何か──統治の道具から市民の権利へ』（岩波書店、2010年）

寺田浩明『中国法制史』（東京大学出版会、2018年）

唐亮『現代中国の党政関係』（慶應義塾大学出版会、1996年）

菱田雅治・鈴木隆『超大国・中国のゆくえ3　共産党とガバナンス』（東京大学出版会、2016年）

Hiroko Naito & Vida Macikenaite (Eds.), *State Capacity Building in Contemporary China*. New York: Springer, 2020.

第2部

なぜ発展は持続してきたのか

―― 高度成長の原動力とその行方

第7章

中国共産党と制度選択

── 中央集権と創造的破壊 ──

渡邉 真理子

第２部では、中国共産党が一党独裁を維持していると同時に、驚異の経済成長を遂げることができたはかなぜか、を検討する。共産党は、経済成長政策の視点から、何を間違えなかったのか、また誤りがあるとすると何を間違えているのか。この点を考察してみたい。

一党独裁と経済成長が同時に存在することは、至極当然なことなのか。はたして謎なのか。経済成長と民主化プロセスは、この順序で達成されることが多いと考えられている。しかし、アジアの多くの国では民主化が起こる前段階として、開発独裁による経済成長を経験している経済が多い。経済成長に続いて民主化プロセスが進むことは、必然的な結果なのか、ある条件が整った場合のみに実現するのか。この答を得るためには、経済成長と民主化プロセスの間の関係を、理論的に検討することが必要であろう。

現在中国は、驚異の経済成長を経験している。これに続いて民主化が自動的に進むのではないかという予想もあったが、現在のところそうはなっていない。今後を予測するためにも、なぜ中国が絶対主義的な政権のもとで、高度成長を遂げられたのか。本稿では、この点について、制度をめぐる分析を借りて考察したい。

2010 年代の前後にかけて、経済学および政治学のそれぞれの分野から制度をめぐる研究の蓄積が進み、専門的な論文にとどまらず、書籍にもまとめられつつある。ここでは、つぎの議論をもとに考察したい。まず、経済学者の視点から、制度と経済成長の関係をまとめた『国家はなぜ衰退するのか』〔アセモグル&ロビンソン、2013〕、制度経済学の始祖であるロナルド・コースの最晩年の本である『中国共産党と資本主義』〔コース&ワン、2013〕、また、制度の比較を可能にするための理論的枠組みを提示した『比較制度分析に向けて』〔青木、2003〕、そして、政治学者のフランシス・フクヤマが政治制度の発展メカニズムを論じた『政治の起源』〔フクヤマ、2013〕と『政治の衰退』〔同、2018〕である。フクヤマは、東アジアの政治的発展は、法の支配ではなく、国家制度から始まり、つねに、強すぎる国家、をどう制限するかが問題であったと論じている。

これらの本が共通してもっている問題意識は、なぜ絶対主義的な政権である中国が、民主化への移行も開始しないままに高度経済成長を遂げられたのか、である。政治権力、政治制度の発展のメカニズムが、どのように経済成長とかかわるのか。

本章では、経済学者の視点からみた、政治権力と経済成長の間の関係についての考察を通じて、中国の高度成長の経験を理解する試みを行う。中国共産党が独裁を維持しているにも関わらず、なぜ高度成長を達成できたのか。政治権力と経済の関係、制度構築との関係を考察することを通じて考えたい。

▶ 1　驚異の高度経済成長

1-1　データでみてみよう

1978年、毛沢東の死を契機に、共産党はそれまでの計画経済政策の行きづまりを認め、状況の改善するための方策を模索しはじめた。このときから、市場経済への転換がはじまった。それから 40 年近く過ぎた現在までの間に、中国経済は大きな変貌を遂げた。

図表7-1 は、世界の所得分布の国別構成を図示したものである。これによると、1988年には中国とインドに所得の低い層が多く存在し、世界の人口の所得分布の中で、一番高い山（＝統計用語で「モード」という）を築いていた。そして、このモードの部分は、ちょうど 1日1.25ドルで生活する貧困ラインと重なっていた。インドと中国の人口のほぼ半分は貧困ライン以下の経済状態だったのである。しかし、2011年には中国の所得分布が大きく高所得側に動いたことで、世界の所得分布も変質する。中国のほとんどの人口は貧困ラインを上回っており、インドとその他アジアのモードも貧困ラインを大きく上回っている。

図表7-1　世界の所得分布と中国（1988年と 2011年）

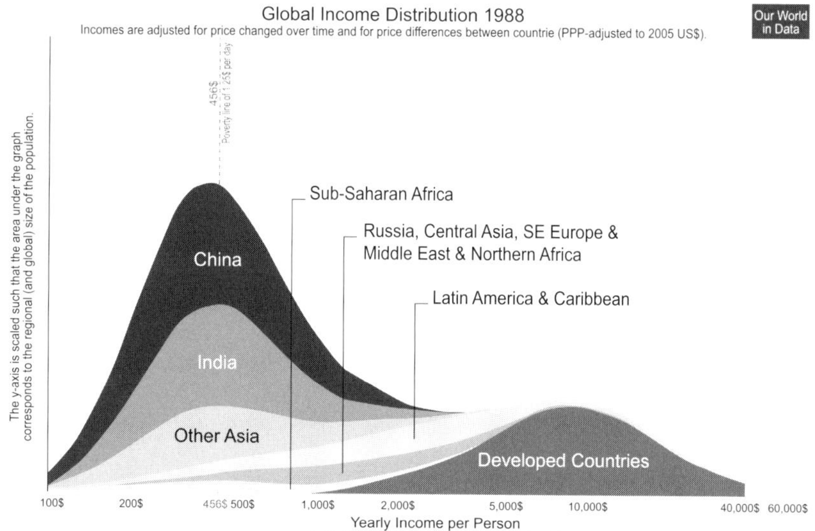

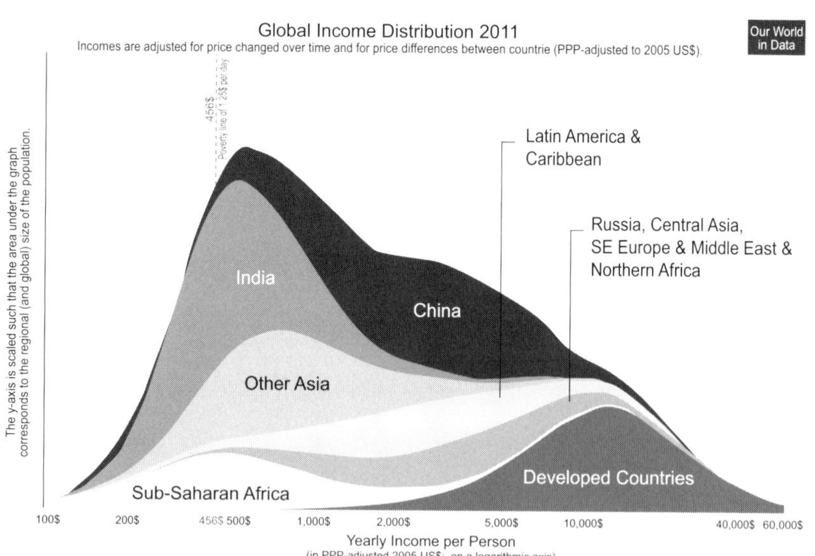

〔出所〕Max Roser (2015) ' Inequality between World Citizens ' . Published online at OurWorldInData.org. Retrieved from: http://ourworldindata.org/data/growth-and-distribution-of-prosperity/inequality-between-world-citizens/ [Online Resource]

〔注〕購買力平価（purchasing power parity: PPP）で評価した一人あたり GDP の分布を積み上げたもの。対数表示。

世界における人口の比率が拡大しているサブサハラアフリカ諸国が、世界の中で唯一貧困ライン以下の人口を増加させている。世界全体の経済厚生は、サブサハラアフリカを除いて改善しており、中でも中国の成果はめざましい。

それでは、この中国の経済成長はどのように達成されてきたのだろうか？マクロ経済学では、GDPという経済の産出量（output）は、資本、労働および生産性という投入（input）によってもたらされる、と考える。

経済の産出量（= *GDP*）= f（資本、労働、生産性）

ここで生産性と呼んでいるのは、具体的な発明やイノベーションにとどまらず、社会全体でのしくみの改善や、少ない投入によってより大きな産出を実現する能力を指す。マクロ的には、この生産性が経済成長に貢献する部分を、「全要素生産性（total factor productivity）」と呼ぶ。この全要素生産性の伸びを支えるものは、その社会で資源の利用を効率化するものであれば、すべて含まれてくる。

図表7-2 の棒グラフは、1971年から2013年までの中国のGDPの伸びを示したものである。これをみると、1983年から1988年（1986年を除く）、1992年か

図表7-2　GDPの伸びの貢献度：資本、労働それとも生産性？

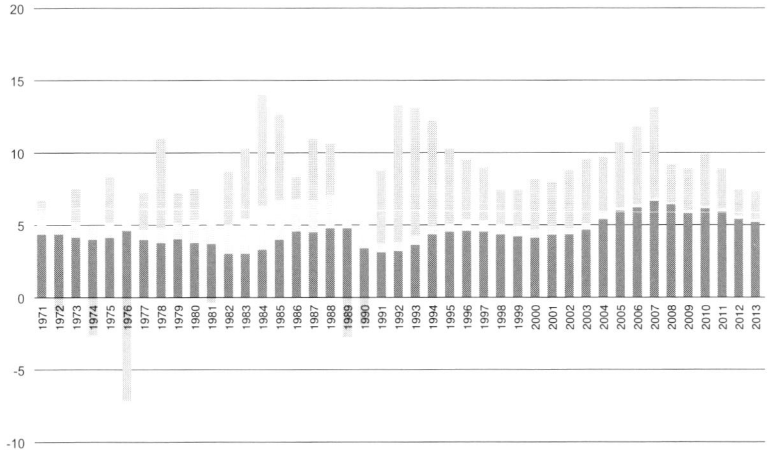

〔出所〕アジア生産性機構 *Online APO Productivity Database* のデータから筆者が作図。（http ://www.apo-tokyo.org/wedo/productivity-measurement）。

ら1995年、そして2005年から2007年にかけて、中国の実質GDPは10パーセントを超える伸びを達成した。その他の年も5パーセントを下回ったことはない。この高度成長に貢献した要素は、資本の投入つまり「投資」と、全要素生産性の伸びである。いっぽう、労働力の投入の拡大の貢献は実は限定的である。

全要素生産性の伸びがGDPの伸びに大きく貢献したのは、特にGDPの伸びが10パーセントを大きく超える時期である。1978年、1984年、1992年、2002年から2007年にかけてである。1978年には、すでにふれたように、計画経済から転換が宣言され、農村部において、自由な経済活動の導入が始まった。1984年には、深圳、珠海、厦門および汕頭（スワトー）の4つの経済特区の設置が宣言されている。その後天安門事件の時期、全要素生産性はマイナスに落ち込んだが、1992年、鄧小平が南巡講話を行い改革開放を再起動することを宣言した年に、再び全要素生産性は大きく伸びている。そして、2001年末にWTOへの加盟が発効している。2002年以降は、全要素生産性に加え、投資の拡大も急速に進み、高度成長を実現した[1]。

このように、改革・開放つまり経済をめぐる制度の改革が、社会全体の生産性を引き上げ、GDPの伸びを支えてきたのである。

1-2　歴史の中での位置づけ

ところで、ここ40年ちかくの高度経済成長の経験は、中国の長い歴史の中で、どのように位置づけられるのであろうか。イギリスの経済史家で経済発展論を専門とするアンガス・マディソンは、世界の経済成長の歴史を計量化するためのデータベースの構築を行ってきた。彼の死後もこのプロジェクトは、マディソン・プロジェクトとして、データの更新が進められている。

このデータベースに収められたデータをもとに、中国の経済成長の軌跡をたどると、この40年の高度成長期が、中国のこれまでの歴史からみても特別な時期であったことがうかがえる。紀元1000年から2018年までの中国、日本、インドと西欧諸国の1人当たりGDPの歴史的推移をグラフにしたものが、**図表7-3**である。西欧諸国が産業革命を経て1800年代に、1人当たりGDPを急激に成長させ「離陸」したあとも、中国のそれは長らく同じ水準にとどまっていた。20世の初頭にかけては戦禍もあり、中国の1人当たりGDPは下落し、第二次世界大戦後初めて、中国の「離陸」が始まったのである。

アジアの国をみると、中国およびインドの1人当たりGDPは18世紀半ばか

図表7-3　1人当たりGDPの推移：中国、日本、アメリカ、イギリス、フランス、インド（1000-2018年）

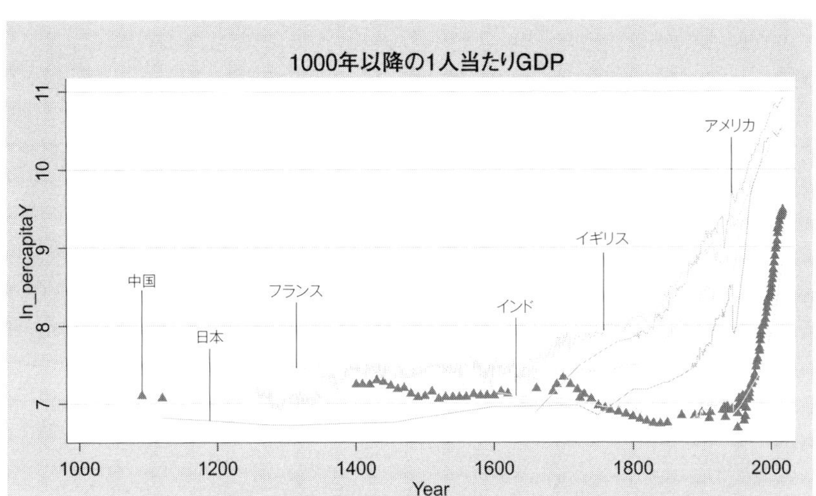

〔出所〕Maddison Project Database より筆者が作図。
［注］単位は、Maddison1995 の推定方法に依拠した購買力平価（1990 international Geary and Khamis dollars）で測った実質 GDP。

ら20世紀にかけて、ほぼ同じ水準にとどまっていた。日本は明治維新後に上昇基調にのり、第二次世界大戦後に一気にイギリスとアメリカに肩を並べる水準までの高度成長を遂げている。中国とインドのひとり当たりGDPは、1980年代からようやく上昇基調に転じて「離陸」し、キャッチアップの軌道に乗り始めている。

それでは、1り当たりではなく、中国のGDPの総体が世界のGDPに占める割合はどうだったのだろうか？　マディソンのデータベースによると、1700年に世界のGDPの25パーセントを占めていた中国のGDPの比率は、1820年には30パーセントにまで拡大している。しかし、1952年には5パーセントにまで落ち込み、1995年にようやく11 パーセントにまで拡大している。いっぽう、日本のGDPが世界に占める割合は、1978年に8パーセントで当時の中国を追い抜くものの、1995年にはまた中国に追い抜かれている[2]。1700年から 1820年にかけては、中国とインドが圧倒的な経済規模を誇るアジアの時代であった。しかし、1820年から1995年にかけては、アメリカとヨーロッパの経済規模がアジアを圧倒的に上回る時代であった。そして、21世紀の現在、ふたたびアジアの経済規模が欧米に匹敵もしくは凌駕しようとしている（**図表7-4**）。

図表7-4　世界のGDPの構成（1700-1995年）

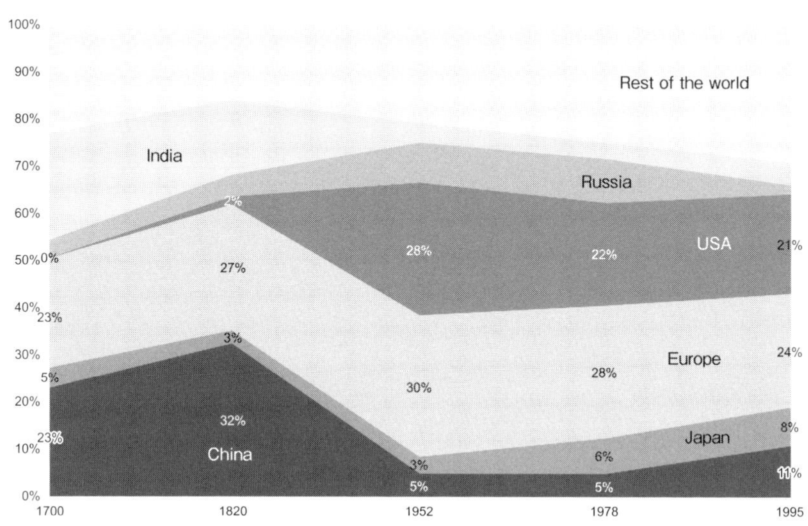

〔出所〕Maddison, 1998: Table 2.1.
［注］単位は、Maddison 1995の推定方法に依拠した購買力平価（1990 international Geary and Khamis dollars）で測った実質GDP。

►2　国家、制度と経済成長をめぐる議論

現在の中国は、300年近い停滞の時期を経て、自身の歴史の中でもとびぬけた高度成長期を経験している。なぜそれが可能になったのだろうか。制度をめぐる考察を手掛かりに考えていこう。

2-1　制度、国家と経済成長をめぐる理論 ── インセンティブ、技術選択を左右する制度

なぜ制度が、国による経済発展の程度を左右するといえるのか。経済成長を達成するには、適切な「インセンティブ」と「技術の選択」が必要である。適切な技術が導入されて初めて、イノベーションが進み、ひとり当たりの所得は成長し始める。その技術の導入を促すインセンティブをつくるのが、制度である。所有権や利益の保護、契約や「ルールの履行」が保証されていなければ、だれも技術導入に向けた努力はしない。こうした権利の保証をどのように行うのか。これが制度に期待されている働きである。

経済成長のプロセスでは、それを担うプレイヤーの出現と淘汰というダイ

ナミックな動きが生じる。これが、経済学者のシュンペーターが「創造的破壊」と名付けた現象である。この淘汰のプロセスは、経済的には望ましいものである。しかし、この経済的な創造的破壊のプロセスは、往々にして政治権力を担う主体の権力基盤の創造的破壊も伴う。このため、政治や権力の側からも、この創造的破壊に対する反応が起こってくる。これが、経済発展と政治制度の発展の間の相互作用をつなぐ要因となる。

経済取引は、よい制度に担保されなくても当事者の間で合意が成立すれば、スタートすることはできる。しかし、一定の規模を超えると、二者間で個別に合意を形成することの手間が大きくなり、ルールをつくり、第三者がそのルールの実施を担保してくれる体制が、より効率的になる。この第三者の存在が、経済全体の厚生を引き上げる、正の外部性を持つようになるのである。

2-2　経済成長に必要な中央集権制

そして本章では、制度を構成するかたちのなかでも特に、「政治の中央集権」が経済にもたらす影響に注目したい。「政治の中央集権」の重要性は、これまでの経済制度と経済成長の議論ではあまり注目されていなかった。しかし、政治的中央集権が経済成長には必要である。これは、アセモグルとロビンソンの議論の核のひとつであり、フクヤマも支持している。そして、制度をめぐる議論に新しくくわえられた重要な要素であろう。中央集権が構築された国家であるか、その機能を十分行使する能力が国家にあるか、は、経済成長にも直接作用する要因である。家産制を乗り越えて、血縁集団を超えた社会全体に有効なルールを執行するためには、政治の中央集権体制が不可欠なのである。

ただし、中央集権化は社会の繁栄の基盤となる一方、国民の自由を制限する性質を持つ。民主主義は、それを緩和するように機能している、とフクヤマは指摘している〔フクヤマ、2013〕。さらに、中央集権が実現するにあたっては、そのときどきの支配者がどのように「正統性」を確保することができたのか、が問題になる。そこには、社会の「思想」の問題がかかわってくることをフクヤマは指摘している〔フクヤマ、2013〕。これも、経済発展と政治制度の発展をつなぐ重要な要因である。

2-3　産業発展を阻む政治体制 ── 中央集権の欠如と絶対主義

産業の発展を阻む政治体制として、アセモグルらは、２つのタイプを紹介している〔アセモグル&ロビンソン、2013上p.290〕。ひとつは、政治的な中央集権が欠如する、弱い中央集権という状況である。もうひとつは、真逆の現象である絶対主義的な中央集権である。すなわち、

(1) 政治的な中央集権が欠如しているとき、その国家の領土のなかに法と秩序が成立しない。そして、往々にして、政策や物事の実行を阻止したり中断したりする主体が存在している。

(2) 一方、ある権力者の行動が、他者からの拘束をうけない「絶対主義」の政権が成立しているとき、経済成長に必要な創造的破壊が、往々にして彼らの政治的な利益基盤に不利な状況を生み出すことがある。このため、絶対主義政権は、しばしば「創造的破壊」を拒否することになる。

まず、第1のタイプは次のような状況を指している。政治的な中央集権が確立されず、国家を構成する領土全体を見わたすと、統一された法と秩序を履行する主体が欠けている空間がある。このような場合、たとえ国家が法を制定したとしても、地方の権力者が自分の利益に都合のよいように運用し、自分の権力を濫用しつづけることを制御する勢力が存在しなくなる。そうなると、紛争の調停、所有権の確定などの主体がなくなり、経済活動にじっくり取り組む環境ではなくなる。現在のアフガニスタンやイラクの状況がその例である。

2-4 創造的破壊と絶対主義政権

一方、第2のタイプである絶対主義政権は、しばしば産業の発展を拒否してきた。権力の基盤を脅かすと考えたからである。これは、印刷の発明からイギリスの名誉革命直前のエリザベス一世やオーストリア帝国、アフリカのコンゴなど、地理的にも時系列的にも、幅広い範囲の事例が紹介されている。エリザベス一世は、靴下を編む機械を発明し特許を申請してきた起業家に保護を与えなかった。彼女を支持する商工業者の利益を破壊するものだったからである。オーストリア皇帝は、鉄道の敷設を拒否した。

こうした絶対主義政権は、産業化を通じて、あらたな政治勢力が台頭することを恐れたからである。鉄道の敷設、道路などのインフラの整備は、領土内に中央集権的な権力を確立していなければ実行が難しく、かつ実現すると、国内経済を支える重要な基盤になり経済発展成長を支える。しかし、20世紀前半までの絶対主義政権は、往々にして産業と創造的破壊を恐れた。

そして、絶対主義政権の多くは、産業を振興する代わりに、貿易や国内の取

引を独占、専売し、利益を確保する傾向がある。これは、国内の経済を停滞させる結果になった。創造的破壊を受け止めることのできない、絶対主義政権は、経済全体を停滞させる例である。

2-5　中央集権のジレンマ

経済成長の必要条件である政治的中央集権であるが、これは同時に大きなジレンマを抱えている。これを理解するために、まず、政治的中央集権は、経済成長にどのように影響するのであろうかを、あらためて整理してみよう。

政治的中央集権制が確立されていれば、

(1) 国家の領土全体のうえに統一的なルールと秩序が確立できる。〔フクヤマ、2013；アセモグル&ロビンソン、2013〕

(2) 領土に統一的なルールを執行する国家の能力（state capacity）が確立されるとき、社会に必要な基盤、それを支えるネットワークを確立できている。〔Acemoglu, Moscona & Robinson, 2016〕

ネットワークとは、行政部門の窓口、郵便システム、金融機関の窓口、鉄道や電力、電話網の整備などである。このネットワークが備わっていれば、国家はルールを執行する能力を備えている蓋然性が高く、国家は創造的破壊、経済的な成長を支えることができている〔フクヤマ、2013〕。そうでなければ、ルールの執行を行う能力が十分ではなくなる。

この中央集権的な力にはジレンマがあることを、経済学者のワインガストが指摘している。彼が、「経済システムの根本的な政治的ジレンマ」と呼んでいる状況である。

> 財産権の保護と契約の実効化を行えるほど強力な政府は、同時に市民の富を没収するのに十分な力を有している。市場が反映するには、適切な財産権システムや、契約法のみならず、国家による富の没収能力を制約する確固たる政治的基盤が必要とされよう。しかし、どのような状況で政治システムが生み出され、どのような役割を果たすようになるかは、明白ではない。〔Weingast, 1995／筆者訳〕

現在のところ、イギリスではじまった名誉革命およびそこで導入された憲政、そして意思表明のシステムとしての民主主義が、「国家による富の没収能力を制約する確固たる政治的基盤」のひとつの例だ、とフクヤマは指摘している〔フクヤマ、2013〕。

それでは、絶対主義政権が、市民からの抵抗を受けて権力に一定の抑制力を受け入れるという状況は、どのような状況のもとで発生するのであろうか。この問題を原理的に考えようとしたのが、青木昌彦である〔青木、2003〕。ワインガストの指摘に刺激された青木は、「政府が私的財産権の保護に関する権力を限定的に用いることが自己拘束的になりうるのであろうか」と問題を設定した。

ある国家の政府が、社会における特定の主体を標的にして略奪的な行動を試みること、が社会において広く知られているとする。このとき、標的にされなかった主体は沈黙を保つ、もしくは政府と結託しようとするだろう。自らが標的にされることを恐れるからである。標的にされる主体とそうではない主体が分断されている限り、収奪的な国家に社会は服従し続けることになる。政府は、体制維持のため、従順な主体を買収することもするだろう。しかし、民間主体を非対称に取り扱い、さらに分断することだけでも、収奪的な体制維持は機能する。このロジックは、2020年代に入った中国の国家と社会の間の関係を描写するのに参考になる。

それでは、この状況に変化が生まれるのは、どういうときであろうか。ひとつは、政府があらゆる民間主体をランダムに攻撃し財産を没収する可能性が出てくるときである。分断されていた異質な主体は、協力してはじめて共闘するインセンティブが生まれる。そして、社会が共闘しはじめたとき、政府が法の支配を受け入れるかどうかは、成文法に条文があることだけでは十分ではなく、「政府が法に背く行為をおこなったとき、民間主体がコーディネートされた抵抗を行い、政府自身が制裁を受ける」ということが明らかなときである。社会の共闘が成立し政府が法の支配を受け入れるのは、民間主体や企業の間に非対称性がないこと、企業であれば生存条件が同じであるときである〔青木、2003〕。

政治的中央集権は、経済成長それも包括的な経済成長に不可欠である。一方で、その集権化された権力は、民間主体の資産を略奪する可能性を常に秘めている。このため、この力を適当に抑制する仕組みがさらになければ、権力の濫用が民間主体の経済活動へのインセンティブをそぎ、経済は停滞してしまう。これが、以上のいくつかの理論的な分析から導きだされるストーリーである。それでは、中国の経済成長のプロセスにおいて、政治的中央集権をめぐるプロセスは、実際はどのように進んでいったのだろうか。

▶3　なぜ中国は高度成長を達成できたのか

法と経済学の視点に、アセモグルとロビンソン、フクヤマが議論した国家の役割の視点を加え、中国の経験を眺めると何が見えてくるのか。

中国共産党の意思決定、制度選択のうち、経済成長を達成することに貢献したものについて、筆者は次の２点を指摘したい。ひとつは、中央集権制が経済成長を担保したと主張できるであろうこと。もうひとつは、改革開放政策に転じてからWTOの加盟を決定するまでの間、共産党自身の政治的基盤を危うくする可能性のある、経済的な創造的破壊を恐れずに、受け入れ実行したことである。

フクヤマは、「中国の改革開放について分析する中国研究者は、経済政策のみに注目し、それを可能にした政治基盤について議論していない」、と指摘している〔Fukuyama, 2014／日本語版、p.122〕。この点については、共産党の中央集権体制のもとでは、この改革開放政策を可能にした政治的基盤は、共産党自身の意思決定に大きく依存しており、党は創造的破壊を抱きしめることを決断していた。

3-1　中国共産党の構築した中央集権制

まず、中国共産党は、領土を統一したルールが支配することに成功した。政府と党組織のふたつの系統を全国にはりめぐらせ、政策やルールの設定が全国に浸透するチャネルを構築した。党員会 と政府の二枚看板の行政組織を首都北京から村落の末端まで張り巡らす。このネットワークが、中央政府がルールや政策を履行することを助けた。さらに、計画経済から市場経済への転換という壮大なプロセスを進めるためにも、中央集権の力は不可欠であった。

政治的な中央集権制が成立していたことは、計画経済から市場経済への制度転換という政策を統一的に進めることを可能にした。このプロセスを管理し実行する力を国家が持っていたこと、そして時には、旧制度と新政策が矛盾し頓挫しかかるプロセスを、政治権力が超法規的に意思決定し、改革を前に進めるということはしばしば起きていた。体制の転換を進めるとき、制度の空白が生まれる。その制度の空白を政治が埋めなければならない事態が各地で頻発していたからである。

計画経済の体制のもとでは、小麦や米、豚といったものの値段から、貨幣そのものの配給までを官僚組織が担っていた。しかし、このしくみは原理的に機能することが難しかったうえに、文化大革命により官僚機構は機能停止していた。このため、中国経済は1970年代には行き詰る。改革開放政策は、この官僚組織が担っていたしくみを転換するプロセスとして始まった。農村での生産を人民公社制度から農家の請負制に転換する。さらに難易度が高かったのが、計画や命令を実行するだけだった国有企業を、市場の動向に合わせて製品を開発し、原材料を調達して生産し、値付けをして配送し、消費者に届ける主体に転換することであった。企業は個々人がこうした判断と決断をする能力を持たねばならず、こうした能力の形成は一朝一夕にできるものではなかった。また、市場経済への移行というプロセスは、ゲームのルールを大きく書き換えるうごきであった。このプロセスの進行を完全に各地域の判断に任せ自然発生的な転換に任せていたら、利害対立が大きな対立や紛争を生み、プロセスが各地で頓挫していた可能性もあるだろう。

1994年に分税制が導入されるまで、中央政府は徴税権を持たず、地方政府は大きな経済的自由を享受していた。その自由は信用供給にまでおよび、1990年代には地方政府の野放図な融資によるインフレが頻発していた。これに対して、人民銀行の権限の強化によって、マクロ経済の安定性を確保し、1990年代後半からの高度成長につながった。徴税と金融政策の経路を中央集権化することで、マクロ経済は安定したのである。また、1990年代末から2000年にかけて進められた国有企業の改革にあたって、労働者を解雇し、銀行の債権を削減し、地域経済を維持するために企業を生存可能にするという、多くの利益関係者の利害関係を整理する必要があった。その整理にあたっては、当時の法制度は実効性に欠け、合理的な対応方法を許さなかった、地方政府の権力があって初めて利害関係の調整が可能となっていた。筆者が当時行った調査では、国有企業や銀行の利益だけでなく、労働者、社会の利益を維持するような方法が選択されていた〔たとえば、渡邉、2001〕。

市場経済への移行という制度転換のプロセスは、通常次のようなステップで進められた。個別のイシューごとに全国でモデルケースを実施する試点を5、6地点選び、新しい制度を実施する。その際に、新しい制度の効果と問題点を洗い出し、全国レベルでの学習会議を開いて、全国に新制度を展開していく。この学習プロセスを繰り返し実施することで、企業の会計制度、雇用制度と社会保障制度の構築、資金調達制度、人事制度、安全基準の導入から、司法制度その他の制度の転換を少しずつ進めていった。この学習のプロセスを通じて、新しい制度を機能させるためには、どのように関連した制度の転換を進めなければいけないのか、が、明らかになり、その制度をまた調整していく、という試行錯誤を重ねていったのである。ときには、理念を優先した政策を実施しようとしても実情に合わず、全国で実施することはできず、別の改革の展開が進められることはしばしばあった。中央集権制が機能存在していたゆえに、こうした気宇壮大な制度の転換が可能になったのである。

一方、中央と地方政府の間の関係は、必ずしも地方が中央に絶対的に従属する関係ではなかった。地方政府は中央政府から任務を請け負うことがしばしばある。しかし、その任務の遂行の結果には責任を思うものの、その具体的なプロセスに中央が介入することはない〔周黎安、2008〕。その意味で、意思決定の権限は分権的に与えられていた。しかし、同時にこうした分権的な意思決定を超越した決定をする権限を中央は保持していた。共産党の組織論理、人事をめぐって規律付けがあったからである。文化大革命の時代の規律の混乱を避けるため、鄧小平時代の共産党は、法による支配（Rule by Law）を必要としていた。権力者の恣意的な意思決定と大衆の直接政治参加による介入により、国家の統治は混乱し機能停止したからである。

しかし一方で、法が権力を縛ることは徹底的にきらった。そして、今日に至るまで、中央政府が地方政府に権力を行使する際は、公の法ではなく、共産党内部の私的なルールの適用が行われている〔コース&ワン、2013〕。中国においては、統一したルールの履行を実現する政治的中央集権制は、共産党の党という組織内部の私的なルールによって規制されている。公のルールである法ではない。党は、憲法もふくむすべての法を超越した存在である、というのが、中国の中央集権制の特徴である。

3-2　創造的破壊を恐れなかった中国共産党

もうひとつ、中国共産党の経済政策で重要な点は、改革開放政策を進めるにあたって鄧小平が、政治権力の再配分のリスクがありながらも、創造的破壊を恐れない決定をしたことである。官僚機構自身が、自分の行動を規律づける制度を転換させる。これも「創造的破壊」である。共産党が確立していた中央集権制の存在が、この創造的破壊を受け止める力となったのである。さらに、中華人民共和国の長男と呼ばれた国有企業の淘汰を認めるプロセスを進めることを、中国共産党が受け入れたことが、制度転換と経済成長をもたらす力となった。

1992年に鄧小平が南巡講話を行うと、民営企業が市場に参加することが認められた。旺盛な市場への参入は、この時期を起点に始まった。鄧小平は、守旧派の反対にあい、国有企業の岩盤を崩すことはできなかったが、その代わりに、双軌制（ダブルトラック）というかたちで、公有制企業と非国有制企業が併存する道を開いた。

中国の多くの産業は、計画経済時代のなごりの国有企業による独占市場に、民営企業が参入するかたちで成長していった。そのとき民営企業がとった戦略は、品質はよいものの価格の高さに不満をもつ消費者に対して、モジュール化などの方法でコストを抑え、ひくい価格で商品を提供するものだった。これは、経済学・経営学の分野で現在「破壊的イノベーション」（クリステンセン）と呼ばれる戦略にちかい特徴を持っている。こうしたプロセスを通じて、多くの旧来型の国有企業は市場を失ったが、産業全体はより良いものを安い価格で消費者に提供できるように進化していったのである。

中国共産党は、この創造的破壊のプロセスで国有企業の地位が低下することは必至だったのにも関わらず、それを阻止することなく、それがもたらす制度と社会の転換を、受け止めたのである。**図表7-5**は、国有企業が独占していた鉄鋼産業が、旺盛な参入により、主に国有企業が占めていたトップ企業のシェアから急速に落ちた様子を示している。このダイナミックなプロセスのもとで、国有企業の相対的な経済的地位ははっきりと低下したものの、産業全体は発展の好循環の軌道に乗ることができ、この変化に対応できた国有企業は、売り上げと利益も拡大した。こうして、鉄鋼部門への旺盛な参入は一貫して続き、2010年には高炉を持つ企業が1万社を超えるに至っている。この旺盛な参入はブレーキが止まらず、2010年代後半には大気汚染源であり過剰生産能力となるゾンビ企業群を生むことになる。しかし、1990年代前半には、中国共産党が、一時的な創造的破壊を阻止せずに受け止めた結果、社会全体が好循環のプロセスに入ることができた。

この意思決定から見えてくる中国共産党という政権の特徴は、創造的破壊、産業の発展を恐れず、それがもたらす利益を取り込もうとした絶対主義政権であったことである。

鄧小平が、国有企業や人民公社といった旧制度のもとでの利益主体を追い込む「創造的破壊」を恐れなかっただけでなく、積極的に「創造的破壊」を推進

図表7-5　旺盛な参入

鉄鋼産業の成長：参入企業数、生産量、市場シェア

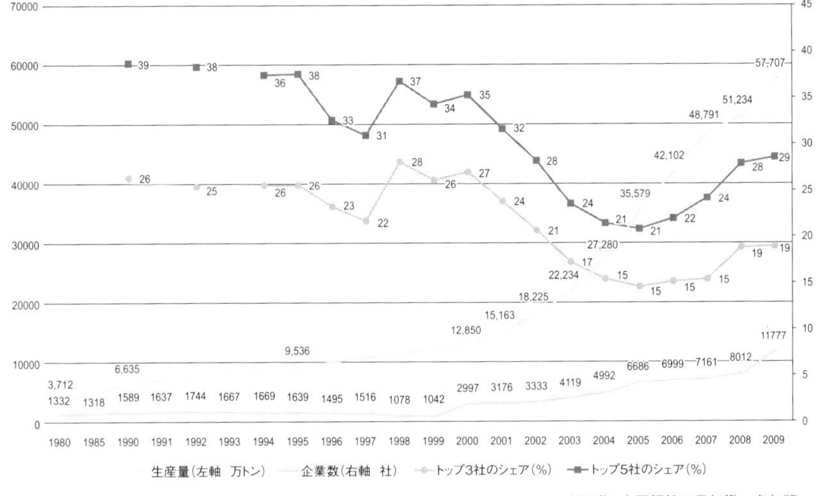

〔出所〕中国鋼鉄工業年鑑、各年版

したからである。国有企業優先の建前とは逆に、国有企業の相対的地位の低下をゆるして、創造的破壊を行う、という、1990年代の意思決定が大きな影響をもたらしたことを示している。

ただし、共産党はいたずらに自分の権益を手放しただけではない。創造的破壊を引き起こす主体をサポートして、そこから生まれる利益を享受する主体であった。次章で検討するように、改革開放への転換後、ごく初期には、起業をするには体制内身分があることが有利であったし、体制側もそうした身分の利用を認め、代わりに利益の供与を、受けていたところがあった。こうして、社会と政権の間での利益再分配が起こっていたのである。

それでは、なぜ鄧小平は創造的破壊を恐れなかったのか？　厳密な検証については、政治学者の仕事を期待したい。彼自身が権力を掌握するための手段として、この制度を「創造的破壊」を実行することが有効だったとコースとワン（王寧）は、指摘している〔コース&ワン、2013〕。鄧小平自身は、典型的な経済学者のように創造的破壊が社会に対してよりましな状況を生む、ということを信じていたためとは考えにくいふしがある。あくまで、権力の掌握をめざす政治的な動機に導かれたものであったと思われる。あくまで偶然だったのだろう。とすれば、この偶然の一致が、中国を救った。

一方で鄧小平は、政治体制に関する「破壊と創造」は断固拒否した。共産党は、政治的な権力の再配分が起こることを極度に恐れ、そうした動きの芽を摘み取ってきた。経済を支える主体が民間に移ってしまうことを恐れ、2002年の憲法で民営起業を党の論理のもとに組み込むと同時に、「瞰制高地」〔中屋、2013〕を維持するために国有企業の存在をできる限り維持しようとしてきた。青木が分析したとおり、民営企業を社会に取り込んだものの、分断を維持することで、絶対主義体制を維持しようとしたのである。

なぜ鄧小平は分断を維持する選択をしたのか。これは、ひとつの仮説としては、圧倒的な政治的権威を持っていた鄧小平ですら、国有企業を完全に否定することはできなかったとも解釈すべきかもしれない。しかし、農村での経済改革において、創造的破壊を実施した趙紫陽の失脚をかなり能動的に進めたことを考えると、共産党は中国全土に対して絶対的な力を持っており、当時の鄧小平の力も強かったが、鄧小平にとっては対抗勢力の力は無視できず、そこに緊張関係が生じ、鄧小平自身が権力を規律づけていた。もうひとつの仮説は、鄧小平自身が絶対主義政権としての共産党の維持を目指したからである。もうひとつの仮説は、鄧小平自身が抵抗勢力として機能したことである。農村での経済改革という創造的破壊を実施した趙紫陽が、政治改革を主張するようになると、彼を失脚させる動きをとったという研究がでてきていることを考えると、その可能性が高い。

とまれ、この左派、保守派と呼ばれる勢力、この国有企業を維持しようという勢力の慣性は、現在に至るまで消滅していない。

▶4 さらなる制度転換の可能性

今後中国はさらなる制度転換を進めていくのだろうか。最後にこの点を議論して、本章をまとめたい。

包括的政治制度の成立する条件、国家、制度と経済成長の関係を考えるにあたって、アセモグルとロビンソンは、包括的制度と収奪的制度という分類を提議している。

まず、包括的な政治制度とは、「十分に中央集権化され、かつ多元的な（意思決定を可能にする）政治制度」〔アセモグル＆ロビンソン、2013上p.122：かっこ内は筆者が補足〕と定義し、この条件がそろわない場合は、収奪的な政治制度と呼ぶとしている。この収奪的な政治制度は、限られたエリートに権力を集中させ、その権力の行使にほとんど制約を課さない〔同上〕。

一方、包括的な経済制度とは、エリートだけでなく、社会の幅広い階層の人々に、「安全な財産権」と「ビジネスチャンス」を与える制度、と定義している。そして、この安全な財産権、法律や公共サービス、さらには契約と取引の自由な存在は、国家の存在があって初めて可能になる。国家は、法と秩序、私有財産、契約を強制するものとして、また、公共サービスを提供するものとして経済制度と結びつく。包括的な経済制度は国家を必要とし、国家を活用することになる〔同上p.117〕。こうした制度のもとでは、よいアイディアを持つひとはだれでも事業をはじめられるし、労働者は生産性を高められるような活動に従事することができる。人々は、自由に最適な天職を追及することができるようになるだけでなく、だれにでも公平にそうした機会を追及するチャンスを与えることになる。

これと対比される収奪的な経済制度とは、社会のある集団から資源や利益を収奪し、別の集団に利益をもたらすように設計されている制度を指す。

> 収奪的な経済制度が生き延びられるのは、収奪的な政治制度のおかげである。包括的な政治制度が機能しているとき、権力は広く付与するために、一部のエリートのために多数の利益を犠牲にするような制度は拒絶されるからである。〔同上〕

アセモグルらは、膨大な事例を引用しながら、政治的中央集権制が経済発展に不可欠であることを繰り返し指摘している。中央集権の欠如は、統一的なルールが運用されることを妨げる。中央集権を確立することで初めて、部族や家産制経済から抜け出し発展をしたあと、2つに異なる道を進むことも紹介している。ひとつは、包括的な政治制度への転換が進み、持続的な経済成長を達成する事例である。と同時に、中央集権制の確立のあと、権力を拘束する勢力が不在の場合、絶対主義的な政治体制が強化され、権力者が収奪的な制度を維持することに強いインセンティブを持ち、その状態にとどまる例も多く報告されている。

4-1「マルサス後」の権力配分の変化の可能性

さらに、包括的な経済制度は、持続的な経済成長を支える、技術と教育への投資を促す力も持っていることもアセモグルとロビンソンは指摘している〔同上〕。経済発展につれて、過剰労働力が解消されると、技術と投資は経済成長に不可欠な要因になっていく。そして、技術を選択し投資をする主体が非エリート層にまで広がっているとき、政治的な権力のありかたにも影響し始める。具体的に言うと、非エリート層は発言権、政治的な権力を手にするようになるのである。

この点は、今後の中国の制度の展開を考えるときに重要である。これは、改革開放を経て、中国の経済システムは、過剰人口が解消され、イノベーションと生産性の上昇がなければ持続的な経済成長が難しいステージにすでに入っているからである。労働力が過剰に余っている時期には、中央集権的な政府自身が集中的に投資することで、経済成長は実現できる。これは、イギリスの経済学者マルサスがGDPを増やすと人口が増えて一人当たりGDPがなかなか増加に転じないトレードオフを描いた時期に、有効な政策である。つまり、「マルサス的な世界」では、中央集権的な政府自身による投資が経済成長をもたらす可能性がある。

しかし、過剰人口が解消されると、本質的な生産性の上昇を伴わない政府による投資の拡大は、インフレなどの弊害を招くばかりで、持続的な成長を実現できない。「マルサス後の世界」である。このステージに入ったとき、中央集権的な政治制度は収奪的な選択をしている余裕はなくなる。包括的な制度を確立することができて、初めて持続的な経済成長が可能になる。収奪的な政治権力の選択肢は、収奪的な制度を維持して経済成長を維持できなくなるか、包括的な制度への転換を図ることで、経済成長を維持するか、に限られてしまうのである。

この経済発展の段階にともなって、経済成長の源泉は変化し、それとともに、権力の配分が変化する。この点は、フクヤマも重視しており、フクヤマの最終章では「マルサス後の世界」の特徴を詳細に議論している〔フクヤマ、2013下〕。

4-2 包括的制度と中国の距離

それでは、現在の中国の体制をどう理解すべきなのだろうか。アセモグルとロビンソンは、「絶対主義的な政権、収奪的な政治体制は、創造的破壊を恐れ、イノベーションと自由化を拒否し、収奪的な経済体制を選択する傾向がある」〔アセモグル＆ロビンソン、2013上〕と指摘している。そして、長い歴史と幅広い空間の経済発展と制度の関係をめぐる研究の総括で、中国について次のようにまとめている。中国は、「収奪的な政治制度が、自分たちに挑戦する勢力がないと判断しているときには、包括的な経済制度を採用することがある」事例である、と分類している。

> 近年、中国ではイノベーションとテクノロジーに重点が置かれているものの、成長の基盤は創造的破壊ではなく、既存のテクノロジーの利用と急速な投資だ。ひとつ重要なのは、中国では所有権が全面的に保障されてはいない点だ。戴国芳（国芳は江蘇鉄本の創業者──引用者注）のように、起業家が没収の憂き目にあうことは珍しくない。労働者の移動は厳しく制限されている。〔アセモグル＆ロビンソン、2013下〕

彼らは、ここで、成長の基盤は、創造的破壊にない、と主張し、筆者と異なる見解を示している。しかし、すでに**図表7-2**で見たように、中国のGDPの伸びに全要素生産性が果たした貢献は小さくはない。特に1990年代前半は生産性の伸びが最も貢献し、2000年から2008年にかけて、生産性の伸びは資本のそれに匹敵する貢献をしている。中国共産党は、民営企業の市場参入を認め、WTOに再加盟するという創造的破壊を受け止める政策を決定したことは、経済成長にやはり貢献している。

しかしながら、中国の現在の制度が、「安全な財産権」を100パーセント保証し、すべての人に「公平なビジネスチャンス」が開かれているとは言えないのも事実である。

まず、財産権がすべての人に保証されているのか、という点について、多くの反証がある点である。2000年代の半ばに、民営起業家が権力の不合理な収奪を受けることから、制度的には保護されていないことを示す事案が発生している。アセモグルらも取り上げている江蘇鉄本の戴国芳の事件、そして重慶書記でありその後失脚した薄熙来が「黒をたたき、赤を称揚する（打黒唱紅）」運動の中で行っていたと言われる民営起業家の財産権の侵害は苛烈なものである。

経済誌財新は、重慶第二位の資産家だった民営企業家・李俊のケースを詳細に報じている。これによると、警察は、李がヤクザと付き合っていた疑いで逮捕した。彼が裁判を受ける前に、警察は個人財産を差し押さえ、「暗組織ヤクザ撲滅基金」として2億元引き出していたことが明らかになっている。警察は、捜査対象者の財産を運用経営したり処分する権利はない。これは明らかに個人資産の財産権の侵犯にあたる〔財新網、2012〕。

事件の発覚後打黒活動の調査をした童は、次のように報告をしている〔童、2012〕。「打黒」活動の対象は、ほぼすべてが民営企業家であったと。調査の対象となったのは3,348人、非合法組織は63組織であった。民営企業家を対象とした判決のほぼすべてで「個人財産をすべて没収する」という判決が出された。結果として、「非公有制企業の企業家の財産が、国有企業や地方財政の懐に渡った」という。これは、中国の憲法その他の法規に照らしてみても違法であり、法治の精神にも憲政の規定にも反している〔財新網、2012；童、2012〕。

このように民営企業家の財産権は完全に保障されていない。ワインガストのいう、「経済システムの根本的な政治的ジレンマ」が苛烈な形で出現した事例といえる。また、「公平なビジネスチャンス」という点でも、まだ完全とはいえない。たとえば、親のコネ次第で就職に差が生まれると広く認識されている。また、公有制企業であり本来ならば国民全体に門戸が開かれているべき国有企業の従業員の採用は、まったく公開されずに私的なコネを通じてのみ採用している。民営企業がアクセスできる金融資源は限られているし、多くの政策はデフォルトで公有企業を優遇している。

社会を構成するメンバーを分断しておくことで、絶対主義的な権力の維持が可能になる。前出の青木〔2003〕の分析が予言したように、中国共産党は、国有企業と民営企業を分断しつづけることで、民営企業を黙らせ服従させてきた面がある。しかし、現在の世界では、民営企業が国を捨てて逃げることができる。海外とのつながりは、中国の制度転換を促すファクターになる可能性がある[3]。

4-3 国際経済制度と中国

20世紀前半、ヨーロッパを中心とした二度の世界大戦が終結したとき、こうした戦争は重商主義的な思想をもとにしたブロック経済志向が戦争の原因である、という反省があった。この反省をもとに、貿易投資をめぐる通商体制の自由化を目指す、国際的な通貨・金融政策の協力体制の構築がはじまった。前者が、関税と貿易に関する一般協定（GATT）の基礎の上に、1995年に世界貿易機関（WTO）が設立されることが固まった自由貿易体制である。後者が、国際通貨基金（IMF）および世界銀行グループを核とした国際金融秩序である。

WTO体制の核心は、特定の加盟国に対して与えた取引条件は、「最恵国待遇」と「内国民待遇」を通じて、その他の加盟国にも自動的に与えられるところにある。最恵国待遇とは、特定の国に与える最も有利な待遇は、他のすべての加盟国に与えなければいけないという原則である。二度の世界大戦の原因となったブロック経済は、最恵国待遇を選択的に行うことで、形成された。このため、制限なく一般的に最恵国待遇を付与することが、現在のWTO体制の原則となっている。現在、多くの国が二国間などの貿易協定などを結んでいるが、その際もこの最恵国待遇の原則を遵守することが求められている。内国民待遇とは、輸入品に対する措置は、関税を除き、国内品と同等の扱いをしないといけないという原則である。これにより、輸入品を差別することを禁じている。

このため、WTO体制に入ることは、国内の制度を国際的なものと接合していくことを意味している。中国は、2001年末、143番目のWTO加盟国となった。中国の市場経済化への制度改革は、WTO加盟によって後戻りのできないものとなった。さらに、2016年には中国の人民元がIMFの基準通貨として算入されることになった。2015年の米中首脳会談後の新華社の発表においても、「中国の繁栄は、ブレトンウッズ体制[4]とWTOの２つの体制の恩恵を受けている」と述べている。中国はこの体制の最大の受益者である。

ただし、現在のところ、中国はまだWTO体制の完全な「正会員」になっていない。計画経済の時代からの価格のゆがみ、国家との資本の関係の特殊さゆえに、「市場経済国」待遇を与えられていない。このため、定期的に最恵国待遇を受けるための審査を受けている。また、政府部門の公共的な物資の調達には国際調達を行わなくてはならないことを定める「政府調達協定」にまだ加入することができていない。このWTO体制を支える側にはまだ回っていないが、貢献をする意欲は示している。

このWTO体制のもとで、異質さを維持する中国に対して、アメリカのオバマ政権の後期から異議申し立てが始まった。鉄鋼・アルミの過剰生産能力は不適切な補助金の結果である。また、グレートファイヤウォールによるインターネット規制は、差別的な産業政策である。オバマ政権はこう主張し、WTOの枠組みでの修正を求めた。さらには、WTO再加盟の時に設定してあった2016年の恒久的な市場経済国待遇付与についても、結局認めなかった。2006年前後に、市場経済への移行に必要な法制度の導入はいったん完了した。しかし、補助金や産業政策を通じた通商のゆがみに、中国は十分な対応をしなかった。また、党が国家を超越し、法を超越する体制には変化がなく、完全な市場経済とはいいがたい状況は是正されなかった。

その後、トランプ政権が成立すると、WTOのルールに反する「一方的措置」とでも呼べる措置を繰り出し、派手な米中貿易戦争がはじまった。アメリカは、2017年通商法301条に基づき、中国政府が不公正な措置をとっているとして、関税を引き上げるアクションをとった。また、中国からアメリカへの鉄鋼・アルミの輸出が、安全保障に影響するとし、関税引き上げ措置をとった。中国は、以上の措置をWTO協定違反として訴え、2020年9月には301条に基づく措置については、WTOのパネルは協定違反という判断を出している〔渡邉、2021〕

このWTOの判断も、十分効果的とは言えない。中国から見た場合、勝訴したものの、きちんとした履行が行われるかどうかは不透明である。しかし、この体制をあえて壊すことにはメリットがない。一方で、アメリカに替わって覇権を握り、この体制を維持するだけの能力もまだ備わっていない。そして、この自由貿易体制を壊すことは、中国経済自身にとっても合理的な選択ではないだろう。

その証左として、2021年9月に中国は、環太平洋パートナーシップ協定（CPTPP）への加入を申請した。制度性話語権を確立するための次のステップと考えた可能性がある。しかし、この協定は、現在多くある地域自由化協定の中でも、もっともルール規律の要求の高いものである。国有企業の存在は認められるが、国有企業を国家との関係ゆえに優遇することは禁じられている。また、データの国境移動に対して政府が制約を加えることを禁じられている。また、中国に投資する際に特定の措置を要求することも禁止されている。また、労働組合の結社の自由の確保、強制労働の禁止といったILO条約の履行も求められている。こうしたルールを受け入れるということは、国家の力を抑制することにコミットすることになる。自らの権限を突き崩す、あらたな「創造的破壊」を受け入れる覚悟ができているのであろうか。

►5 まとめ

中国は現在、その長い歴史の中でも、唯一無二の特別なキャッチアップの時期を経験している。紀元後の歴史上初めて、ひとりあたりのGDPが、欧米および日本の先進国の水準に追いつこうとしている。中国共産党が1980年代から2010年代にかけて、驚異の経済成長を遂げることのできた理由は、主に2つある。ひとつは、経済成長に必要な「中央集権体制」の構築に成功したこと。もうひとつは、自分の政治的基盤であった国有企業が「創造的破壊」されることを認めたことである。鄧小平のこの決断が非常に貴重であった。計画経済の破綻に直面していた中国共産党は、経済を立て直すため、市場経済化を進めた。そのプロセスでは、なんどもイデオロギーと現実の間のせめぎあいがあり、失敗と調整を重ね、試行錯誤した。官僚組織をつかって行政制度を転換させることに、まがりなりにも成功したのは、中国共産党が政治的中央集権制を確立していたために、可能になった。

しかし、共産党が経済権力を握り続けることについてはこだわり続けている。このイデオロギーをひっくり返すことは難しく、「公有制の維持・優先」が現在も政治的には生きている言説である。この言説のもと、民営企業家の財産権は究極的には守られない。また、ビジネスチャンスの不平等さが残っている。この「収奪的な経済制度」の特徴を維持しようとする共産党の姿勢が、持続的経済成長の足かせになるように思われる。国際経済制度との融合は、共産党があらたな創造的破壊に向きあい包括的制度の構築を促すことになる力となる。WTOへの加盟によって、最恵国待遇と内国民待遇の原則を中国は受け入れ、2000年代の高度成長を確実なものにすることができた。現在、世界各地で進んでいる投資協定や自由貿易区などのあらたな通商政策のしくみ、投資をめぐる政府の決定もルール化することを試みている。その中でも高水準のルールであるCPTPPへの加入を申請した。国家の力を抑制する、こうした制度的な融合を進めることが望ましい。

（わたなべ・まりこ）

※ 本章の参考文献・引用文献リストは、次の第8章（同一執筆者）の最後に、まとめて掲載した。

［注］

1　2008年以降、全要素生産性の伸びが落ち込み、おもに資本の投入によって、GDPが伸びる傾向がうかがえる。この数字が、今の中国が抱える問題を反映している。この点については、共産党が何ができていないのかを論じる節で議論する。

2 このマディソンのデータベースは、長期間にわたって、世界各地の GDP を比較できるようにするため、彼らの計算した購買力平価をつかって、各国の GDP を換算しているため、通常報道される経済規模の順位と多少違うものになっている。ちなみに、実際の為替レートで換算した GDP ベースでは、中国のGDP の規模は 2010 年に日本のそれを追い抜き、世界第二位の経済大国になっている。

3 2016 年 9 月から 10 月にかけて、「財産権の保全と法治化に関する意見」の制定が報じられている。報道によると、公有と民営企業の間にある不合理な規定、差別を撤廃し、財産権の保護は法にもとづいて運用され、所有制の間の平等を確保する、となっている。

4 戦後すぐから 1970 年代までの国際金融秩序の呼称。その後、金本位制を離脱し、現在の体制に移行した。

第8章

共産党と民営企業家

── 創造的破壊を抱きしめ続けられるか ──

渡邉 真理子

経済の成長には、市場取引を支える制度が必要である。そうした制度は権利の保護やルールの執行を担うことが期待されており、それを実行するには十分に中央集権化された政治的な権力が必要である。前章では、中国共産党が高度成長を達成することができたのは、政治的な中央集権を確立したことで、ルールを執行する力を持ったことであると同時に、自らの利益基盤を浸食する可能性のあった創造的破壊を受け入れる決定をしたからと主張した。一方、ワインガストが「経済システムの根本的な政治的ジレンマ」と呼ぶように、十分な中央集権を達成できる権力は、民間部門の紛争を解決する力と同時に、民間部門の財産を侵害する力も持っている。企業家の資産を政治権力が野放図に侵害する可能性があるとき、企業家は投資を控え経済活動は停滞する。そもそも経済成長は実現できないはずである。

中国共産党は、民間資本を侵害する力も持っており、時折そうした暴力的な事件が実際に起きている。こうした絶対主義的な権力を持つ共産党が、どのように創造的破壊に向かい合ってきたのか、そして、これからも創造的破壊を受け入れ続けるのか。本章では、共産党と民営企業家との関係を観察することで、この問題を考えてみたい。

まず、現在の中国の制度においては、国有企業と民営企業の間には分断があることを指摘する。しかし、民営企業への差別はあるものの、それ を体制が支持するメカニズムも存在していた。起業家は、経済活動の安定に必要な権力の保護を借り受けることが生死を決していたといえる。民営企業家は、共産党の枠組みの外から自然に発生してきたのではなく、権力との間の交渉を経て、ようやく生存が可能になったといえる。さらに2010年代に入って、新興民営企業がインターネットを中心として、経済の根幹を握るようになっている。こうした動きとどのように向き合うのかは、共産党が創造的破壊とどう向き合うのかを示す事例となっている。

▶ 1　共産党と企業──国有企業か民営企業か

現在、中国の経済システムを観察すると、経済を担う企業の間にはあきらかな身分差別がある。これは、公式な制度が定めたもので、憲法、共産党の綱領および各政権の党大会における、企業をめぐる規定に明記されている。

図表8-1　国有企業と民営企業の関係に関する党の決定

年	法規・政策名	国有、民営の問題にかかわる論点
1987	第13回党大会	個人経済と私営経済の発展を奨励する。
1988	憲法改正 第11条	国は私営経済が法律の規定する範囲内で存在し発展することを許す。
1992	第14回党大会	社会主義市場経済体制の構築を改革の目標とする。
1993	第14期三中全会 社会主義市場経済体制の確立に関する若干の問題に関する決定	社会主義体制の中にも、市場経済を導入することはできる。
1997	国有経済の配置を調整し所有制構造を改善する。	国有企業の改革を決定。改制と呼ばれる所有権の確定、労働者の解雇権限などを決定。
1999	第15回党大会 国有企業改革および発展に関する若干の重大な問題に関する決定	国有経済の戦略的調整を行い、国有企業の範囲を国家の安全と自然独占の範囲にとどめる。
2002	第16回党大会	ごく少数の国家独資企業以外は、積極的に株式化と混合所有制度化を進める。
2003	第16期三中全会 社会主義市場経済体制の設立に関する若干の問題に関する決定	公有制企業の地位を守り、国有経済における主導的な地位を確保する。多様な所有制を推進する。
2007	第17回党大会	公有制企業を中心とし、多種類の所有制度が共同発展する制度を基礎とする。公有制企業の地位は揺るぎなく発展させる。
2008	第17期三中全会	（農村改革に関する若干の重要決定が行われ、企業改革に関しては重要な決定がなかった。）
2012	第18回党大会	公有経済の地位を揺るぎなく固めて発展させ、揺るぎなく非公有制企業の支持する。（两个毫不动摇）
2013	改革を全面的に深化するための若干の重大問題に関する決定	公有制経済の地位を揺るぎなく固めて発展させ、公有制を経済の主体とし、国有経済に主導的な機能を発揮させる。

〔出所〕各種報道および関連機構ホームページなどから筆者作成。

図表8-1は、1987年に私営企業の存在が認められて以降、国有企業と民営企業の関係をどのように位置づけてきたのかをまとめたものである。「公有制の地位が揺らぎないものであり、それを優先する（**図表8-1**の1987年第13回党大会での決定）」という表現は、一貫して変化していない。現在にいたるまで、公有制企業が「一等国民」、民営企業が「二等国民」と謳っているのである。こうした明確な差別があり、自らの資産の安全が十分に担保されていないように見えるにもかかわらず、なぜ民営企業家たちは、投資をし、経済活動に参入しているのだろうか。なぜそれができたのだろうか。この問への答えが、中国経済がなぜ発展できたのか、を理解する鍵になる。

中国の制度は、より具体的に、国有企業はどのような範囲で活動できるのかを定めてきている（**図表8-2**）。1949年の建国以降、1999年9月の党大会の決定において初めて、国有企業の活動する範囲に制限が加えられた。これは、「支柱となる産業、ハイテク産業の中心となる企業」の部分を除けば、経済学、経済的にごくオーソドックスな規定であった。しかし、2006年の国有資産管理委員会の指導意見が、この定義を換骨脱退する。自然独占と規定されていた部分を、「重要なインフラおよび鉱物資源にかかわる産業」という個別具体的な定義が入り込む。これを機に、鉄道部は政府と企業の分離を拒否し、急激な投

図表8-2　国有企業の活動範囲に関する制限

年	法規・政策名	国有資本が活動する分野
1999年9月	第15回党大会「国有企業改革および発展に関する若干の重大な問題に関する決定」	国家の安全にかかわる産業、もしくは、自然独占の産業、公共財、公共サービスを提供し、支柱となる産業、ハイテク産業の中心となる企業。
2006年12月	「国有資産管理委員会の国有資本の調整と国有企業の再構築に関する指導的意見」	国家の安全、重要なインフラおよび鉱物資源にかかわる産業、公共財・公共サービスを提供する産業、支柱となる産業。
2013年11月	第18期三中全会決定	国有資本は公益性事業に投資し、公共サービスに貢献する。 第二に、自然独占が発生する分野。 ネットワーク性の強い産業でも、可能な限り開放する。
2015年9月	国有企業改革深化への意見	国有企業を公益性および商業性企業に分ける。国有企業は、国家の安全にかかわる産業、国民経済の命脈を握る産業、重要な任務を持つ商業性国有企業については、国有資本が支配的地位を持つ。

〔出所〕各種報道および関連機構ホームページなどから筆者作成。

資拡大に走る。また、石炭やレアアースといった地下資源を扱う民営企業が、国有企業に買収される動きが頻発する。こうした買収は、往々にして不合理な条件での取引となっていた。いわゆる「国進民退」と呼ばれる動きは、この指導意見の発布を契機に始まったとみられる。

中国の公有企業優位体制は、イデオロギーの問題でもある。このため、共産党は「瞰制高地」部門における公有企業支配〔中屋、2013〕を維持し続けるであろう。経済的には、公有であること私有であること自体は、本来は問題ではない。いずれの所有制のもとにあろうと、競争に中立公正な制度があれば、経済厚生には影響しない。しかし、中国の公有制企業は、政治資源や金融資源へのアクセスについて有利な立場であることが多く、それが競争にゆがみをもたらしている可能性が大きいのである。この国有企業の競争、(非) 中立性の問題は、国際貿易上のゆがみをもたらしうる。このため、2010年代後半から、欧米が中国経済の異質性として問題視するようになっている。公有制が維持され続けるのであれば、法治の徹底により、公有企業と私有企業の間の公平な競争条件が担保されることが中国経済の健全な発展に必要である〔加藤・渡邉・大橋、2013;渡邉、2016〕。

▶2 収奪的制度のもとでの起業

2-1 収奪的な中国の制度

中国の制度は、アセモグルらが包括的制度と定義したものからはほど遠い。中央集権化されてはいるものの、多元的な意思決定を可能にする制度は構築されていない。そして、限られたエリートに権力が集中されているが、エリート内部の規律以外に権力の行使には制約が課されていない。具体的には、国家は憲法をもつが、憲法の制定権は共産党が独占しており、最終的には国家は共産党の領導のもとにある。法を超越して国家をリードする共産党は、共産党内部の私的な規律のみに服している〔コース&ワン、2013〕。この状態は、アセモグルらの定義によれば、収奪的制度と呼ぶことになる。

この収奪的な制度のもとでは、非エリートは、財産権を保全されておらず、ビジネスチャンスも公平ではないため、投資を行わなくなり、経済は停滞する。アセモグルらは、コンゴの王国の歴史では、不安定な制度が、技術を選択し投資をするインセンティブを奪い、経済の停滞を繰り返したことを指摘している。

また、コースとワン（王寧）は、1980年代に農家請負制を開始した直後の中国においても、農民は農村の自由化政策に政府がはっきりとコミットするまでは、投資を控え、農業の生産量が思うようには上昇しなかったことを紹介している〔コース&ワン、2013〕。

しかし、第7章で触れたように、中国共産党は、結果的に、非エリートがあたらしい技術をもちいて、ビジネスチャンスに投資をしていく環境を整えることにある程度成功した。収奪的制度のもとで、非エリートである民営企業家が起業し、投資をするインセンティブを持たせることができたのであろうか。収奪的な制度のままで、なぜ旺盛な参入が可能になったのだろうか。

2-2　低質な制度を補う力

ひとつは不十分な質のフォーマルな制度を補う方法があったからである。政治権力と企業家の間に相互依存の関係があった。そもそも、中国の制度が低質である、収奪的である、ということは、具体的にどのような状態を指しているのか。

まず、権利の保護とビジネスチャンスが、国民全体に平等に与えられていないことがある。つまり抽象的には、(1) 意思決定システムが多元的ではない。そして、(2) 制度の運用が非対称的である、ということになる。具体的には、差別されている側の中国の民営企業の視点から見た場合、(1) 自らの利益を意思決定に反映させる力が弱い。(2) 制度のうえで、明確に身分差別を受けており、制度の執行は自分たちに不利になるようことが多い。たとえ当面の間自由な意思決定ができる状況が続いていたとしても、事後的な制度の保護が非対称であることが自明な場合は、民営企業の投資や事業に関する意思決定は、国有企業の場合とは質的に異なるものにならざるを得ない。極端な場合は、民営企業は投資をすることができなくなる。

このような状況で、なぜ民営企業は活動し投資を行うインセンティブを持ち続けていたのだろうか。まず、民営企業は自分たちの利益を、政治的な意思決定に反映させる力は限定的であり、それをフォーマルに向上させようという努力はしていない。(1) しかし、民営企業にも、党の政治的権力を「借りる」方法はあった。(2) さらに、経済的な取引をめぐる権利を守るためには、当事者間の取り決めで回避することも可能な範囲はあった。契約や経営戦略によって、相手の行動を縛り、自らのリスクを回避する方法はあった。

民営企業は、次のようなやりかたで、党の権力からの庇護を「借り受ける」ことができていた。(1) ある制度の運用にあたって、政府がどのように運用するかは、交渉次第であった。このため、民営企業は自分の利益を守るために個別に交渉していった。(2) 体制内の身分をもつ主体が、民営企業として活動を始めた。彼らは、もともともっていたネットワークを活かし、政府に対し、自分たちの利益の保護を個別に求めた。

政府と民営企業家の間の交渉がなぜ成立したのか。特に、企業側がすぐれた企業家精神をもち、新しい市場を生み出す力をもっていたとき、そこから生まれる利益を分配することができる。こういうプラスサム、ウィン - ウィンの関係があるとき、政府はこうした民営企業を保護し、収奪的な行動はとらない、という交渉に合意することが多かった。1990年代後半の新興企業の設立物語を見ていくと、アイディアをもった企業家たちが地方政府と交渉して、資源と保護を引き出し、ビジネスを作っていく物語が数多く存在している。以下では、それを見てみよう。

2-3　政府と起業家の間の契約

1978年の改革開放への転換からその後の時期、中国企業はどのように活動してきたのか。2007年に出版された呉暁波の『激盪三十年』に登場する企業をサンプルとして考察してみたい[1]。呉暁波は、中国の企業、経済政策に関する評論を続けてきた作家で、2008年の改革開放30周年にあたり、この30年間の中国企業史を伝奇的に描く『激盪三十年』をまとめ、中国国内で話題となった。この本に登場する有名企業をサンプルとして、考察してみよう。

図表8-3にまとめたサンプル対象企業について、起業家と政府の関わり方を見ていくと、2000年代以前に設立された企業には、そこには「起業家」と「投資家」としての政府との間の多様なかたちの契約があったことが観察できる。

政府部門、公有部門と企業家の間には、具体的に次のような取り決めがみられた。(1) 政府が単独出資をし、企業家に経営を任せる、(2) 政府と国有企業の間の「承包（請負契約）」（例：首都鉄鋼）を結ぶ、(3) 公有制企業と民営企業の間の合弁などの「聯営（提携）」（例：技術者の派遣、華為と省郵電局との合弁会社）、(4) 公有企業と個人の間の「承包（請負契約）」（例：三九製薬、格力と販売部隊との契約）、(5) 外資の身分を得る（例：創維、TCL）、(6) 個人から資金を集める（例：孫大午集団）。

図表8-3　サンプル企業のプロフィール

企業名	創業者／改革者	主要産業	設立時の企業形態	設立年	破綻／引退年	その理由
◎農村コングロマリット、多角化経営						
大午集団	孫大午	農村コングロマリット	郷鎮	1984	2003 2020	民間からの違法集資で逮捕。 国営農場との土地所有権紛争。
華西村	呉仁宝	金属、セメントなど	郷鎮	1969	−	
大邱荘	禹作敏	金属、その他	郷鎮	1984	1993	上級政府の調査に対し、武装対抗。
南徳集団	牟其中	貿易、その他	私営株式企業	1979	1999	資金流用で逮捕。
◎鉄鋼・製薬・製紙						
首都鉄鋼	周冠五	鉄鋼	国有（中央）	1950	1993	息子の経済犯罪を機に引退。
宝山製鉄	−	鉄鋼	国有（中央）	1977	−	
江蘇鉄本	戴国芳	鉄鋼	民営	1996	2003	マクロコントロールの際、不正な投資計画・詐欺の疑いで逮捕。
復星	郭広昌	製薬・鉄鋼	民営	1992	−	
三九製薬	趙新先	製薬	国有（中央）	1985	2004	
石家荘造紙廠	馬勝利	製紙	国有（市属）	1960	1995	馬は引退させられ、企業は破産。
◎食品						
娃哈哈	宗慶後	食品飲料	民営	1987	−	
楽百氏	何伯権	食品飲料	郷鎮	1988	2002	ダノンの株式を譲渡、何はVCを始める。
中国糧食	−	食品	国有（中央）	1979	−	
健力宝	李経緯	食品	郷鎮	1984	2004	李は政府の所有権改革案に反対、最後は国有資産流出の疑いで解任。台湾統一へ株式売却。
伊利	鄭俊懐	食品飲料	国有（市属）	1983	2004	国有資産流出の疑いで鄭が逮捕。
蒙牛	牛根生	食品飲料	民営	1999	−	
◎自動車・金融・家電・通信						
第一汽車	−	自動車	国有（中央）	1953	−	
万向	魯冠球	自動車部品	郷鎮	1969	−	
華晨	仰融	自動車・資本経営	民営	1989	2002 2020	遼寧省政府が金杯の資産を差し押さえ。仰はアメリカへ移民。 破産。
徳隆	唐万新	金融・食品・鉄鋼	民営		2004	参加の銀行に上場企業への融資を求め、規律違反で逮捕。
CITIC	栄毅仁	金融	国有（中央）	1992	−	
吉利	李書福	自動車・家電	民営	1979	−	
春蘭	陶建幸	家電・二輪車・自動車	集体企業	1982	−	2002年全面赤字、上場企業は特別処理対象に。
美的	何享健	家電・自動車	郷鎮	1985	−	2001年経営陣による株式買取に成功。
格蘭仕	梁慶徳	家電	郷鎮	1968	−	
康佳	陳偉栄	家電	国有（中央）	1978 1980	2001	陳が辞職。多層セラミック企業を設立、2007年に香港上場。
TCL	李東生	家電	国有（市属）	1981	−	
万宝	鄧紹深	家電	郷鎮	1983	1989	マクロコントロールで破綻。鄧紹深は海外へ移民。
科龍	潘寧	家電	郷鎮	1984	2005	1998年潘が定年のため辞職。その後買収した顧雛軍が不正関連取引の嫌疑で逮捕。
海爾	張瑞敏	家電	都市集体	1984		
創維	黄宏生	家電	外資	1988	2004	黄が香港当局に公金流用の嫌疑で逮捕。
聯想	柳傳志	家電通信	国有（中央）	1984	−	
華為	任正非	通信機器	民営有限公司	1987	−	
UTスターコム	呉鷹	通信	外資（アメリカ）	1992	2006	不正会計報告の嫌疑で、呉が辞任。
◎不動産・ソフトウェア・インターネット						
万科	王石	不動産	国有（市属）	1984	−	
巨人	史柱玉	ソフトウェア・保健品	民営	1989	1996	負債を抱え倒産。その後、1997年白脳金を創業。
網易	丁磊	インターネット	民営	1997	−	
アリババ	馬雲	インターネット	民営	1999	−	

〔出所〕呉暁波『激盪三十年』（2007）に登場する事例から筆者作成。

この政府と企業の間の「契約」は、もちろんすべてきちんと設計された効率的なものではなく、失敗を引き起こしたものもあった。たとえば、(2) の政府と国有企業の間の請負制については、一時広く採用されたが、その後矛盾が現れる。この請負契約のもとでは、経営者は企業の資金を動かす自由を与えられている一方、失敗に責任を問われるしくみのない制度となっていたからである。1990年代の後半までには、こうした請負制度の問題点が広く認識されるようになっていく。請負条件の交渉をめぐる不透明性と煩雑さ、経営者側のインセンティブ管理の問題、そして失敗した場合の責任の不透明性という問題である。そして、この請負制の経験からの教訓として、所有権の確定の必要性が認識され、国有企業の改革は、1998年から有限会社制、株式会社制へと進んでいく。

また、(4) の公有企業が法人格と資金を個人に貸与し、個人が起業するというしくみは、特に営業部隊と企業の間の契約などの場合、爆発的な販売の拡大を可能にした。しかし、法人格を名乗る個人を企業側がコントロールすることができないにもかかわらず、事業に失敗した場合の責任が全面的に企業側に属することから、野放図な事業の拡大をもたらすことも多かった。モラルハザードの問題である。

この時期に起業した企業については、2000年代に入ると、政府と企業を育て上げた経営者との間の所有権を巡る争いが、企業の成長を左右する事態にまで陥った。資金調達方法に制約があるゆえに、政府の権限、資金に依存して起業するしかなかったため、その過去の制約が企業の自由度を奪っていった例である。

(5) の個人からの出資を募ることは1990年代の後半には違法とされていた。そして、民間からの出資を募った企業家が逮捕される事態にも至った。

改革開放初期ほど、企業家は政府に依存せざるを得ず、時間が経過するにつれ、それが企業の活動に制約を加えるというジレンマがあった。

2-4　資金調達の手段としての体制内身分

また、体制内の身分を起業の梃子（てこ）に使うこともよく見られた。改革の初期であればあるほど、政府は公有企業の起業を優先する傾向が強く、金融システムが資金を提供できるのはそうした公有企業のみであった。このような環境のもとでは、国有企業や郷鎮企業といった公有制企業の身分や公有制企業のもつ権利のアクセスがあれば、さまざまな資源を動かすことができた。そうした権利をもっているかどうかは、公有制の枠組みのなかに「身分」をもっていたかがメルクマールになる。**図表8-4**は、**図表8-3**に登場する企業について、企業の創業者・改革者が、起業の際にどのような身分をもっていたのか、を整理したものである。

この**図表8-4**では、1980年代までに起業された企業は38社中31社と8割を占める。現在中国で名の通った企業の多くは、1980年代までに設立され30年前後の歴史があることがうかがえる。そのうち創業者が公務員であったり、党で

図表8-4　創業者の「体制内」身分

企業名	設立年	所有制（設立時）	創業者／改革者	体制内身分	請負	所有権確定	改制後の支配株主
首都鉄鋼	1919	国有（中央）	周冠五	国有企業に分配	○	○	国有株
一汽	1953	国有（中央）	―	○	国有株	○	
石家荘造紙廠	1960	国有（市属）	馬勝利	国有企業に分配	○	n.a.	破産
美的	1968	郷鎮	何享健	なし	X	○	経営者
華西村	1969	郷鎮	呉仁宝	村支部書記	○	n.a.	n.a.
万向	1969	郷鎮	魯冠球	人民公社幹部	○	n.a.	n.a.
宝山製鉄	1977	国有（中央）	不在	―	○	○	国有株
格蘭仕	1978	郷鎮	梁慶徳	桂洲鎮工交弁公室副主任	X	○	経営者
南徳	1979	私営株式企業	牟其中	なし	X	X	経営者・破産
中国糧食	1979	国有（中央）	不在	―	○	○	国有株
CITIC	1979	国有（中央）	栄毅仁	あり	X	○	国有株
康佳	1980	国有（中央）	陳偉栄	国有企業に分配	X	○	国有株
TCL	1981	国有（市属）	李東生	国有企業に分配	X	○	経営者
吉利	1982	民営	李書福	なし	X	X	経営者
万宝	1983	郷鎮	鄧紹深	なし	○	X	破綻
伊利	1983	国有（市属）	鄭俊懐	国有企業に分配	X	○	国有株
大午集団	1984	郷鎮	孫大午	村支部書記	n.a.	n.a.	
大邱荘	1984	郷鎮	禹作敏	村支部書記	X	X	破綻
健力宝	1984	郷鎮	李経緯	なし	X	○	鎮政府
科龍	1984	郷鎮	潘寧	容桂鎮工業委員会書記	X	○	鎮政府
聯想	1984	国有（中央）	柳傳志	科学院の研究者	○	○	経営者
万科	1984	国有（市属）	王石	なし	X	○	経営者
海爾	1984	都市集体	張瑞敏	国有企業に分配	X	○	国有株
春蘭	1985	集体企業	陶建幸	泰州市機械局	n.a.	集体	
三九製薬	1985	国有（中央）	趙新先	国有企業に分配	○	○	国有株
華為	1987	民営有限公司	任正非	なし	X	-	-
娃哈哈	1987	民営	宗慶後	なし	X	na	経営者
創維	1988	外資	黄宏生	なし	X	-	-
楽百氏	1988	郷鎮	何伯権	共産党青年団書記	X	○	経営者
華晨	1989	民営	仰融	なし	X	-	-
巨人	1989	民営	史柱玉	なし	X	-	-
UT スターコム	1992	外資	呉鷹	なし	X	-	-
復星	1992	民営	郭広昌	なし	X	-	-
徳隆	1992	民営	唐万新	なし	X	-	-
江蘇鉄本	1996	民営	戴国芳	なし	X	-	-
網易	1997	民営	丁磊	なし	X	-	-
蒙牛	1999	民営	牛根生	なし	X	-	-
アリババ	1999	民営	馬雲	なし	X	-	-

〔出所〕呉暁波『激盪三十年』（2007）に登場する事例から筆者作成。

一定の地位をもっていたり、国有企業に分配されたといったように、「体制内」の身分をもっていたのは、22社である。一方、1990年代以降に起業された企業については、企業家も企業も政府、体制内の出身ではないことがわかる。

1980年代においては、公有制の中での身分をもっていないと、起業し事業を継続させることが難しかった。企業家は体制の外から自然に「生えてきた」わけではなかった。その後、1990年代以降に設立された企業については、こうした公有制の身分に付随する権利や権限が起業や事業継続に不可欠ではなくなったという変化が起きたことを示している。

2000年代に江澤民が展開した「三つの代表論」は、「共産党の民営企業家の取り込み戦略」であるといわれる。しかし、「取り込まれる」対象であった民営企業家は、もともとは自分たちの仲間で、企業家活動に魅力を感じた事例だけでなく、政治の問題にぶつかり体制内で生きる道を失ったために、体制の外に出ていった事例も多かった。三つの代表論は、かつての仲間を再び迎え入れるプロセスという側面もあったのである。

次に**図表8-5**では、起業資金の調達方法を整理した。これによると、政府が最初の起業資金を提供したケースも多い。中央直属の国有企業はもちろん、市属の国有企業、郷鎮起業となっている企業では、政府が企業家の資金の出し手になった。試作費の提供（科龍）、融資（三九製薬）、そして請負（聯想）を任せるといった政府からの資源提供の事実があった。しかし、時代を下るにつれ、事業を少しづつ拡大させて原資蓄積をする古典的な自己資金の形成（吉利）が出てくる。また、正規価格と闇価格の存在した1980年代の商品市場やできたばかりの証券市場での投機を通じて蓄えた資金をもとに起業するケース、1990年代の後半に入ると、公有経済と私有経済の併存というゆがみを利用した仲買人のような商売や、株式市場や不動産市場でのサヤ抜きで蓄積した自己資金で起業する民営企業も増えてくる（万科、徳隆、巨人）。

また、1990年代の後半に入ると、海外の株式市場や投資家からの資金提供を受け起業や拡大する企業も増えてきた（UTスターコム、アリババ、網易、テンセント）。

公有企業と民営企業の間には、厳然とした身分差別があり、これは2020年現在まで続いている。しかし、民営企業は、この体制から完全に阻害されていたわけではなく、市場をつくる能力があれば、権力の保護や資源を引き出すことができていた。ただし、これはあくまで権力側が自分にとって都合のよい対

図表8-5　主要企業の起業資金の調達方法

企業名	設立年	所有制（設立時）	創業／改革者	所有権確定	改制後の支配株主	創業資金の調達方法
首都鉄鋼	1919	国有（中央）	周冠五	○	国有株	n.a.
一汽	1953	国有（中央）	―	○	国有株	n.a.
石家荘造紙廠	1960	国有（市属）	馬勝利	n.a.	破産	n.a.
美的	1968	郷鎮	何享健	○	経営者	何享健と仲間23人が出資。
華西村	1969	郷鎮	呉仁宝	n.a.	n.a.	n.a.
万向	1969	郷鎮	魯冠球	n.a.	n.a.	借金。
宝山製鉄	1977	国有（中央）	―	○	国有株	n.a.
格蘭仕	1978	郷鎮	梁慶徳	○	経営者	鎮政府の工業部門幹部が請負で羽毛ダウン工場を設立。
南徳（中徳商店）	1979	私営株式企業	牟其中	X	経営者・破産	知人から借金。n.a.
中国糧食	1979	国有（中央）	―	○	国有株	
CITIC	1979	国有（中央）	栄毅仁	○	国有株	政府の政策により設立が認められる。
康佳	1980	国有（中央）	陳偉栄	○	国有株	華僑城（国有）と外資との合弁として設立。n.a.
TCL	1981	国有（市属）	李東生	○	経営者	会社が借金をし、さらに外資との合弁で企業設立。
吉利	1982	民営	李書福	X	経営者	1台カメラ、写真館、冷蔵庫工場へと原資蓄積。120元。
万宝	1983	郷鎮	鄧紹深	X	破綻	n.a.
伊利	1983	国有（市属）	鄭俊懐	○	国有株	n.a.
大午集団	1984	郷鎮	孫大午	n.a.	n.a.	n.a.
大邱荘	1984	郷鎮	禹作敏	X	破綻	n.a.
健力宝	1984	郷鎮	李経緯	○	鎮政府	n.a.
科龍	1984	郷鎮	潘寧	○	鎮政府	順徳県容奇鎮工交弁公室が設立、鎮政府が試作費として提供。
聯想	1984	国有（中央）	柳傳志	○	経営者	中科院からの請負。
万科	1984	国有（市属）	王石	○	経営者	トウモロコシの仲買人としての利益300万元。
海爾	1984	都市集体	張瑞敏	○	国有株	n.a.
春蘭	1985	集体企業	陶建幸	n.a.	集体	n.a.
三九製薬	1985	国有（中央）	趙新先	○	国有株	三九胃泰という研究成果と借金で起業。
華為	1987	民営有限公司	任正非	-	-	n.a.
娃哈哈	1987	民営	宗慶後	na	経営者	n.a
創維	1988	外資	黄宏生	-	-	n.a.
楽百氏	1988	郷鎮	何伯権	○	経営者	自己資金で設立
華晨	1989	民営	仰融	-	-	海南華銀行からの出資
巨人	1989	民営	史柱玉	-	-	4000元の借金と印刷ソフトで起業。
UTスターコム	1992	外資	呉鷹	-	-	n.a.
復星	1992	民営	郭広昌	-	-	n.a.
徳隆	1992	民営	唐万新	-	-	知人から借り、写真プリント業で60万元稼ぐ。
江蘇鉄本	1996	民営	戴国芳	-	-	n.a.
網易	1997	民営	丁磊	-	-	n.a.
蒙牛	1999	民営	牛根生	-	-	1000万元
アリババ	1999	民営	馬雲	-	-	創立グループで出資。

〔出所〕呉暁波『激盪三十年』（2007）に登場する事例から筆者作成。

象を選択していただけで、すべての非エリートに道が開かれていたとは言い切れない、制約つきの自由と安全である。

▶3　共産党と新興企業の関係をどう構築するか──アリババの事例

さらに、2010年代に入ると、産業構造の転換が進み、国有企業の活動する産業は斜陽化し、新興の民営企業が経済の高度化を支えるようになっている。国家と企業の関係は、産業構造の転換とともに変質が必要になっている。すでに国家と共産党との関係が制度化された国有企業と異なり、こうした民営企業と共産党の関係をみると、民営企業の権利がどこまで保護されるのか、やや曖昧であり、まだはっきりとした制度による担保がない。この関係がどのようになるかは、中国共産党がさらなる創造的破壊を抱きしめ続けることができるのか、もしくは権力が創造的破壊の論理を押しつぶしてしまうのか、の試金石になる可能性がある。2020年代に入って起こったことは、共産党が創造的破壊を抱きしめる忍耐力よりも、権威と権力を行使するようフェイズに移行しつつある予兆かもしれない。この点について、党・国家とアリババの関係から、みていこう。

3-1　国有企業不在の領域での価値創造に専心したアリババ

電子商取引最大手のアリババは、1996年、インターネットでの中小企業同士の取引を仲介するビジネスとしてスタートした。アリババが操業しはじめた当時、中国経済においては、国有企業の力が強く、民営中小企業が生存する空間は限られていた。特に、流通部門は国有企業に独占されているにも関わらず、改革が遅れ、国有企業を優先しかつ非常に効率の悪い状況であった。このため、民営企業は商品を売ることに大きな困難を抱えていた。適切な取引相手を見つけること自体が難しく、仮に販売先を見つけても、代金を支払ってもらえるかどうかが、大きなリスクであった。

アリババは、この中小企業の事業環境を助けるビジネスを自分たちの主要な業態とした。まず、インターネットの特性を生かして、中小企業同士の取引のマッチングをするビジネスを業務開始したのである。さらに、アメリカからイーベイが中国に進出してきたのに対抗して、中小企業から消費者に向けた販売を行う取引サイトであるタオバオをスタートした。

こうしてマッチングのビジネスが軌道にのると、顧客間の取引をめぐる支払いの問題を解決する必要が生じてきた。代金回収が相変わらず困難な状況にあったのである。こうしてスタートしたのが、アリペイ（支付宝）のサービスである。2004年にスタートしたアリペイは、国有銀行が独占してきた支払い手段の提供に参入するサービスであったが、アリババ側は、銀行の決済システムには損害を与えないように気を使いながらビジネスを展開していった。

しかし、2010年、中国人民銀行はインターネット決済システムを、第三者支払い機構というあたらしい業態として、も、自らの規制の対象に定め、外国資本の参加を禁止した。これは、ソフトバンクとヤフーの資本を受け入れながら成長してきたアリババに対する規制を始めることも意味していた。アリババは、この規制を受け入れるために、アリペイ事業をアリババ本体から切り離し、創業者である馬雲の個人資産基金の傘下に移した。この結果、株主であるヤフーとソフトバンクは、アリペイ事業関連の収益を手にすることができなくなったのである。これに、当時、経営が悪化しアリババ株からの配当が必要だったヤフーは強く反対し、アリババとヤフーの間の交渉は紛糾した。2011年に、アリババ側は、アメリカのヤフー、ソフトバンクとの間に対立を引き起こす対価を払い、この規制を受け入れた。

このように共産党はインターネット事業への内国民優遇的な規制を強める一方で、国内経済の改革については、インターネット企業の力を利用して、さらなる規制緩和も進める動きも見せた。たとえば、アリペイの残高が銀行預金と肩を並べる規模にまで成長したとき、この資金を株式市場などで運用するミューチュアルファンド（余額宝）を設立することを許可した〔由、2018〕。当時、預金金利の規制がまだ厳しかったのに対し、このファンドの預金金利は市場に連動し、かなり高い額をつけることができていた。これは、伝統的な金融機関からみると、自らへの規制がアリババには適用されない、という非対称なものであった。中国の制度改革を進めるために、新興企業の力を使い、既得権益者であり共産党の支配下にある国有銀行の利益を取り崩すような試みを認めたのである。

3-2　新興産業との関係を模索する共産党

2010年代、アリババと国家の関係は、非常にあいまいなものでありつづけた。2014年ニューヨークでの株式公開の際には、中国共産党の関係の近さが批判の対象となり、上場以降はまるで「国有民営企業」ではないか、と揶揄されることもある。民営企業であり新興産業であるインターネット業界の企業と中国共産党の間には資本関係はなく、党から見た場合、彼らの存在をどうコントロールするのかはっきりとした枠組みがない。一方で、上記のミューチュアルファンドの設立に代表されるように、新しいイノベーションと改革の推進力になるとすれば、アリババの試みは規制の対象にしない、という異例の待遇も認めることもある。2010年代の10年ほどの間、共産党はアリババとの距離を模索してきた。そして、ここ数年、はっきりと働きかけの対象として意識している。

2010年代に入ると、アリババは、従来の電子商取引からの収入に加え、クラウドサービスなど、インターネットサービスの部門でのシェアを伸ばしており、現在の中国のインターネット経済の根幹を担うインフラ企業になっている。また、中央での政治局員の会議には、アリババはしばしば出席している。上場などで手元にある余剰資金を運用するため、積極的な投資を行っており、現在、香港の有力新聞サウスチャイナモーニングポストの筆頭株主にもなっている。また、アリババの創業者である馬雲が、インターネットの世界でのWTOルールをあらたに構築することを提唱すると、電子商取引をめぐる交渉がスタートしている。こうした動きは、中国政府の方針に沿っている。

アリババは、国有企業が提供できない価値を提供する会社としてスタートした。それは、国有銀行、国有流通会社のビジネスを破壊するイノベーションであった。そして、現在も、イノベーションの最先端で、新しい価値を生む場で活動しているのは間違いない。しかし同時に、新しい価値を生むにあたって、共産党の方針から逸脱することもない、という行動規範も持っているようにも見える。こうした動きには、明文化されたルールがあるわけではない。アリババは、共産党の規制が、自らやその他の一定の分野のひとの利益に反するものだったとき、それを拒否することができるのか。インターネットの世界を流れる膨大な情報の管理について、対立と矛盾が生まれたとき、何が起こるのか。はっきりしたルールがないままイノベーションは進んでいった。

習近平政権の成立時、このアリババと共産党の関係について、はっきりした動きはなかった。習政権成立時に提起された混合所有制改革は、当初は国有企業が株主として民間資本を受け入れることを宣言していた。しかし、これまでの歴史的経緯から、大型国有企業に匹敵する資産規模をもつ民営企業はごく限られている。たとえば、総資産を基準に発表される世界の企業ランキング、フォーブス 50 にランク入りする企業は、中国工商銀行、中国石油、中国電信といった大型国有企業ばかりである。こうした国有企業にあらたに投資できる民営企業はほとんどない。アリババはこうした企業と規模の上で肩を並べる数少ない民営企業である。一方、これからの中国を支える新興産業は民営企業ばかりで、国有企業が存在していないケースも多い。こうした産業の有力民営企業に、国有資本を投資しようという動きが進み始めている。こうして、ごく一部の民営企業と国有企業の間での資本の持ち合いが進んでいる。混合所有制改革は、本来の国有企業の所有の多元化というよりも、新興民営企業と国有企業を中心とした既得権益層のクローズドなグループを作る方向に向かっているようにも見える。

さらに、時代が下るにつれて、新しい産業が生まれると、民営企業しか存在しない場合もある。国有企業はかつての中核産業に集中し、新しい中核産業には民営企業しか存在しない状況が起こっている。この状況に共産党がどのように対応しようとしているのだろうか。

新興産業の中でも、インターネットにかかわる産業は、国有企業の改革の遅れや不要な規制が残り続けることで生まれているひずみを解消したり、代替するようなビジネスを手がけ、成長してきた。そして、21世紀の経済成長とイノベーションを支えるインフラになっている。この分野にはまったく国有企業が存在していないが、経済的な重要性から彼らの重要性は高まっている。そして、その重要性の高まりが発言権の高まりに転換し、政治的な権力を構成する要素になる可能性がある。こうして、権力における公有制企業と民営企業の比重が変化する可能性は十分にある。

しかし、党はインターネットを支える民営企業に政治的な忠誠を要求しつづけ、企業側も従ってきた。たとえば2016年3月4日に「忠誠の党員」という匿名で新疆ウイグル自治区主管のニュースサイト「無界新聞」に「習近平引退勧告」公開書簡が掲載される事件が起きた。この無界新聞は、2010年代半ばに勃興しているインターネットメディアのひとつで、新疆自治区の支援を受けて設立されたものと言われている。このメディアの使っているサーバーを管理していたのはアリババグループの企業であり、中国国内でもっとも安全性の高いサーバー管理会社であった。それにも関わらず、ハッキングが起きたのはなぜか、についての報道がされていた。この報道から、アリババ側は、この事件の対応について、党に全面的に協力したことが報道から伺える。この事件から、国家の情報管理方針に全面的に順守する方針を、アリババは持っていることがうかがえる。この距離感は、2018年に共産党が発表した改革開放に貢献した人物100人に関するリストからもうかがえる。多くの国有企業の党員幹部が選

図表8-6 改革開放に貢献した100人リストの企業経営者

氏名	企業	党員資格
馬雲	アリババ	党員
馬化騰	テンセント	無党派人士
包起帆	上海国際港務	党員
劉漢章（故）	邯鄲鋼鉄	党員
劉永好	新希望集団	群衆
許振超	青島前湾集装箱馬頭	党員
許立栄	中国遠洋海運集団	党員
孫永才	中国中車集団	党員
李書福	吉利汽車集団	無党派人士
李東生	TCL 集団	党員
李彦宏	百度在線網絡技術	無党派人士
呉仁宝	華西集団	党員
何享健	美的集団	党員
張瑞敏	海爾集団	党員
陳日新（故）	大同礦務局局長	党員
羅陽（故）	航空工業瀋陽飛機工業	党員
南存輝	正泰集団	無党派人士
柳傳志	聯想	党員
倪潤峰	四川長虹電子集団	党員
魯冠球（故）	万向集団	党員

〔出所〕「关于改革开放杰出贡献拟表彰对象的公示」2018 年 11 月 26 日「人民日報」

ばれる中で、デジタル企業からはアリババとテンセントが選出され、技術革新をになっているファーウェイは選ばれていない。さらに、テンセントの馬化騰は党員ではないことを考えるに、アリババはもっとも党との距離の近いインターネット企業である。

3-3 デジタル化とはなにか

アリババをはじめとするインターネット企業が、国有優位の経済体制のもとでも、目覚ましい成長を遂げることができたのは、なぜなのか。そこには、デジタル技術の特徴、プラットフォームというビジネスモデルの性質が影響している。

まず経済発展プロセスで、デジタル化の位置づけを考えてみよう。経済の発展は、人々の行動と経済取引にかかるコストを削減する技術革新に強く影響される。多くの技術革新の中でも、次の3つの技術革命は人々の生活様式と社会、国家のありかたを大きく変質させてきた。つまり、19世紀の産業革命を推進した蒸気・動力技術の導入、1990年代から進んだ通信技術革命による電子メールやインターネットの導入、そして、2020年現在進行しているさらなるデジタル化である。第1の蒸気・動力技術の導入は、ヒトとモノが移動するコストを低下させた結果、生産と消費が異なる地点で行われるようになり、「貿易コスト」が低下した。国家の間の貿易、産業の集積が始まった。第2の通信技術革命は、情報とアイディアを交換する「通信コスト」を低下させることである。これにより、発展途上国の安い労働力と先進国の企業のノウハウを結びつけることを可能にし、海外直接投資が進化することとなった。グローバリゼーションが加速し、国境のハードルを下げるため、自由貿易体制の確立も進められた。残る問題は、ヒトとヒトが「対面するコスト」を削減することである〔ボールドウィン、2018〕。

「対面コスト」の低下を目指し、現在2つの方向で技術革新が進んでいる。ひとつは人間の分身同士が国境を越えて同じ部屋にあつまり、頭脳労働サービスを交換し合う「テレプレゼンス」、もうひとつは、人間の分身に遠く離れた場所で肉体労働をさせる「テレロボティクス」の方向である。現在、テレプレゼンスが先行して進みつつある。そして、こうした技術革新を多くの中国企業が担うようになっている。アリババ、テンセントといったプラットフォーム企業、ファーウェイなどの通信技術企業、そして顔認証技術システムのセンスタイム、メグビー、監視カメラシステムのハイクビジョン、音声認識技術のアイフライテック（iFLYTEK）、といった新興の技術企業である。

こうした分野に中国企業が参入可能になった背景には、デジタル化による技術革新の特徴がある。デジタル化とは、ソフトウェアに書かれたプログラムによってコンピュータを動かし、通信コスト、対面コストさらには意思決定のコストを削減していく動きである。このとき、コンピュータを動かすソフトウェアの生産と改善、さらにはソフトウェアを動かすための情報の入力形式を入力されたデータを読み込むことから、オンラインでの自動送信、音声や画像情報からのインプットというかたちに発展している。

ファーウェイの躍進は、通信技術がデジタル化するタイミングで、ソフトウェア技術者を大量に育成し、それまでアナログでおこなわれていたプロセスを代替し、新しい技術を提供したことにある〔今道、2018〕。プラットフォームが多くのデータを持つようになり、それを処理する技術としてAIを多用するようになっていった。さらにデジタル化をすすめるために物理データをデジタル化するための入力方式として、顔認証、音声認識技術が開発、採用されている。

デジタル化のためには、データをなるべく効率的に取り込むことが必要になる。これは、企業だけでなく、社会全体としての適応体制が必要になる。安価なスマートフォンの普及が、データのデジタル化の蓄積を助けた。プラットフォーム企業は、オンラインでの取引記録をデータとして蓄積している。さらに進むと、公安部門の監視システムへの投資もデータの蓄積を進めることになった。こうしたデータを利用してプログラムを改善していく人工知能（AI）の技術が進み、こうした技術の性能は指数関数的に向上する。

3-4 プラットフォームのもつネットワークの外部性と国有・民営体制

このデジタル化によるコスト削減に加え、もうひとつ注目・注意するべき特徴は、プラットフォーム企業のもつネットワーク外部性という力である。

あるサービスを利用する消費者にとって、そのサービスの内容だけでなく、そのサービスを利用しているひとの数の大きさ自体が、そのサービスの利便性を左右する性質を指す。たとえば、アリペイのようなモバイルペイメントサービスは、おなじアプリを利用している人が多いほど、決済できる範囲が広がる。タオバオやアリババにこのサービスを限っているよりも、他社に開放したほうが、サービスから受けるメリットが大きくなるのである（直接的ネットワーク効果）。また、タオバオのように売り手と買い手をマッチングするプラットフォームの場合は、それぞれの属性のタイプと人数が多ければ多いほど、自分の必要とする相手に出会う確率が高まる（間接的ネットワーク効果）。こういう性質から、すでに利用者が多いプラットフォームサービスは、圧倒的な参入障壁をもつことになる。さらに、デジタル化により、個々のマッチングや取引の情報をやり取りするための通信コストは、ゼロになっている。このため、先行する企業は、利用者を無限大にまで拡大することができる能力をもち、圧倒的な独占力を築くことができる技術を手にしていたのである。

アリババの圧倒的な独占力の背景には、デジタル化のメリットを徹底的に追及する姿勢がある。アリババやタオバオといったプラットフォームは、自分自身のもつ情報をデジタル化するだけでなく、自らのプラットフォームに参加する消費者、サプライヤーそして自分たちプラットフォームの間の情報の流れをオンラインでつなぎ、意思決定を自動化することを目指してきている。たとえば、消費者に向けオンラインで生産計画中の商品のリコメンドを行う。これに消費者からの反応があれば、すぐさま、タオバオで商品の発注を受け取ると、それがそのプロダクトを生産・販売する企業のシステムに情報が送られ、企業のシステムは、自動的に関連材料の在庫を確認し発注を進める。こうした一連の「情報のジャストインタイム化」を、取引先との情報のやりとりの統一化（ネットワーク・コーディネーション）と、情報のやりとりの自動化（データインテリジェンス）を合わせたスマートビジネスと呼んでいる〔ゾンミン、2019〕。

こうしたデジタル技術の導入による、通信コスト、対面コストそして意思決定のための調整コストの削減は、既存の企業が採用できない低コストの技術になるため、新規参入企業が競争優位を構築しやすくなる。破壊的イノベーションと呼ばれるプロセスである。ファーウェイ、センスタイム、メグビー、ハイクビジョン、アイフライテックといった技術企業は、こうしたデジタル化を可能にする技術を、アリババやテンセントなどのプラットフォームは、そうした技術を利用する場を、社会に提供している。

製造業の時代、中国の国有企業は成功した民営企業のビジネスモデルを模倣したり、民営企業自体を買収し、業界のトップ企業になることも多かった。しかし、このネットワークの外部性が強く働くプラットフォームの世界のビジネスでは、国有企業が後から模倣や買収で参入し、民営企業を淘汰することは不可能であった。このため、「公有企業を主体とし、多様な所有形態を認める」という国有企業優先体制の中でも、デジタルプラットフォームの世界は、民営企業のみが活発に競争する市場になったのである。

そして、こうして成功したデジタルプラットフォーム企業の手もとに多くの資金が集まり、彼らが新興企業の買収、スタートアップの支援をするようになり、民営企業だけの資本の循環が確立され、ようやく資本の面でも共産党の指導に依存しない世界ができあがった。中国の多くの新興企業にとっては、アリババ、テンセント、シャオミに買収してもらうことが、成功のひとつのかたちであり、イノベーションが加速しはじめた。こうした資本の循環に乗り遅れまいとするように、政府は、半導体などを対象に、いくつかの産業化基金を設立し、国家資本での買収の受け手となる動きを見せるようになった。

3-5　アリババグループへの規制

2020年に入り、中国共産党はついに、曖昧としていたデジタルプラットフォーム企業との間の関係に、態度を表明した。金融企業としてリスク管理がある場合は、技術企業と名乗ろうとも金融企業として規制をする。プラットフォーム企業としてのアリババやタオバオに対しては、独占禁止法の規定に抵触する場合は、規制の対応をするという宣言である。

きっかけは、2020年11月に計画されていたアリペイサービスを提供するアントフィナンシャルの上場計画の延期であった。この件で具体的に問題になったのは、アントフィナンシャルが組成している消費者金融債権を資産化証券として、多くの投資家に転売している点であった。これは、中国の金融規制に従えば、一定以上の自己資本を積む必要が出てくる。しかし、アントフィナンシャルは自分たちの貸付先評価テクノロジーに依ればリスクはかなり軽減されているので、規制通りの資本金を積む必要がない、と主張し、指導に従わないまま、上場が計画されていた。このアントの態度に対し、金融監督部門だけでなく党からも規制が入る結果となった。この事件と同時に、独占禁止法上の問題行為も、規制対象に取り上げられる。タオバオが取引先の中小事業者に対し、ライバルのプラットフォームである京東、美団との取引を禁止する契約を結ばせていたことが、問題行為とされたのである。

2008年に成立した独占禁止法は、国有企業と民営企業の間の公平な競争を可能にすることも視野に入れ、経済面での法治の手段として強く意識されていた。しかし、導入当初は、公有制優位を唱える体制のもとでは、「国有免責」を国有企業自身が主張していたこともあり、国有企業への規制もおそるおそる進められていた。しかし、2011年ごろから、国有企業を対象とする公平な運用がはじまっていた（**図表8-7**／川島、2013；渡邉、2014）。2018年の政府機構の改編にともない、独占禁止法を運用する部門が、市場監督管理総局にまとめられ、その力が強大になっていた。

2020年のアリババへの調査の開始は、独占禁止法と金融規制という行政の運用というかたちで、その力をもって、公有制企業が優先される体制であることを示し、ネットワークの外部性を十分に利用して強い独占力を持つようになったプラットフォームに向けることを表明したことになる。これが、健全な市場を維持し育成するための規制という範囲にとどまり続けるのか、創造的破壊を抱きしめるという改革開放期の党と民営企業のありかたを放棄するものとな

図表8-7　独占禁止法の中の国有と民営

規制の対象となる企業の行為	①企業間での独占の合意（カルテル）。 ②市場での支配的な地位の濫用。 ③事業者の集中。 ④競争制限をもたらす行政権限の濫用。 ⑤国家安全への審査。
国有企業の地位に関する言及	第７条　国民経済の命脈と国家安全にかかわる産業において支配的な地位を維持している国有経済、および法律に基づき専業専売経営が認められる産業において、国家はこの事業者の適法な事業活動を保護し、商品、価格などについては監視し、消費者の利益を保護し、技術革新を促す。こうした（独占的地位を認められた産業の）経営者は、法律に基づいた経営を行い、信用を守り、社会公衆の監督を受け、支配的な地位若しくは専業専売的な地位を利用し、消費者に損害を与える行為を行ってはならない。
「国有免責」問題	独占禁止法施行以降の数年間は、第７条を根拠に、国有企業は独占禁止法の適用を受けないという雰囲気があったが、2011年ごろから国有企業を対象とした適用が増えている。データ通信市場における中国通信と中国網通の競争制限行為、2013年に茅台および五糧液の再販価格維持行為を調査、制裁の対象となった。

〔出所〕独占禁止法、川島（2013）、渡邉（2014）。
〔注〕支配的地位とは、市場シェアを１社で２分の１、２社で３分の２、３社で３分の４の、３市場のシェアをもっている場合を指す。

るのか、注目していく必要がある。

3-6　インターネットのガバナンスを誰が握るのか

また、世界経済との関係では、インターネットのガバナンスをめぐる動きに注目が必要となるだろう。ボールドウィンの指摘する通信コストと対面コストの引き下げに貢献しているのは、インターネットである。インターネットは、情報の交換だけでなく、ヒトとヒトのサービスのかかわりあい、さらには政府による国民の監視といったことも可能にしている。

対面コストの低下という技術革新の恩恵を、誰がどう利用するのか。個人、企業と社会、そして国家のかかわり方を再構築することが迫られるようになっている。インターネット上の情報取引のガバナンスは、世界の経済およびイノベーションに大きな影響を与える。欧米、日本だけでなく、発展途上国においても、インターネットのうえで新しい価値を生むイノベーションが行われている。中国自身もこのインターネットを通じたイノベーションの恩恵を受けている。中国以外の国にとっては、国境の枠組み、空間の枠組みを超えて、コミュニケーションと取引を行うことができる自由なインターネットの世界は、国境を超えた大規模な情報の流通を通じて、経済的利益を生む場である。世界の多くの国からインターネットに参加する人々は、恣意的な国家の介入が起こることはこれまでずっと拒否してきた。

しかし、中国共産党はまったく別の思想をもっている。中国共産党にとっては、彼らへの政治的な対抗勢力が生まれるかどうかは、政治的な権力の配置を左右する要素である。このため、国家がインターネットを管理するという原則、インターネット主権を強く主張し続けている。

この思想の対立は、インターネット取引をめぐる通商交渉の争点の一つになっている。中国政府は、自国に参入する電子商取引、検索企業に対し、投資の認可を出す条件として、関連するサーバーを中国国内に置くことを求めている。

こうした動きに対し、グーグルはこの要求を拒否して、一度参入した中国企業から退出した。また、オバマ政権は、2016年に「インターネット主権」は、国内産業を保護し、外国企業に不利な状況を作り出していることから、WTO協定違反の可能性があるという調査を要求している。さらに、アメリカが主導してスタートした、環太平洋経済連携パートナーシップ(Trans-Pacific Partnership:TPP)は、電子商取引の自由を謳った章において、直接投資の認可にあたって、サーバーの所在を国内に定める行為を禁じている。そもそも、TPPは直接投資のホスト国の規制を統一化することを目指しているが、特に電子商取引はひとつの焦点になっている。果たして、インターネット取引のガバナンスを誰がどのように決めていくのかは、中国との貿易・投資のルールをめぐる通商政策上の最大の課題になることは必至である。

インターネットは、本来世界中の個人を結びつける力を持っている。この力がもたらす創造的破壊を、中国共産党は拒否し、自らの管理下に置こうとしている。そして、イデオロギー宣伝部隊がまずインターネットを管理してきた歴史的経緯もあり、中国のインターネットへの態度は、絶対主義的・収奪的である。さらに、これまで、中国以外の国では、その潜在的な力を最大限生かそうという動きがあったが、個人情報の扱いや政府のデータへのアクセスへの懸念も大きくなり、国際的なデータの取引のための制度整備を模索が始まっている。欧州の進める一般的データ保護規制(General Data Protection Regulation: GDPR)がその代表的な動きである。このため、自由なインターネット上の取引の推進は、足踏み状態となっている。

こうした対外的な変化も含め、インターネットをめぐって、中国と世界が対立するのか、それとも融和の道を見つけるのか。中国共産党がインターネットとどう向き合うのかは、中国の制度が包括的なものに転換するのかどうかを推し量るメルクマールとなる。

►4　まとめ

中国においては、公有制企業と民営企業の間には歴然とした身分の違いがある。その意味で、中国の制度は収奪的である。しかし、中国共産党と民営企業の関係は、必ずしも対立的ではなかった。民営企業は交渉や、戦略、契約によって、政権の保護や資源を引き出すことができていた。共産党はすべての企業を平等に扱うことは全くかんがえておらず、時折収奪的な行動を見せることもあった。

産業構造の転換によって、デジタルの分野は国有企業の存在しない中国の経済成長を支える産業になりつつある。こうした産業で、共産党は企業とどう向き合うのか、それを模索する動きが続いている。特に重要なのは、インターネット関連の産業である。この分野は、膨大な情報を蓄積し、現在のイノベーションの最先端を担っている。さらに、インターネットのガバナンスとデータへの政府のアクセスをめぐる海外の考え方と、共産党の態度は対立的だからである。

インターネットをめぐって、共産党がその創造的破壊を受け入れることができるのか、それとも管理を強めてイノベーションを拒否するのか、それが中国経済の今後も左右する可能性すらある。

（わたなべ・まりこ）

［注］

1　本節の考察は、渡邉真理子「『旺盛な参入』と資金制約――『国進民退』をはねかえす企業家の創意工夫」（特集：中国の産業競争力『中国21』愛知大学現代中国学会編、2013年3月）の議論をもとにしている。

［参考文献］（第7章、第8章共通）

≪日本語、日本語訳書≫

青木昌彦著、瀧澤弘和・谷口和弘訳『比較制度分析に向けて［新装版］』（NTT出版、2003 年）

石川滋『開発経済学の基本問題』（岩波書店、1990 年）

今道幸夫『ファーウェイの技術と経営』（白桃書房、2017 年）

加藤弘之・渡邉真理子・大橋英夫『21 世紀の中国 経済篇──国家資本主義の光と影』（朝日新聞出版、2013 年）

川島富士雄「中国における競争政策の動向」（『公正取引』No.749、2013 年 3 月）

中屋信彦「中国『瞰制高地』部門における公有企業の支配状況調査」（『調査と資料』第 118 号、名古屋大学大学院経済学研究科附属国際経済政策研究センター、2013 年 3 月）

林毅夫・蔡昉・李周著、渡辺利夫監訳、杜進訳『中国の経済発展』（日本評論社、1997 年）

ダロン・アセモグル、ジェイムズ・ロビンソン著、鬼澤忍訳『国家はなぜ衰退するのか─権力・繁栄・貧困の起源』（早川書房、2013 年）

ロナルド・コース、ワン・ニン（王寧）著、栗原百代訳『中国共産党と資本主義』（日経 BP 社、2013 年）

フランシス・フクヤマ著、会田弘継訳『政治の起源──人類以前からフランス革命まで（上・下）』（講談社、2013 年）

イアン・ブレマー著、有賀裕子訳『自由市場の終焉──国家資本主義とどう闘うか』（日本経済新聞出版、2011 年）

ミン・ゾン著、土方奈美訳『アリババ──世界最強のスマートビジネス』（文藝春秋、2019 年）

リチャード・ボールドウィン著、遠藤真美訳『世界経済 大いなる収斂──IT がもたらす新次元のグローバリゼーション』（日本経済新聞出版、2018 年）

由曦著、永井麻生子訳『アント・フィナンシャルの成功法則──“アリペイ”を生み出した巨大ユニコーン企業』（CCC メディアハウス、2018 年）

渡邉真理子「中国における企業再構築──四川省国有小型企業の事例」国宗浩三編『金融と企業の再構築─アジアの経験』（アジア経済研究所、2001 年）

渡邉真理子「『旺盛な参入』と資金制約──『国進民退』をはねかえす企業家の創意工夫」（特集：中国の産業競争力『中国 21』愛知大学現代中国学会編、2013 年 3 月）

渡邉真理子「企業制度──国有、民営混合体制の形成とその問題」中兼和津次編『中国経済はどう変わったか─改革開放以後の経済制度と政策を評価する』（国際書院、2014 年）

渡邉真理子「国有企業と市場競争の質──体制移行の罠をもたらす制度と実態」加藤弘之・梶谷懐編『二重の罠を超えて進む中国型資本主義──「曖昧な制度」の実証分析』（ミネルヴァ書房、2016 年）

渡邉真理子「米中は何を対立しているのか──多国間自由貿易体制の紛争解決ルールと場外乱闘」（『比較経済研究』2021 年 6 月）

≪中国語≫

周黎安『転型中的地方政府：官員激励．与治理』（上海格至出版社、上海人民出版社、上海、2008）

財新網「王立軍打黒真相」（2012 年 12 月 6 日）
http://china.caixin.com/2012-12-16/100473031.html（2020 年 12 月 30 日最新閲覧）

童之偉『重慶打黒型社会管理方式研究報告』
http://www.aisixiang.com/data/50095.html （2020 年 12 月 30 日最新閲覧）

≪英語≫

Acemoglu, Daron, Jacob Moscona and James A. Robinson," State Capacity and American Technology: Evidence from the 19th Century" American Economic Review: Papers & Proceedings 2016, 106 (5) : pp.61-67, 2016.

Fukuyama, Francis, *Political Order and its Decay From the Industrial Revolution to the Globalization of Democracy*, Farrar Straus and Giroux,2014.（邦訳:フランシス・フクヤマ著、会田弘継訳『政治の衰退──フランス革命から民主主義の未来へ（上・下)』講談社、2018年)。

Maddison, Angus, *Chinese Economic Performance in the Long Run*, Organization of Economic Development Cooperation, Development Study Center,1988.

The Maddison-Project, https://www.rug.nl/ggdc/historicaldevelopment/maddison/, 2020 version.

Weingast, B., "The Economic Role of Political Institutions: Market Preserving Federalism and Economic Development " Journal of Law, Economics and Organization 11, pp.1-31, 1995.

第3部

「力」をどう使うのか

——国際秩序への影響力

第9章
「米中対立」という国際環境と中国外交

増田 雅之

► 1 世界は「百年来未曽有の大変革」──空前の挑戦か？

2018年6月に開催された中央外事工作会議において、習近平・中国共産党総書記は「わが国は近代以降もっとも素晴らしい発展の時期にあり、世界はこの百年来未曽有の大変革期にある」との情勢判断を示した〔習、2018〕。習近平はこの情勢判断に繰り返し言及し、前者と後者は「相互に交錯し、相互に激しく影響を与える」関係ととらえた。つまり、「世界の大変革」を如何にとらえ対応していくのかが、中国の発展の方向性を決定づけるということである。中国国内でも「百年来未曽有の大変革」を如何に認識すべきなのかについての議論が盛んであるが、「大変革」の不確実性やそのリスクを強調するものが多い〔任ほか、2020〕。

それは、2017年1月に誕生した米国のドナルド・トランプ政権との間で、米中関係の悪化に歯止めがかからないことに起因していた。バラク・オバマ政権2期目（2013～2017年）においても、南シナ海問題やサイバー安全保障をめぐる問題を背景に米国側で対中懸念が高まり、アジア太平洋の地域秩序をめぐる米中間の「戦略的競争」が盛んに議論されていた。それでもオバマ政権は、中国との対立や競争の深まりに釣り合うように、関与政策も最後まで継続した。中国の習近平政権も、米国との間での衝突や対立を回避すべく「新型大国関係」という理念を強調して、安定した関係の構築を追求した。米中関係は競争的な側面を強めながらも、基本的には協力関係が維持され、それは「競存」（競争的な共存）とも言うべき関係であった〔増田、2017〕。

しかし、トランプ政権発足後の2018年以降、米中間の「戦略的競争」は、その舞台を科学技術や軍事、さらには人権や民主主義という価値観やそれを基盤とする国際システムのあり方にまで拡大し、ますます世界を巻き込みながら展開されるようになった。2020年に入ると中国発の新型コロナウイルスが世界的に流行し、世界経済に甚大な打撃を与え、米中対立にも拍車をかけた。習近平総書記もコロナ後の国際環境の変化に対する「長期的な準備」を求めた（新華社、2020年4月8日）。また中国国内の専門家のなかには、米中対立の激化、コロナ禍による中国に対する国際世論の悪化等を指摘して、中国が直面する国際環境を「空前の挑戦」ととらえる者もいる〔時、2020〕。

米中対立が深まるなかで、中国は如何なる外交を展開するのであろうか。本章では、中国の習近平政権と米国のトランプ政権との間で展開されてきた相互関係を振り返りつつ、米中対立が中国の国際環境や外交政策（とくに欧州への政策）に与える影響について論じてみたい。

►2　深まる米中対立――経済に優先する安全保障の論理

2017年1月に米国においてドナルド・トランプ政権が誕生したことは、米中関係の局面をより競争的・対抗的なものに変えた。同年12月にホワイトハウスが公表した『国家安全保障戦略』（NSS）は、「中国はインド太平洋において米国を放逐し、国家主導の経済モデルのリーチを拡大して、自国に有利な地域秩序を構築しようとしている」との厳しい対中認識を示した。このNSSの特徴の一つは、「安全保障の大きな柱」として「繁栄の推進」を掲げたことであった。「21世紀の地政学的な競争を勝ち抜くため、研究や技術および革新の分野で先頭に立たなければならない」が、その基盤となる「米国の知的財産を中国のような競争者が盗取している」〔White House, 2017〕。加えて、2018年10月4日にマイク・ペンス副大統領がハドソン研究所で行ったスピーチでも、中国の経済政策、人権政策、及び知的財産権盗取という問題を批判した上で、米国の利益・雇用・安全保障を断固として守り抜くことを表明した。つまり、トランプ政権は、中国との間での競争的側面に重きを置いた政策を進めていくことを明らかにしたのであった〔White House, 2018〕。

事実、2018年3月以降の米中通商交渉は「貿易戦争」と呼ばれた。それは貿易不均衡の是正のための交渉やその過程での関税発動の応酬がなされただけではなかった。人工知能（AI）や情報通信の最先端技術をめぐる覇権争いが米中競争の主戦場となった。米国からみれば、中国との関係で技術をめぐる優位性を失えば、戦争遂行やインド太平洋地域における作戦遂行能力を大きく制約することになりかねず、これは安全保障の問題なのである。

次世代情報技術や航空・宇宙設備など10の重点分野で、イノベーションを通じた製造業の高度化を国家主導の下で目指す「中国製造2025」（2015年5月発表）についても米国は厳しく批判した。例えば、2018年6月、ホワイトハウスの貿易製造業政策局は「世界の技術及び知的財産権に対する中国の経済的侵略の脅威」と題する報告書を発表した。この報告書は、中国製造2025に根拠を求めつつ、中国による知的財産権の盗取、中国系米国人を活用した輸出管理の迂回、リバースエンジニアリング、外国資本との合弁会社設置時の強制的な知的財産権の移転、過度の製品検査による高度技術の窃取、研究開発施設の現地化の強制等を通じて、米国などの先進国の技術を不正に入手しているとして、中国の政策動向を激しく批判した〔White House Office of Trade and Manufacturing Policy, 2018〕。

安全保障の文脈で米中間の経済関係が位置づけられたことは、中国国内で深刻に受け止められた。なぜなら、米中関係において経済関係はこれまで安定装置として機能してきたとの理解が中国では一般的であり、中国は経済関係の強化によって米国との間での政治的な相違や対立を管理することを志向してきた。中国国内の米中関係専門家の多くは、経済関係を中心に米中両国は「利益共同体をすでに形成している」という前提に立って、「中米関係に波風が立とうとも、大きな目標は前に向かって発展することである」と主張していた（『解放日報』2017年3月21日）。しかしトランプ政権は、貿易や技術革新というイシューを強い危機感に根差す安全保障問題として位置づけたのであり、経済関係は「中米摩擦の『推進器』になった」と中国側でみなされた〔趙, 2020〕。

2020年1月、トランプ大統領と劉鶴副首相は、23カ月に及ぶ米中貿易交渉の第一段階の合意文書に署名した。中国は、2021年末までの2年間で2,000億ドルの輸入拡大、知的財産権の保護、技術移転の強制の禁止等を約束し、米国が中国による合意の履行状況を厳しく監視することとなった。米国は、2019年9月に1,200億ドル相当の中国製品に課した15%の関税を7.5%に引き下げることに同意した。同年5月のワシントンでの協議後の記者会見において、劉鶴副首相は、①米国側による追加関税を全面的に撤廃すること、②対米追加輸入をより現実的規模に限定すること、③合意文書のバランスを改善すること、を合意に際して「必ず解決されなければならない関心事」と言及していた。第一段階の合意文書はこの3つの条件を明らかに満たしてはおらず、中国側が大きく譲歩した結果成立したものであった。劉鶴副首相は合意に際して、「困難はそれほど恐れるべきものではなく、解決方法は困難よりも多くある」と述べたうえで、合意が実施に移されることに期待感を示した。

しかし、この合意は一時的な休戦に過ぎなかった。第一に、技術をめぐる米中間の覇権競争は継続し、米国側は競争を強化する方向で措置を講じた。2020年5月、米商務省産業安全保障局（BIS）は、中国の華為技術（ファーウェイ）と関連企業への輸出管理を強化することを明らかにした。米国製半導体技術やソフトウェアを使用するファーウェイ向けの半導体チップを受注する企業は、BISの許可を得なければならないことになった。2019年以降米国政府は、連邦政府やその取引先からファーウェイを締め出す措置を講じてきたほか、米国企業等がファーウェイに米製品を販売しないための規制も強めてきた。同年5月にBISは、米国の安全保障上・外交上の利益を損なう恐れのある主体を輸出許可の対象として掲載するエンティティ・リスト（EL）に、ファーウェイと関連企業68社、同年8月には関連企業46社を記載した。2020年5月の措置はこれをさらに強化するものであり、続く8月にもファーウェイの関連企業38社をELに新たに追加して規制を強めた。

さらに、米国自身の5G システムの開発を加速させるとともに、情報通信ネットワーク全体での国際的な有志連合の形成を目指す意向をトランプ政権は明らかにした。例えば、ケース・クラーク国務次官は、各国の5Gプロジェクトからファーウェイ製品を排除するようアジアの新興国に促すため、日本やオーストラリアと金融支援を強化する方針を示した。また米国の外交当局は、欧州諸国や南米諸国に対してもファーウェイをそれぞれの国において5Gプロジェクトに参加させないよう働きかけを強めた。

第二に、2019年12月に中国武漢市で初めて感染が確認された新型コロナウイルスの世界的流行（パンデミック）により、国際社会を舞台に米中対立が先鋭化した。2020年3月後半、中国はいち早く権威主義的な手段によって新型コロナウイルスの感染拡大に歯止めをかけ、4月以降、経済活動の再開に動いた。

2020年第1四半期（1～3月）の実質GDP成長率は前年同期比マイナス6.8％であったが、第2四半期（4～6月）は3.2％（速報値）となり、プラス成長に回復した。外交面では、新型コロナウイルスのパンデミックに伴う中国の国際的イメージの悪化に歯止めをかけるべく、中国は個人用防護具の世界一のサプライヤーとして「マスク外交」を展開した。3月、中国外交部は世界保健機関（WHO）に対して2,000万ドルの資金供与を発表するとともに、発展途上国の医療体制構築のための支援を強化する方針を明らかにした。

中国が「マスク外交」に舵を切った一方で、米国では新型コロナウイルスの感染が拡大し、感染者数と死亡者数で世界最大となった。2月末までは、コロナ対策にかかる米中協力の可能性について議論されていた。しかし米国における感染拡大に歯止めがかからず、トランプ大統領は中国の初期対応や情報開示の遅れを、中国共産党の統治体制と関連づけて強く批判した。加えて4月に入ると、トランプ政権はWHOの対応が「中国寄り」だとして、WHOへの資金拠出を停止することを発表した。この発表後、中国外交部はWHOへの資金供与を3,000万ドル上乗せするとともに発展途上国への支援強化を改めて表明した。その後、トランプ政権は7月6日付で1年後のWHO脱退を国連に通告した。WHOをめぐる米中両国の政策展開は、米国が国際機関への関与を低下させる一方で、中国は国際機関への関与強化を通じて、発展途上国への影響力を強めようとしているように見えたのであった。

▶3 エスカレーションを抑制できない米中外交

もちろん、中国自身も米中関係の局面打開を模索しなかったわけではない。2020年7月9日にテレビ会議方式で開かれた米中シンクタンク・メディア・フォーラムで挨拶した王毅・国務委員兼外交部長は「われわれはただ善意と誠意をもって中米関係を発展させることを望んでいる」と述べた。加えて、彼は「中国はもともと米国に挑戦したりとってかわったりするつもりはなく、米国と全面的に対抗する気もない」と述べたうえで、「米国と衝突・対抗せず、相互に尊重し、協力してウィンウィンでありたい。また、協調・協力・安定を基調とする中米関係を構築したい」と、関係改善を志向する中国政府の姿勢を強調した（『環球時報』2020年7月10日）。

中国国内でも深刻化する米中競争への対応のあり方について活発に議論さ

れた。まず、米中間の戦略的競争を如何に位置づけるのかについてである。復旦大学の呉心伯教授によれば、中国の学界では次の4つの観点が提示されていたという〔呉、2020〕。①米中競争の本質は、地域的・グローバルなリーダーシップをめぐるものであり、米中間の競争は不可避である。②米中競争の核心は経済力とその影響力をめぐるものである。③米中競争は主に安全保障をめぐる争いであり、中国が東アジアの安全保障システムに挑戦することを米国は懸念している。④米中競争は経済・安全保障・イデオロギー等の多くの分野を跨ぐものである。

米中競争のエスカレーション、さらには米国における「新冷戦」との言説の広がりを受けて、④の観点に基づく研究や主張が増えているが、米中関係の現状を「新冷戦」と性格づけしない議論が主流である。何故なら、依然として、米中間の利益は相互に融合しており、長期的な対立の代価に耐えることができないからと主張される。また、米中対立は冷戦期のような陣営間の対立になり得ないという。とくに、米国と欧州や日本の対中政策は同じではなく、米国を中心とする反中陣営の形成は困難と主張されている〔袁、2020〕。

しかし、こうした主張は希望的観測に基づいていたと言ってよい。何故なら、米中対立がエスカレーションする可能性が否定される一方で、米国の対中政策の変化は根本的なものとされているからである。その結果、米国の対中政策の変化に応じた対応を中国は講じなければならない。すなわち、米国との関係において競争のエスカレーションを防ぐことを目的とする危機管理メカニズムを強化することである。外交面では首脳の相互訪問を制度化することや、戦略対話等を実施して両国関係の不確実性を低下させる。これに加えて、軍事面でのCBM（Condition Based Maintenance）を積極的に運用して、両軍間で意図への誤解と不測事態の発生を回避することである。なお、こうした危機管理のプロセスでは、危機の予防や危機への反応という段階での政策協調をとくに強化しなければならないとされる〔趙、2018；姚、2019〕。

中国市場のさらなる開放やビジネス環境の改善によって、米中間の経済関係を強化する必要性も主張された。2020年6月11日付の『国際商報』紙は、それによって米国の中国に対する経済面での依存を高め、米中関係全体の安定を実現すべきとの評論を掲載していた。米中貿易交渉の第一段階の合意もその一環とされた。しかし、中国との経済相互依存に対する米国の期待は悲観的である。加えて、トランプ政権における対中政策の展開は、中国の経済モデル、ひいては中国共産党による統治そのものを米国側が問題視していることを示していた。

このことを端的に示したのは、2020年6月30日に香港において「国家安全維持法」が施行されたことをめぐる米中間の応酬であった。5月後半に法案の概要が明らかになると、それは香港の自治や市民の自由権を否定し、事実上「一国二制度」を終焉させるものとして香港においてそして国際社会において批判が高まった。6月30日には北京の全国人民代表大会常務委員会において法案が可決され、同日深夜11時に施行された[1]。5月に法案の概要が伝わると、米国は大統領・議会・政府それぞれのレベルで、中国側に国家安全維持法制定の見直しを強く求めたほか、6月17日にはワシントンで開かれたG7外相会合は、法制定の再考を強く求める共同声明を発出した。国家安全維持法が施行された後の7月14日、トランプ大統領は香港の自治侵害に関与した中国の当局者や企業への制裁を可能にする「香港自治法」に署名し成立させたほか、貿易などに関して香港に与えた優遇措置を廃止する大統領令にも署名した。

これに対して、中国外交部も声明を発表し、米国に対する「断固とした反対」と「強い非難」を表明した。「香港地区は中国の特別行政区だ。香港地区の事は完全に中国の内政であり、いかなる外国にも干渉する権利はない。国家の主権と安全を守り、香港地区の繁栄と安定を維持し、香港地区の事への外部勢力の干渉に反対する中国側の決意と意志は不動のものだ。香港地区国家安全維持法の施行を妨害する米側の企てが思い通りになることは永遠にあり得ない。自己の正当な利益を守るため、中国側は必要な対応を取り、米側の関係者と団体に制裁を科す。……（中略）……米側が独断専行した場合、中国側は必ず断固たる対応をとる」（『人民日報海外版』2020年7月16日）。

さらに、中国にとって深刻であったのは、7月23日のマイケル・ポンペオ国務長官の演説であった。ポンペオ長官は、1972年のニクソン訪中以来の半世紀にわたって継続されてきた中国への関与政策の終焉を宣言した。彼は「関与」という古い枠組みの目的は「達成されなかった」と述べたうえで、「われわれはそれを継続してはならず、回帰すべきでもない」と強調した。対中関与にかわってポンペオ長官が打ち出したのは、「自由世界」が中国という「新たな専制国家に打ち勝つ」ことであり、経済・外交・軍事を組み合わせた中国への連携した対抗の必要性を訴えた〔Pompeo, 2010〕。

ポンペオ演説ついて、王毅・国務委員兼外交部長は次のように述べた。「いわゆる『米国の対中関与政策が失敗した』という論は、冷戦思考を改めて持ち出し、中米両国数十年にわたる交流の成果を全否定した。これは歴史のプロセスに対する無知だけでなく、中米両国の人民を尊重していない。このような『政治ウイルス』を撒き散らすやり方は当然、米国内ひいては国際社会から疑問視され、批判を浴びるだろう」。また、ポンペオ長官が中国共産党による統治や中国の国家体制のあり方を批判したことについて、王毅は「中国共産党と中国人民の血肉のつながりを動揺させ、切り離そうとすることは、14億の中国人民を敵に回す行為である」と厳しく批判した(『新華毎日電訊』2020年8月6日)。

同時に、王毅は「中国は責任ある大国であり、正々堂々と米国側と率直且つ有効な意思疎通を行い、冷静さと理性をもって米国側の衝動と焦りに対応する用意がある。われわれはいつでも米国側と各レベル、各分野の対話メカニズムを再始動する用意があり(傍点筆者)、いかなる問題もテーブルに載せて対話することができる」と述べ、米中関係の局面打開の意向も示した。しかし、王毅の発言が示唆するように、米中関係の競争や対立の側面が強調されるプロセスにおいて、両国間の対話メカニズムはほとんど機能しなかった。トランプ政権が中国の統治体制や主権を批判する傾向が強まる中で、対米関係において競争や対抗・対立のエスカレーションを如何に管理し、回避していくのか、という課題に中国は直面しのであった。

▶4 反中陣営の形成阻止——対欧州関係の展開

米中対立という局面の打開がそう簡単ではないという認識に基づいて、中国は米国以外の国や地域との関係の強化に動いた。中国の国内メディアでも外交空間の拡大によって、米国による反中陣営の形成を防ぐことの重要性が強調されていた(『国際商報』2020年6月11日;『環球時報』2020年6月19日)。その中心的な対象が欧州である。以下において、習近平政権期の対欧州政策を振り返りつつ、米中対立が強まる環境下での中国と欧州の関係の位相を評価したい。

習近平政権は、国際秩序や国際システムの改革という文脈を強調して、積極的な欧州への外交を展開してきた。2014年4月、中国政府は2003年以来となる2度目の欧州連合(EU)に対する政策文書を発表し、「四大パートナーシップ」を構築することを、中国の対EU政策の目標に設定した。つまり、①国際秩序や国際システムの改革の面で協力すること(平和パートナーシップ)、②中国とEUという二つの市場を結合させて利益共同体を構築すること（成長パートナーシップ)、③中国とEUそれぞれが取り組む改革プロセスを結合し、改革やガバナンスのレベルを共同で向上させると共に、グローバルなルール制定等に積極的に参画すること（改革パートナーシップ)、④東洋と西洋の文明を結合させて、異なる文明が共存するモデルを確立すること（文明パートナーシップ）であった。この野心的な目標から言えることは、中国・EU関係のグローバルな影響力を高めることを、中国は目指したということである。

なかでも、中国はドイツとの関係を重視した。2014年3月末、習近平国家主席はドイツを訪問し、両国間の「戦略的パートナーシップ」を「全方位の戦略的パートナーシップ」に格上げすることを、両国首脳は発表した。これまで中国はEUや欧州諸国との間で「全面的な戦略的パートナーシップ」を構築してきた。ドイツとの間では、「全面的」ではなく「全方位」という枕詞が「戦略的パートナーシップ」に付された。「全面的」が意味することは、パートナーシップがカバーする分野が広範囲にまたがるということである。その一方で「全方位」のパートナーシップは、協力分野の広範さに加えて「戦略面での連動」を形成することを重視する関係とされた〔劉、2018〕。中国がドイツとの関係をことさら重視するのは、EUにおけるドイツのリーダーシップと影響力への期待があるからである。中独関係の発展を通じて「欧州の繁栄が中国との協力と切り離すことができないとEUがますます認識するようになり、中国はグローバルな経済ガバナンスにおいて不可欠な役割を発揮することになる」（環球網、2017年7月6日)。

いま一つに中国が注力した関係は、中東欧諸国との関係発展である。胡錦濤政権期の2011～12年、中国と中東欧諸国との間の協力枠組みが成立した。12年4月には初めての中国・中東欧首脳会合がポーランドで開かれ、中国からは温家宝首相が参加した。この対話枠組みは後に「16+1」と呼ばれるようになったが､当時はそうした呼称はなく､中国は貿易･投資関係を促進するための「実務的な協力」あるいは「経済外交」の舞台として位置づけていた。位置づけが変わったのは、2015年11月に蘇州で開かれた第4回首脳会合であった。中東欧諸国の指導者と会見した習近平・国家主席は、この枠組みを16+1協力と呼び、伝統的な友好国間の関係発展の「新たなルート」、中国・EU関係の「新たな実践」、加えて南南協力の「新たなプラットフォーム」と位置づけた（『人民日報』2015年11月27日)。また、2015年3月に中国政府が「一帯一路」構想に関する「ビジョンと行動」を発表したこともあり、16+1協力と「一帯一路」建設を十分に接合することを、習近平は16+1協力の第一の課題として指摘した[2]。首脳会合で採択された16+1協力に関する中期計画は、「一帯一路」建設を重要な契機として協力空間を不断に開拓することを16+1協力の目標とした。

この時期、習近平政権は「一帯一路」建設をグローバルガバナンス変革の取り組みの一つと位置づけた。2015年10月、中国共産党中央政治局はグローバルガバナンスに関する集団学習を開き、習近平は「グローバルガバナンス体制をさらに公正で合理的な方向へ発展させ、我が国の発展と世界平和のためにさらに有利な条件を作り出す」と強調した。このプロセスの中心的な要素が、新興国や発展途上国の発展とそれに伴う国際的な影響力の増強であり、16+1協力もそのための取り組みの一つとみなされた[3]。

しかし、中国の野心的とも言える対欧州外交は、欧州側とくに西欧諸国で警

図表9-1　EUの域外国からの輸入額

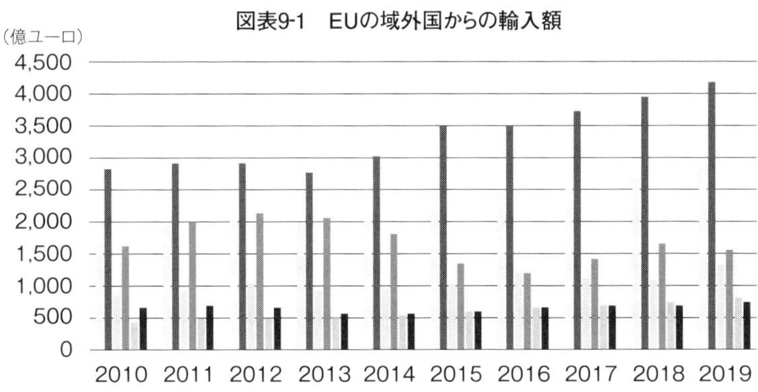

図表9-2　EUの域外国への輸出額

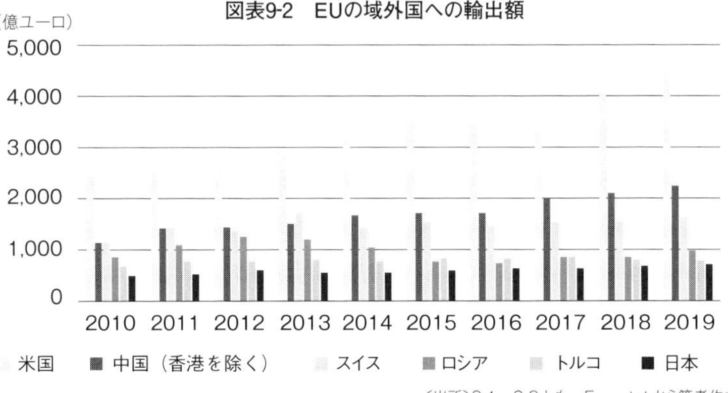

〔出所〕9-1、9-2とも、Eurostatから筆者作成。

戒感を呼んだ。それは一つに、欧州の戦略的産業への中国の進出がもたらす安全保障上の懸念であった。2016年には、ドイツの産業用ロボット企業・クーカが中国企業に買収され、中国への技術流出の懸念が欧州域内や米国で高まった（*Wall Street Journal*, June 22, 2016）。これを契機として、2017年にはドイツで買収審査制度が強化されたほか、EUも安全保障の観点から審査制度の導入に向けて動き始めた。2019年4月には、EUの「戦略的アセット」、すなわちロボティクスやAI、半導体という最先端技術、エネルギー、インフラ等の分野での域外からの投資や買収について、安全保障や公的秩序の観点からEUレベルで審査する新たな規則が発効した（規則の適用開始は2020年10月）。

また、16+1協力の進展や中東欧諸国の中国への経済依存が高まる状況をEUの一体性へのチャレンジとみる言説も欧州で広まった。スロバキア、ハンガリー、チェコ、ポーランドのヴィシェグラード4国（V4）では中国の経済的なプレゼンスが拡大し、中国という新たな経済パートナーを得て、V4諸国そしてドイツが「EU域内貿易から自立的になっている」と指摘されている〔Benkova et al., 2018〕。2019年3月の欧州議会のレポートも、十分な一体性がないなかで、EUにせよEU加盟国にせよ中国との間でそれぞれの目標を達成することはできないと指摘した。そのうえで、EU加盟国が16+1というサブ・リージョナルな協力枠組みや個別の対中関係において、EUの法・ルール・政策との一貫性を確保することを強く求めた〔European Commission, 2019〕。

2018年12月、中国政府はEUに対する3度目の政策文書を発表した。2018年の政策文書は、EU側で高まる対中警戒感を意識して「欧州の一体化プロセスを一貫して支持する」中国の姿勢を強調した。つまり、中国の欧州に対する政策はバランスのとれたものであり、「EU、メンバー国、その他の国家との関係を相互に促進し発展させている」と同文書は指摘した。16+1についても「共通の利益と実際の需要に基づいて行われる互恵でウィンウィン、開放され透明性のある地域協力」としたうえで、EUが16+1に建設的に参加することに歓迎を表明した。

この政策文書が意識したいま一つの状況は、米国のトランプ政権の戦略動向であった。政策文書は冒頭で「国際情勢における不安定・不確実な要素が増しており、一極主義・保護主義・脱グローバル化という思想が台頭している」と言及したのであった。さらに、新型コロナウイルスのパンデミックを契機として、2020年3月以降、米中対立が激化するなかで、中国指導部は欧州とのさらなる関係強化に動いた。同年6月、中国の習近平・国家主席と李克強首相はEUとの間で、テレビ会議形式の首脳会合を実施した。首脳会合では、香港問題、新型コロナウイルスへの対応や投資協定等の経済問題について議論が交わされたが、欧州側の反応は厳しいものであったという（Reuters, June 23, 2020）。

それにもかかわらず、習近平主席はコロナ危機という環境下で「世界に深刻な変化が発生しており、多くの不安定・不確定要素に直面している」として、「『ポスト・コロナ時代』の中国・EU関係を一層着実に成熟させ、一段と高い水準へと踏み出す後押しをしたい」と述べた（『人民日報』2020年6月23日）。首脳会合に関する共同声明の発表や共同記者会見は見送られたが、EU側が強く求めてきた投資協定の早期妥結に中国側は応じる意向を示した。首脳会合後、外交部欧州局の王魯彤局長は投資協定の年内妥結で合意したと発言するとともに、中国側でEUとの投資協定にかかる内部の審査プロセスが終わっていることを明らかにした（新華社、2020年6月23日）。

2020年8月25日～9月1日、王毅・国務委員兼外交部長はイタリア、オランダ、ノルウェイ、フランス、ドイツを、9月1日～4日には党中央政治局委員の楊潔篪・中央外事工作委員会弁公室主任はミャンマー、スペイン、ギリシャを訪問した。楊潔篪や王毅は、欧州各国と経済、ビジネス、技術という分野で協力を強化する中国の意向を強調して、各国の5Gプロジェクトからファーウェイ製品を排除しないよう間接的に求めた（*Economist Intelligence Unit*, September 4, 2020）。また王毅は、イタリアにおいてコロナ後の経済再建を促すべく、「一帯一路」協力をさらに進めると述べた（新華社、2020年8月25日）。欧州諸国も、コロナ後の経済再建という文脈では、対中経済関係の強化に前向きな姿勢を示した。例えば、スペインのペドロ・サンチェス・ペレス・カステホン首相は、中国との間の経済関係の「大いなる強みと重要性」を強調した（*CE NoticiasFinancieras*, September 3, 2020）。新型コロナウイルスの感染拡大の欧州経済への甚大な打撃は、結果として経済再建という文脈での中国との協力拡大への期待を改めて生み出したように見える。しかし、コロナ禍によって、欧州諸国における対中イメージは悪化したことも明らかになっている[4]。

その一方で、米中対立の深まりは米国と欧州との間の共通語彙を広げることにつながった。2020年7月、英国政府は「米国の対中制裁に呼応して」、2027年末までに英国の5G通信網からファーウェイ製品を完全に排除すること決定した。同月、フランスも2028年までにファーウェイ製品を排除する意向であることが報じられた（*Les Echos*, 23 juillet, 2020）。その一方で、ドイツの通信大手・ドイツテルコムは5G分野での中国との業務関係を深めており、ドイツ政府はファーウェイ排除の方針を示さなかった。しかし、5Gのバリューチェーンに影響を与え得る域外からの投資について、強化された審査メカニズムを適用すべきとする欧州委員会のレポートが同月末に公表されるなど、EUレベルでの政策協調を求める声が高まっている〔NIS Cooperation Group, 2020〕。

中国の経済モデルについても、欧州側で批判的な見解が示されている。もちろん、これまでもEUは中国との交渉において、より公正な競争環境の構築を中国側に求めてきた。2020年1月、欧州産業経営連盟は『EUと中国――系統的なチャレンジ』と題するレポートを公表し、EUのあるべき対中経済戦略を提案した〔BusinessEurope, 2020〕。このレポートは、昨今の中国が市場志向の改革に取り組んでいないという認識を基に、中国の国家主導経済がもたらす「系統的なチャレンジ」に対するEUの対応のあり方を包括的に提示した。つまり、EUの対中関与政策のあり方の見直しを求めたのである。なお、米中両国が「ディカップリングや相互依存を低下させる面での取り組みをとっていることは欧州のビジネスに影響を与えるであろう」として、EUとしての政策形成の喫緊性もこのレポートは強調した。

このように、中国との経済関係がもたらすメリットへの認識が欧州の一部で継続される一方で、西欧諸国を中心に中国への脅威認識も米中対立そしてコロナ禍という国際環境の下で明らかに強化されている。中国はEUとの間で投資協定の早期妥結を追求するなどして、欧州を中国につなぎとめようとしている。しかし、5Gをめぐる欧州諸国の動向は、中国と欧州がこの分野で競争関係を強める可能性があることを示唆している。また、EUにおける中国の直接投資は2016年をピークに下降傾向にあり、ポスト・コロナ期にそれを持続的に回復させることもそう簡単ではないだろう。

図表9-3 EUにおける中国の直接投資

〔出所〕Rhodium Group から筆者作成。

►5　限界に直面する中国外交？

中国外交はいまだかつてない困難に直面している。米中対立はますます構造化される傾向にある。中国の一部の専門家は米国の競争的・対抗的な対中政策を「トランプ現象」ととらえ、トランプ後に米中対立が緩和される可能性を論じてみせていた。しかし、トランプ政権の対中政策は米国社会に鬱積していた中国への不満を噴出させたに過ぎず、米国では党派を超えて対中イメージは悪化傾向にある。事実、2021年1月に発足したジョゼフ・バイデン政権は対中政策について「おおむね前任者の政策を引き継いだ」〔Pottinger, 2021〕。加えて、米国は安全保障の観点から技術を中心とする中国との経済関係をとらえるようになっている。安全保障の論理が経済の論理を上回っているのであり、そうである限り米国の対中政策はその競争的・対抗的な性格を強く帯びるものとなる。

図表9-4　米国の対中国イメージ（1979～2020年）

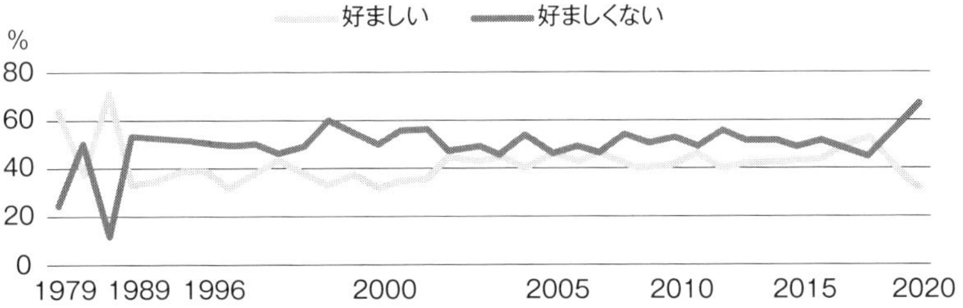

好ましい　好ましくない
%
80
60
40
20
0
1979 1989 1996 2000 2005 2010 2015 2020

図表9-5　米国の対中国イメージ（党派別）
※「とても好ましい／おおむね好ましい」の割合

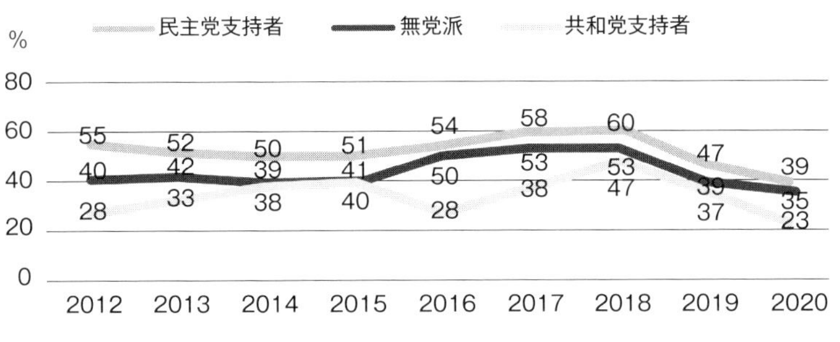

〔出所〕9-4、9-5とも、Gallupから筆者作成。

これに加えて、中国にとって問題であったのは、トランプ政権の対中批判が中国の共産党統治、主権や領土をめぐる問題（台湾、新疆ウイグル自治区、香港）に触れる形で展開されたことである。2020年9月7日付の『人民日報』紙は「中米関係の発展方向をしっかりと把握しなければならない」と題する楽玉成・外交部副部長の論考を掲載した。楽副部長は「米国の一部の政治家」が「悪意をもって中国共産党と中国の政治制度を攻撃し、中国の核心的利益に挑戦し、中国の内政に干渉し」、「中米協力という大局を必死に破壊している」と厳しく批判した。その一方で、中国は「協調・協力・安定を基調とする中米関係の構築を願っている」とした。しかし、同時に「中国は、米国の横暴なふるまいと強権政治に断固として反対し、主権と領土保全をしっかりと守り、自身の正当な発展の利益を擁護し、中国人民による絶え間ない闘争によって獲得した国際的な地位と民族の尊厳を擁護する」とも楽副部長は強調し、トランプ政権の対中批判への譲歩が困難であることを示した（『人民日報』2020年9月7日）[5]。つまり、米中対立を緩和させる具体的な措置を中国が講じることも困難であったということである。

現実の中国外交も、米中対立を前提として展開されている。本章で検討した中国の対欧州政策は外交的な地平の拡大というよりも、欧州と米国との間で反中陣営が形成されることを阻止すべく展開されているように見える。5GやAIという最先端技術や中国の国家主導経済モデルがもたらす不公平なビジネス環境に関しては、米中対立が深まるプロセスのなかで西欧諸国やEUも新たな対応をとり始めた。新たな対応は必ずしも米国の政策と軌を一にするものとは言えないが、中国と欧州との関係においても、対立の種は萌芽していることは確かである。それ故、中国の外交当局は、欧州各国のコロナ後の経済再建のために「一帯一路」協力を進める意向を強調したのであった。しかし、コロナ禍による需要萎縮や受入国の債務比率の上昇のため「一帯一路」が縮小される可能性も中国側で議論されており〔胡、2020〕、欧州との関係においても中国がとり得る有効な手段には限界があるといえよう。

（ますだ・まさゆき）

［注］

1 国際社会が懸念したのは、国家安全維持法の第38条が「香港特別行政区に永住者の身分を有さない者が、香港特別行政区以外で香港特別行政区に対して行う本法が規定する犯罪に、本法は適用される」と規定しており、香港に居住しない外国人の香港外での行為に対しても罪が問われる可能性があることであった。

2 2013 年に中国が提示した 2 つのシルクロード構想に、中東欧諸国は早い段階から関心を示し、2014 年 5 月の第 3 回参加国調整会議で、2 つのシルクロード建設を通じて協力関係を発展させることに希望を表明した（新華社、2014 年 5 月 13 日）。

3 2019 年 4 月にクロアチアのドゥブロヴニクで行われた第 8 回中国・中東欧首脳会合において、ギリシャが正式メンバーとして中国・中東欧協力（16+1 協力）に参加することが認められた。なお、ギリシャの参加により 17+1 協力とも呼ばれている。

4 2020 年 6 月に欧州外交問題評議会が公表したレポートによれば、ドイツ、フランス、スペインなど欧州 9 カ国でコロナ禍を通じて中国の印象が「悪化した」と回答した人の比率が平均 48% にのぼり、「改善した」とする 12% を大きく上回った（Krastev et al. 2020）。

5 2020 年 8 月に中国の環球網が実施したインターネット上での米中関係に関する世論調査では、97% の回答者が「米国の挑発に対して断固として反撃する」ことを支持したという（『環球時報』2020 年 8 月 11 日；『環球時報』2020 年 8 月 12 日）。

［参考文献］

増田雅之「アジア太平洋には米中を受け入れる空間があるのか ― 協力と対立が併存するダイナミズム」加茂具樹編『「大国」としての中国 ― どのように台頭し、どこにゆくのか』（一藝社、2017 年）

増田雅之「中国のユーラシア外交 ― 地域主義、対米バランシング、そしてプラグマティズム」『中国安全保障レポート 2020 ― ユーラシアに向かう中国』（防衛省防衛研究所、2019 年）

増田雅之「対立への岐路に立つ中国の対米政策」川島真・森聡編『UP plus アフターコロナ時代の米中関係と世界秩序』（東京大学出版会、2020 年）

Benkova, Livia et al. "Will the EU Lose the East?," *AIES Studies*, No. 6, 2018.

BusinessEurope, "The EU and China: Addressing the Systemic Challenge," January, 2020.

European Commission, "EU-China: A Strategic Outlook," May, 2019.

Krastev, Ivan and Leonard, Mark, "Europe' s Pandemic Politics: How the Virus Has Changed the Public' s Worldview," European Council on Foreign Relations, June, 2020.

Pompeo, Michael R., "Communist China and the Free World' s Future," US Fed News, July 23, 2020.

Pottinger, Matt, "Beijing' s American Hustle: How Chinese Grand Strategy Exploits U.S. Power," *Foreign Affairs*, Issue 100, No.5 (2021).

NIS Cooperation Group, "Member States' Report on Progress on Implementing the EU Toolbox and Strengthening Safety Measures, July, 2020.

White House, "National Security Strategy of the United States of America," December, 2017.

White House "Remarks by Vice President Pence on the Administration' s Policy toward China," October 4, 2018.

White House Office of Trade and Manufacturing Policy, "How China' s Economic Aggression Threatens the Technologies and Intellectual Property of the United States and the World," June, 2018.
胡必亮「新冠肺炎疫情之下如何推進高質量共建『一帯一路』」『大陸橋視野』第 5 期，2020 年
劉笑陽「中徳夥伴関係的評価与展望」『中国戦略報告』第 2 期，2018 年
任剣濤「中国復興与世界格局変化」『武漢科技大学学報（社会科学版）』第 3 期、2020 年
任剣濤ほか「百年未有之大変局社会科学匯思（笔談）」『華中師範大学学報（人文社会科学版）』第 4 期，2020 年
時殷弘「新冠流疫衝撃，中国任重道遠」（第十七届「中国国際問題論壇 2020」上主旨発言），2020 年

第10章

南シナ海へ進出する中国の狙いとその影響

飯田 将史

▶ 1　米中対立の焦点となる南シナ海

南シナ海における軍事的プレゼンスを強化し、島嶼の支配拡大を推し進める中国に対して、米国は警戒感を高め、対抗姿勢を強めている。

2018年1月にトランプ政権の下で要約が公表された『国家防衛戦略』は、「中国は、南シナ海の地形を軍事化しつつ、略奪的な経済によって周辺諸国を脅かす戦略的な競争相手である」と指摘した[1]。2020年5月にホワイトハウスが公表した対中政策文書は、「米国は、北京による覇権主義的な主張と過剰な要求を押し返す。米軍は、南シナ海を含む国際法が許すあらゆる場所で航行し作戦を行う権利を行使し続ける」と宣言した[2]。また2021年12月、バイデン政権のブリンケン国務長官も、南シナ海における中国の国際法に反する海洋での権益主張を「押し返していく」と言明している。いまや南シナ海は、米中の戦略的対立における重要な焦点になっているといえるだろう。

それではなぜ、南シナ海における中国の行動が、これほどまでに米国の警戒を招くのだろうか。米国は、南シナ海で主権にかかわる権利を主張してはおらず、中国による島嶼支配の拡大は、米国の主権を直接侵害するものではない。米国の懸念は、南シナ海における中国の行動を容認すれば、既存の秩序が揺らぎかねない点にある。2020年8月に、マーク・エスパー国防長官は「自らの利益を促進するために、ルールに基づいた秩序を棄損し転覆させようと試みている」と中国を批判した[3]。

本章では、中国による南シナ海進出の実態とその狙いを分析することを通じて、中国が求める新たな秩序が既存の秩序との摩擦を強めている現状について検討する。

►2 力を用いた島嶼支配の拡大

2-1 軍事力による島嶼支配の拡大

南シナ海ではスプラトリー諸島（南沙群島）、パラセル諸島（西沙群島）、プラタス諸島（東沙群島）、マックレスフィールド堆（中沙群島）の領有権と関連する海洋権益をめぐって、中国、台湾、ベトナム、フィリピン、マレーシア、ブルネイの6者による主張が対立しており、緊張や紛争が度々生起してきた。とりわけ中国は、実際に軍事力を行使することによって島嶼を他国から奪取するなど、南シナ海における緊張を引き起こす主たる要因となってきた〔Raine and Le Miere, 2013〕。

中国による南シナ海での支配の拡大は、1970年代から始まっていた。当時、南シナ海の北方に位置するパラセル諸島は、東部を中国が、西部を南ベトナムが支配していた。1973年1月に、ベトナム戦争についてパリ和平協定が締結され、同年3月に南ベトナム政府を支援してきた米軍が撤退した。米軍のプレゼンスの大幅な後退と、南ベトナム政府の孤立と弱体化が進展した1974年1月に、中国軍は南ベトナム軍の守備隊を攻撃し、パラセル諸島全域を支配下に置いた。

中国によるスプラトリー諸島への支配拡大は、1980年代後半に始まった。1988年2月、中国海軍はベトナムが支配していたスプラトリー諸島のファイアリー・クロス礁（永暑礁）に海洋観測所を建設した。これに対抗するため、ベトナム海軍はジョンソン南礁（赤瓜礁）など5つの島嶼に部隊を派遣し、中国軍と対峙した。3月14日に双方の間で戦闘が勃発したが、装備面で優位にあった中国軍が2隻のベトナム艦船を撃沈するなどベトナム軍に対して圧勝し、6つの島嶼全てを支配下に置いた。この戦闘で、ベトナム側に100人を超す死傷者が出たとも言われている。

1990年代に入ると、中国は武力による威嚇を背景に、フィリピンから島嶼の支配を奪った。米国の同盟国であるフィリピンは、東南アジアにおける米軍の重要な拠点であったが、冷戦終結による緊張緩和や国民の根強い反米感情な

図表10-1　中国による南沙諸島の占拠状況

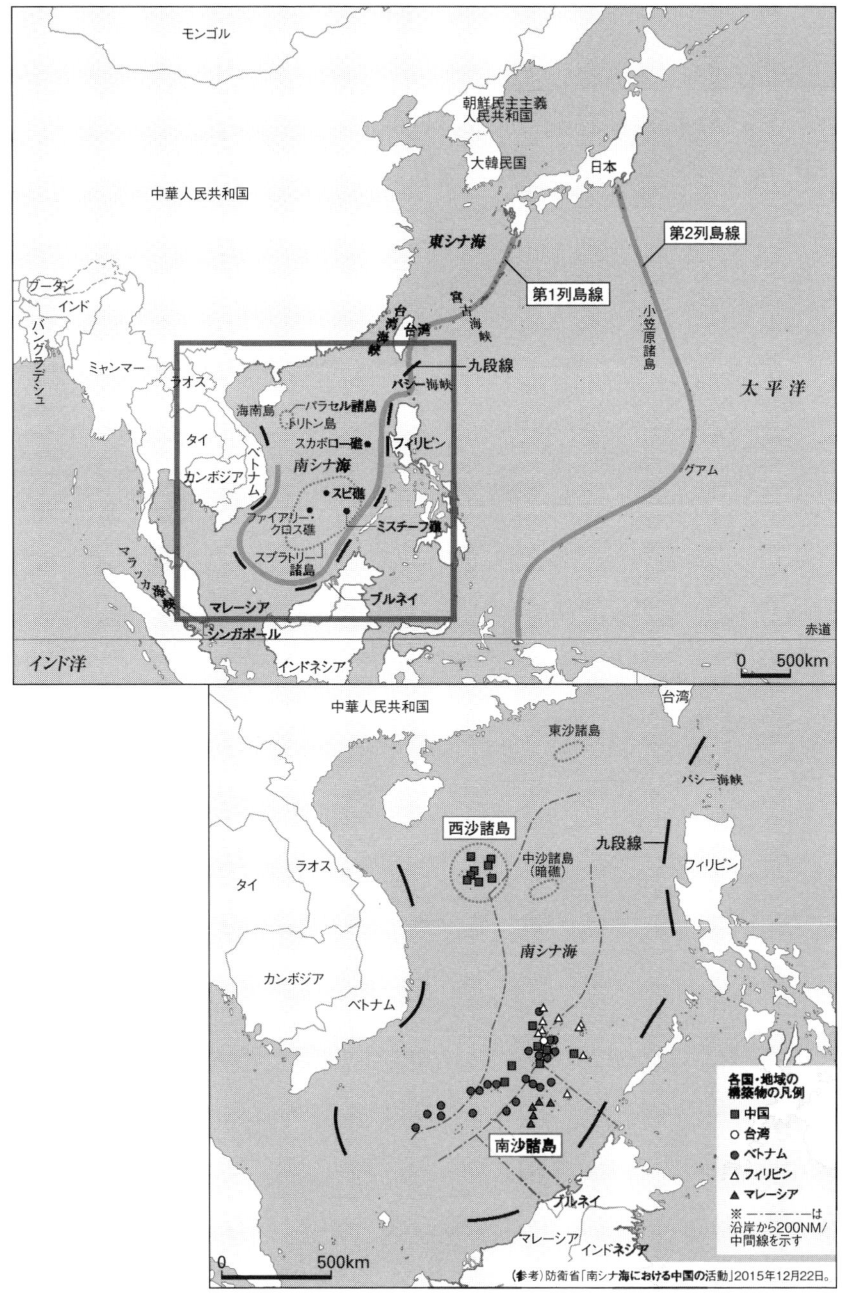

〔出所〕『「大国」としての中国』(一藝社、2017)より(防衛省資料をもとに作成)

どを背景に、フィリピン上院が基地協定の延長を拒否した。これを受けて、米軍はクラーク空軍基地やスービック海軍基地を閉鎖し、1992年にフィリピンから完全に撤退した。すると中国は1995年2月に、フィリピンが領有権を主張していたミスチーフ礁（美済礁）に構造物を建設した。フィリピン側はこれに強く抗議したが、中国による海軍艦艇の派遣といった軍事的圧力に屈して、中国によるミスチーフ礁の支配を防ぐことができなかった。

2-2 公船を前面に出した支配の拡大

中国による軍事力を背景にした南シナ海での強引な支配の拡大によって、地域諸国の中国に対する警戒感が高まったことや、1998年のアジア金融危機を受けて中国が地域協力を重視するようになったことなどを背景に、中国は南シナ海問題について一時的に協調的な姿勢を見せるようになった。2002年11月には、中国と東南アジア諸国連合（ASEAN）の外相によって、問題の平和的解決や「航行の自由」の尊重、無人の島嶼への支配拡大の自制などを内容とする「南シナ海における行動宣言（DOC）」が署名された[4]。

しかし2008年ごろから中国は、力を背景にした南シナ海における支配の拡大を再開した。その際に、関係諸国に対して圧力を加える先兵となったのが、海上法執行機関に所属する公船である。公船とは、軍が運用する軍艦を除く政府に所属する船舶を意味する。中国の海上法執行機関の一つであった「海監（国家海洋局海監総隊）」は、2008年から南シナ海で定期的なパトロールを開始し、海洋権益をめぐって争いのある東南アジア諸国の漁船や調査船などへの妨害行為を繰り返した。2011年5月には、「海監」の公船がベトナムの調査船の探査用ケーブルを切断する行動に出た。同じく中国の海上法執行機関であった「漁政（農業部漁業局）」も南シナ海での活動を強化し、2010年4月には「漁政」の公船が、マレーシアが実効支配するスワロー礁（弾丸礁）へ接近し、マレーシア軍の艦艇や航空機による追尾を受けた。

2012年になると、中国は公船を用いた島嶼の支配拡大へと踏み出した。同年4月、フィリピンが実効支配していたルソン島の西方沖およそ200キロに位置するスカボロー礁（黄岩島）において、違法操業していた中国漁船をフィリピン海軍のフリゲートが拿捕しようと試みた。そこに「海監」と「漁政」の公船が現れて、フィリピンによる法執行を妨害したのである。その後、中国公船とフィリピン沿岸警備隊の公船が2カ月にわたって洋上で対峙する事態となった。双方が公船を撤退させるという合意に基づいて、フィリピン側は公船を現場から引き揚げたが、中国の公船はその後も居座り続け、スカボロー礁を事実上占拠してしまったのである。この事件は、中国が軍事力ではなく、非軍事の海上法執行力を用いることで、軍事衝突へのエスカレーションを避けながら、島嶼の支配の拡大を実現した事例として注目すべきものであろう。

中国はこの海上法執行力の強化を推進している。2013年6月に中国政府は、「海監」、「漁政」に「海警（公安部辺防海警部隊）」、「海関（海関総署緝私局）」を加えた4つの海上法執行機関を統合した「中国海警局」を設立した[5]。複数の機関に分散されていた装備や人材を集約することで効率的な運用や整備を可能とするとともに、一元化された指揮・命令系統の下に海上法執行力を置くことで、より迅速かつ複雑な作戦を実行できる体制を構築することが目的だと思われる。実際、中国が保有する1,000トン以上の大型公船の隻数は、2012年時点で40隻であったが、2017年には136隻へと3倍以上に増加し、その大型化と武装化が進展している[6]。2014年5月に、中国の石油掘削プラットフォーム「海洋石油981」がパラセル諸島南方のベトナムの排他的経済水域（EEZ）で試掘を行い、これに対してベトナム側が公船と漁船による抵抗を試みた際には、中国海警局が各地から大量の公船を動員して運用し、ベトナム側の船舶を効果的に撃退した〔マーティンソン、2020、pp. 117-118〕。

さらに中国は、この「中国海警局」の軍事化を進めた。2018年7月に、「中国海警局」を行政機構である国務院の管理から切り離し、中央軍事委員会が指導する軍事力の一部である武装警察部隊に編入する組織改編を実行したのである。対外的には「中国海警局」の呼称を引き続き使用するとされたが、正式な組織としては「武装警察部隊海警総隊」となり、隊員の身分も公務員から軍人へと転換された。この組織改編によって、中央軍事委員会による統一的な指導の下で、人民解放軍と「中国海警局」の連携が強化されることになるだろう。すでに、「中国海警局」の主要なポストに人民解放軍の将校が次々と就任している。

その後、2020年6月には人民武装警察法が改正され、海上における権益の保護と法執行が武装警察部隊の任務として正式に規定された。また、武装警察部隊が人民解放軍とともに行動する場合は、中央軍事委員会もしくは戦区の指揮を受けることも明示された。そして2021年2月には、「中国海警局」の権限などを定めた「中国海警法」が施行され、「中国海警局」に対して武器の使用権限や、外国の個人や組織が中国の島に設置した構築物を撤去する任務などを付与した。今後、中国が南シナ海や東シナ海において、「中国海警局」と中国海軍を巧みに連動させて運用することにより、「グレーゾーン(平時でも戦時でもない曖昧な状況)」を活用して海洋権益の拡大を図ってくることが想定される。

►3 南シナ海に進出する狙い

3-1 領土・主権と海洋権益の確保

関係諸国との摩擦を顧みず、南シナ海への強引な進出を継続する中国の狙いの一つは、この海域における領土・主権問題で有利な立場を確立するとともに、海洋資源を中心とした海洋権益を確保することにあるだろう。2013年7月に開催された、「海洋強国の建設」をテーマとした中国共産党中央政治局の第8回集団学習において、習近平総書記は「決して正当な権益を放棄することはできず、国家の核心的利益を犠牲にすることはなおさらできない」と指摘したうえで、「国家の主権、安全保障、発展の利益維持の統一を堅持し」、「各種の複雑な局面に対する準備をしっかり行い、海洋における権益擁護能力を高め、わが国の海洋権益を断固として守らなければならない」と指示している[7]。

中国は南シナ海の大部分を覆う形で9つの破線からなる「九段線」を設定し、その内部における全ての島嶼の主権や海洋の管轄権を主張している[8]。しかしながら中国から見れば、パラセル諸島はすでに自らの支配下に置いたものの、現状ではスプラトリー諸島の多くは他国の支配下に置かれており、中国の領土・主権という「核心的利益」が損なわれていることになる。これまで力に依拠して南シナ海における島嶼の支配を拡大してきた中国にとっては、さらなるプレゼンスの強化が「失われた領土」の回復に必要不可欠な手段であると認識されていよう。

また、南シナ海における漁業資源や、石油や天然ガスといった海底資源の確保も重視されている。南シナ海は各国の漁民にとって重要な漁場となっているが、EEZの境界が未確定なこともあり、各国の海上法執行機関による取締りなどをめぐって争いが絶えない。「九段線」の内側全域にわたって管轄権を主張する中国にとっては、南シナ海で操業する中国の漁船に対する他国の取締りを防止し、かつ他国の漁船に対する取締りを強化することが必要だと認識されている。

さらに、南シナ海に豊富に存在していると見られる石油や天然ガスの開発を進めることも、中国にとって確保されるべき重要な海洋権益であると捉えられている。中国は広東省の沖合いや、海南島およびパラセル諸島周辺の海域で石油・ガス田の開発を進めているが、スプラトリー諸島周辺海域における開発には着手できていない。他方で、この海域ではフィリピンやマレーシア、ブルネイがすでに石油・ガス田の開発を進めており、商業生産に至っているものもある。中国の立場からすれば、自国の天然資源が他国に簒奪されていることになるため、スプラトリー諸島周辺における石油・ガス田の開発に着手し、「正当な権益」を確保することが焦眉の急となっているのである。中国が一方的に開発を進めるにせよ、係争諸国との「共同開発」を進めるにせよ、軍事力を中心とした実力を有してこそ、中国にとって有利な開発を実現できると認識されているのである〔胡波、2016、pp. 83-84〕。

グローバル化の波に乗って、経済成長を実現してきた中国にとって、海上交通路（シーレーン）の安全を確保することも、安全保障上の重要な課題となっている。中国は経済発展に伴って大量のエネルギーを消費するようになり、かつては自給できていた石油や天然ガス、石炭などのエネルギー資源を大量に輸入するようになった。また、中国は膨大な製品や原材料などを輸出入するようになり、現在では世界最大の貿易大国となっている。こうした中国の貿易の大半は、海運によって行われている。なかでも、中国が輸入する石油の約80%がマラッカ海峡を通過するなど、中国の貿易は南シナ海からマラッカ海峡を経てインド洋へ至るシーレーンに大きく依存している。

しかし中国から見て、南シナ海のシーレーンは必ずしも安全ではない。中国による軍事的プレゼンスの拡大に警戒感を強めた東南アジア諸国は、海軍力や空軍力の増強を図っている。また、南シナ海では米軍が圧倒的な優位を保持しており、台湾問題などをめぐって中国が米国と決定的に対立すれば、米軍が中国船舶によるマラッカ海峡の通峡を阻止する可能性も中国では懸念されている。有事の際に、南シナ海における中国のシーレーンへの脅威を低減し、その安全性を高めることが、中国による活発な南シナ海への進出を促す一因なのである。

3-2　中国優位の海洋秩序の構築

中国は、南シナ海において強力な軍事的プレゼンスを確立することによって、中国周辺の海域において米国が主導してきたこれまでの海洋秩序に代わり、中国が主導権を握る新たな秩序の構築も目指している。これまで東アジアの海域では、「航行の自由」を尊重し、「力による現状変更」を容認しない国際法に基づいて、自由で開かれた海洋へのアクセスや海洋の安定が保たれており、こうしたルールに基づく海洋秩序は米軍の圧倒的な軍事的プレゼンスによって担保されてきた。これに対して中国は、自らに対して敵対的であったり非友好的な勢力による海洋へのアクセスを妨害したり、自らの国力の増大に応じた海洋資源や領土の再分配を可能とする秩序の構築を図っているのである。

習近平政権はアジアの安全保障に関する新たな秩序構想を示した。2014年5月に上海で開催されたアジア信頼醸成措置会議（CICA）の首脳会議で演説した習近平主席は、「第三国に向けた軍事同盟の強化は地域の共同安全を維持するうえで不利である」と主張し、米国による同盟のネットワークによって維持されている既存の安全保障秩序を暗に批判した。その上で、「共同、総合、協力、持続可能なアジア安全保障観」に基づいた、「地域の安全保障協力に関する新たな枠組みの構築」を提案したのである。海洋における安全保障秩序についても、中国は新たな構想を提起した。2019年4月に、中国海軍創設70周年を記念して青島で開催された国際観艦式において、習近平主席は中国が「共同、総合、協力、持続可能な新安全保障観」を唱道し、「21世紀の海上シルクロード」の構築を推進していることを強調したうえで、「海洋運命共同体」の構築を提案したのである[9]。この「海洋運命共同体」について中国国防部の報道官は、「海洋秩序を共に構築するための中国のプランである」と指摘している[10]。

中国を取り巻く既存の海洋秩序が米軍による強力なプレゼンスによって維持されているという現実があるため、自らが主導する海洋秩序の構築を目指す中国にとっては、米軍のプレゼンスを弱体化させ、中国軍のプレゼンスを強化することが不可欠である[11]。仮に中国軍が米軍を大きく上回るプレゼンスを南シナ海で確立できれば、領土・主権と海洋権益を確保するうえでも中国にとって好ましい状況が生まれることになる。米国の軍事力という後ろ盾を失ったフィリピンやベトナムは、南シナ海における島嶼のコントロールや海洋権益をめぐる争いで中国に抵抗し続けることは困難になるだろう。同時に、中国にとっての南シナ海におけるシーレーンの安全性も、格段に向上することになる。

さらに、南シナ海における軍事的優位を確立することは、中国が進めている米軍に対する接近阻止・領域拒否（A2/AD）戦略を実現する上で重要なステップとなる。中国は、台湾問題などをめぐって東アジアで武力紛争が生じた際に、米軍が同盟国や友好国を支援するために中国周辺地域に接近することを阻止したり、中国周辺地域における米軍の自由な行動を拒否する能力の保持を目指している。具体的には、グアムやハワイ、米国本土から接近してくる米軍部隊を、いわゆる第1列島線と第2列島線の間に位置する西太平洋において撃破することが目標とされている[12]。

その実現のためには、第1列島線を越えて水上艦艇や潜水艦、航空機といった各種の戦力を西太平洋へ展開しなければならない。第1列島線を通過する主要なルートとしては、東シナ海から日本の南西諸島の間を抜けるものと、南シナ海から台湾とフィリピンの間のバシー海峡を抜けるものが想定される。中国軍が南シナ海で米軍に対して優位に立つことができれば、中国南部に所在する兵力を比較的安全にバシー海峡を通じて西太平洋へ展開することも可能となろう。またそうなれば、南シナ海における領域拒否戦略は自ずと達成されることにもなる。東シナ海周辺における強力な日米のプレゼンスに比べれば、南シナ海における米軍のプレゼンスは劣っており、軍事的な優位を確立できる可能性が相対的に高い海域として、中国は南シナ海への進出を強化していると考えられよう。

►4　不安定化する東アジアの安全保障

4-1　急拡大する中国軍のプレゼンス

南シナ海における対米優位の確立を目指して、中国軍は米軍の行動に対する妨害行為を加速させている。2009年3月に、海南島の南方沖で情報収集活動を行っていた米海軍の音響測定艦「インペッカブル」に対して、中国海軍の情報収集艦を含む複数の船舶が航行の妨害を行った[13]。2013年12月には、南シナ海で中国の空母「遼寧」の訓練を監視していた米海軍の巡洋艦「カウペンス」に対して、中国海軍の輸送艦が異常に接近し、その安全な航行を妨害した。2014年8月には、海南島の東方沖の南シナ海上空を飛行していた米海軍のP-8対潜哨戒機に対して、中国軍のJ-11戦闘機が6メートルの距離まで異常に接近する危険かつ挑発的な飛行を行った。さらに2018年9月には、スプラトリー諸島周辺海域を航行していた米海軍の駆逐艦「ディケーター」に対して、中国海軍の駆逐艦「蘭州」が異常に接近し、その進路を妨害する危険な航行を行ったのである。

また中国は、南シナ海における軍事的プレゼンスの強化を支える拠点の構築も推進している。2014年から、中国はスプラトリー諸島の7つの地形において大規模な埋め立てを開始し、人工島を造成したうえで、その軍事基地化を進めている。とりわけファイアリー・クロス礁、ミスチーフ礁、スビ礁（渚碧礁）には大型機の離着陸が可能な滑走路や港湾施設、レーダー・通信施設、砲台などが建設され、その他の人工島でも情報収集施設などが設置されている[14]。中国軍は、南シナ海の中心部に艦艇や軍用機を運用する拠点を手にしたことで、周辺の海空域における作戦能力を飛躍的に向上させることが可能となった。南シナ海において中国軍は、米軍の行動を監視したり妨害したりする能力を着実に向上させているのである。

中国軍は、プレゼンスを強化した南シナ海から、西太平洋への進出も増加させつつある。2018年4月、中国海軍は海南島沖の南シナ海において、空母「遼寧」を含む水上艦艇48隻、航空機72機が参加した大規模な海上閲兵式を行った。その後「遼寧」と複数の僚艦からなる訓練編隊がバシー海峡を通過して西太平洋へ進出し、艦載機の離着艦訓練を含む実戦的な演習を行った。2019年6月には、「遼寧」を旗艦とする訓練編隊が東シナ海から西太平洋へ進出し、グアムに接近したのち、南シナ海へ至る遠海訓練を行った。同年12月には、中国海軍にとって2隻目の空母である「山東」が海南島の基地で就役式を行った。今後はこの「山東」も、南シナ海から西太平洋に頻繁に進出し、米軍の行動を牽制する活動を行うことになるだろう。2021年4月には、中国海軍にとって初の強襲揚陸艦となる「海南」が海南島で就役し、南海艦隊に配属された。

さらに中国軍は、南シナ海で行動する米軍の水上艦艇に深刻な脅威を与える対艦弾道ミサイル（ASBM）を配備した。ASBMは、高速で落下する弾頭の軌道を変化させて精密に誘導することで、洋上を航行している艦艇を陸上から遠距離攻撃する兵器である。2019年7月に、中国は本土の南部地域からスプラトリー諸島の北部海域に向けて6発のASBMを発射した。また中国は、2020年8月に、新型のASBMであるDF-26を含む4発のASBMをパラセル諸島の南部海域へ打ち込んだ。米軍はかねてより、このASBMを米軍の空母を攻撃できる「空母キラー」として警戒していた。中国がASBMを南シナ海へ発射したことは、有事において中国軍が南シナ海における米軍の自由な行動を妨げる領域拒否能力を大幅に強化した事実を物語るものであろう。

4-2　避けられない米中対立の高まり

南シナ海において領土・主権と海洋権益を確保し拡大することにとどまらず、中国は周辺海域において米国に代わり中国が主導する新たな海洋秩序の構築を目指しており、中国軍はその実現に向けて南シナ海を中心に米軍に対抗する軍事力の増強と軍事的プレゼンスの拡大を着実に進展させている。こうした中国の動きは、既存の自由で開かれた海洋秩序の維持に国益を見出す米国の強い警戒感を招いている。2017年11月にトランプ大統領が発表した「国家安全保障戦略」は、中国を「現状変更勢力」とし、米国に戦略的な競争を挑んでいると指摘した[15]。2018年10月に対中政策について演説したペンス副大統領は、中国が西太平洋から米国を排除することを試みていると批判し、米国の軍事力を強化することで中国に対する軍事的優位を拡大していく方針を示したのである。

実際、米海軍は南シナ海において、中国による過剰な権利主張を否定するための「航行の自由作戦」をより頻繁に実行するようになった。また米海軍は、日本をはじめとした同盟国や友好国との共同演習を南シナ海で活発化させている。米国は2019年2月、射程500～5,500キロの陸上発射型ミサイルの保有を禁じた中距離核戦力（INF）全廃条約の破棄をロシアに通告し、INF条約は同年8月に失効した。その後、米国は中距離弾道ミサイルと巡航ミサイルの開発を進展させており、これらをアジア太平洋地域に配備する意向を示している。また米軍は、マッハ5以上で飛行する極超音速兵器の開発にも力を入れており、2020年3月にはその発射実験を行っている。こうした兵器の開発と配備により、米軍は中国が東アジアで強化しているA2/AD能力を打破することを狙っているのである。

また、中国が変革を目指す秩序は、アジアの海洋秩序にとどまらない。中国は周辺地域の秩序のみならず、国際的な秩序の改変でも主導権の発揮を目指している〔飯田、2019、pp. 13-15〕。第二次世界大戦後に、米国をはじめとした西側先進諸国が主導して構築された自由や民主、人権の尊重といった普遍的な価値観を基盤とする自由な国際秩序も、中国による挑戦を受けている。2015年10月に開催された第27回政治局集団学習において演説した習近平は、新興国と発展途上国の国力が急速に高まった結果、国際的なパワーバランスに「革命的な変化」が生じたと指摘した。そして、このパワーバランスの変化が反映されていない既存のグローバルなガバナンス体系を「不公正かつ不合理」であると批判し、中国を含めた新興国と発展途上国の代表性と発言権を高める方向へ変革するべきだと主張したのである[16]。さらに中国は、新たな国際秩序において「内政不干渉の原則」が順守されるべきだと強調している。2020年9月に、国連創設75周年に当たって中国が公表したポジションペーパーは、「社会制度と発展の道を各国人民が自ら選択する権利を尊重すべきであり、他国の内政への干渉に反対する」としたうえで、「人権の政治化とダブルスタンダードに反対する」と主張した。また、同時期に抗日戦争勝利75周年を記念する座談会で演説した習近平は、「いわゆる“民主”、“自由”、“人権”を口実とした他国の内政への干渉に断固反対する」と強調した[17]。

すなわち中国は、自国を中心とした新興国や発展途上国の主張や権利がより多く反映され、自由や民主、人権といった普遍的な価値観を無視できる新たな国際秩序の確立を目指しているのである。2020年7月に、米国の対中政策に関して演説を行ったポンペオ国務長官が、世界は「自由と専制の間」で分裂しており、「自由世界はこの新たな専制に必ず勝利しなければならない」[18]と主張したのも、あながち誇張とは言えないだろう。

中国と米国は、将来の国際秩序をめぐって戦略的な競争を繰り広げており、今後も長期にわたって対立を続けていくことになるだろう。その中で、南シナ海は米中対立の主戦場になると思われる。南シナ海における米中の戦略的競争の帰趨は、日本を含む東アジアの安全保障環境のみならず、将来の国際秩序の行方に大きな影響を与えることになる。今後、東アジアの安全保障環境が不安定化することが想定され、日本を含めた地域諸国には、自国の安全と地域の安定を図るための新たな努力が求められることになるだろう。

（いいだ・まさふみ）

［注］

1 Department of Defense, *Summary of the 2018 National Defense Strategy*, January 19, 2018, p. 1. https://dod.defense.gov/Portals/1/Documents/pubs/2018-National-Defense-Strategy-Summary.pdf

2 White House, *United States Strategic Approach to The People' s Republic of China*, May 26, 2020, p. 13.

3　Mark T. Esper, "Defense Secretary Addresses Free and Open Indo-Pacific at APCSS," August 26, 2020. https://www.defense.gov/Newsroom/Transcripts/Transcript/Article/2328124/defense-secretary-addresses-free-and-open-indo-pacific-at-apcss-courtesy-transc/

4　"Declaration on the Conduct of Parties in the South China Sea," November 7, 2002. https://asean.org/?static_post=declaration-on-the-conduct-of-parties-in-the-south-china-sea-2

5　海上法執行機関の統合の経緯とその影響については、倉持一（2019）を参照。

6　「海上保安体制強化の取り組み状況」首相官邸ホームページ、2018年12月18日。https://www.kantei.go.jp/jp/singi/kaihotaisei/dai3/siryou.pdf

7　「習近平在中共中央政治局第八次集体学習時強調、進一歩関心海洋認識海洋経略海洋推動海洋強国建設不断取得新成就」『人民日報』2013年8月1日。

8　「九段線」の法律的な解釈については中国内でも議論が分かれている。呉士存（2017）pp. 69-79を参照。

9　「習近平集体会見出席海軍成立70周年多国海軍活動外方団団長」『人民日報』2019年4月24日。

10　「国防部挙行例行記者会」『人民日報』2019年4月26日。

11　地政学者のカプランは、中国が南シナ海を支配すれば、インド太平洋地域で実質的な覇権国になると指摘している。ロバート・D・カプラン（2016）p. 110。

12　Office of the Secretary of Defense, *Annual Report to Congress: Military and Security Developments Involving the People' s Republic of China 2019*, May 2, 2019, pp. 54-55.

13　事件の詳細については、ビル・ヘイトン（2015年）pp. 285-288が詳しい。

14　防衛省「南シナ海情勢（中国による地形埋立·関係国の動向）」防衛省ホームページ、2020年1月。

15　The White House, *National Security Strategy of the United States of America*, December 18, 2017, p. 25. https://www.whitehouse.gov/wp-content/uploads/2017/12/NSS-Final-12-18-2017-0905.pdf

16　「推動全球治理体制更加公正更加合理為我国発展和世界和平創造有利条件」『人民日報』2015年10月14日。

17　「在紀念中国人民抗日戦争暨世界反法西斯戦争勝利75周年座談会上的講和」『人民日報』2020年9月3日。

18　Michael Pompeo, "Communist China and the Free World' s Future," July 23, 2020. https://www.state.gov/communist-china-and-the-free-worlds-future/

［参考文献］

飯田将史「既存秩序と摩擦を起こす中国の対外戦略」防衛省防衛研究所編『中国安全保障レポート2019――アジアの秩序をめぐる戦略とその波紋』（防衛省防衛研究所、2019年）

倉持一「習近平政権による国家機構改革の海洋ガバナンスへの影響に関する研究」『危機管理研究』第27号、2019年、pp. 18-27.

胡波著、濵口城訳『中国はなぜ「海洋大国」を目指すのか――"新常態"時代の海洋戦略』（富士山出版社発行、日本僑報社発売、2016年）

呉士存著、朱建栄訳『中国と南沙諸島紛争――問題の起源、経緯と「仲裁裁定」後の展望』（花伝社、2017年）
ビル･ヘイトン著、安原和見訳『南シナ海――アジアの覇権をめぐる闘争史』（河出書房新社、2015年）
ライアン･D･マーティンソン「海上グレーゾーンにおける海警局作戦の軍事化」アンドリュー･S･エリクソン、ライアン・D・マーティンソン編、五味睦佳監訳『中国の海洋強国戦略――グレーゾーン作戦と展開』（原書房、2020年）所収
ロバート･D･カプラン著、奥山真司訳『南シナ海が“中国海”になる日――中国海洋覇権の野望』（講談社、2016年）
Raine, Sarah, and Christian Le Miere, *Regional Disorder: The South China Sea Disputes*, (International Institute for Strategic Studies, 2013)

第11章

「国家統一」に向けた力(パワー)の行使

福田　円

▶ 1　力の行使の最先端

台湾海峡において、中国が台湾を圧倒する力（パワー）を持つようになったと言われるようになって久しい。特に、習近平政権発足後の中国の対外政策は、力を蓄える段階から行使する段階へと移行し、国際社会における影響力を拡大する反面で、多くの摩擦も引き起こしている。台湾はそのような中国のパワーが行使される最前線であり、近年は中国と米国の競争関係が先鋭化するなかで、米中の力がぶつかり合う争点ともなりつつある。 なぜなら、中国共産党にとって、台湾との「統一」は米国の「介入」によって長らく未完となっている「領土の完整」を意味し、「中華民族の偉大なる復興」を果たす上では避けては通れない課題だからである。そうであるからこそ、ハードパワー、ソフトパワー、そしてシャープパワーと、中国はその時々に持てる最先端の力を使って、台湾の「独立」だけは防ぎ、「一つの中国」の枠組みを強化し、台湾との実態としての統合を進めようとしてきた。

本章では、中国が台湾に対して行使できる力の種類を整理した上で、習近平発足後にそれらの行使の仕方がどのように変わってきたのかを分析する。その上で、米国が台湾への関与を強めるなかで、中国の力は台湾でどのように作用しているのかを考えてみたい。

▶2 中国が台湾に行使できる力

21世紀に入り、国際政治学で議論される力の概念は多様化しており、中国はその多様化をもたらしている主要なアクターだと言える。ジョセフ・ナイは軍事力や経済力などの伝統的な力をハード・パワーと位置付け、その国の文化や価値観の魅力であるソフト・パワーによって、ハード・パワーの相対的な低下を補うことができると論じた[1]。この背景には、米国が主導する国際システムが変動し、新興国の集団的台頭と呼ばれる現象が起こるなかで、価値観が異なる相手を説得しなければならなくなったという状況があり、中国はその代表的な存在であった。

そして、近年注目されたのが、シャープ・パワーという概念である。この概念を提示したクリストファー・ウォーカーらによると、シャープ・パワーとは、中国やロシアのような権威主義国家が、他国に自国の方針や立場をのませようと強引な手段に出たり、海外の世論を操作したりしようとする力である。ハード・パワーやソフト・パワーと資源は重複するが、シャープ・パワーはそれらを利用する方法が異なり、威嚇や誘導で他国に強制する力であるとされる[2]。

台湾は中国の力が行使される最前線である。中国から台湾へどのような力が行使されてきたのかを歴史的にまとめると、まさにその重点がハード・パワーからソフト・パワー、そしてシャープパワーへと移行してきたことがわかる。

中国の対台湾政策が伝統的に「文攻武嚇」であると言われるように、毛沢東時代は宣伝戦と軍事力による威嚇が中心であった。それと並行して、国際社会では、現在の中国政府が「一つの中国」原則として主張する地位を築くための外交闘争が行われた。1970年代の国連代表権の交替を皮切りに、中国は西側諸国とも続々と外交関係を樹立して、「中国」を代表する「唯一の合法政府」としての地位を確立し、「台湾は中国の一部」だという立場に関しても不完全ではあったが、同意を得た。

この国際的な地位を背景に、1980年代に入ると、中国は経済力を駆使した台湾の取り込み工作に力を入れた。改革開放のなかで、中国は台湾の対岸である福建省にも経済特区を設置し、経済発展の原動力とすると同時に、台湾へ経済的融合を呼び掛ける拠点とした。特に、中台が共に世界貿易機構（WTO）に加盟した2000年代以降、台湾の中国に対する貿易依存度や投資は飛躍的に増大した。さらに、台湾の民主化後は、「台湾同胞に希望を寄せる」という方針の下で、台湾内部の世論へ働きかけるために、文化交流という名のソフト・パワーも重要視されるようになった。

ただし、中国は経済、社会、文化領域における力を重視する一方で、台湾との軍事バランスにおいて優位を勝ち取るための軍備増強は決して緩めなかった。松田康博が指摘するように、1995年から1996年の台湾海峡危機で、中国は武力による威嚇が「中国脅威論」を拡散させ、米台間の安全保障協力を促進したことに学んだ。2000年代に入ると、中国は台湾に対する軍事力の使い方を「見えにくい軍備増強」へと移行させ、派手な軍事演習の強調などではなく、弾道ミサイルや潜水艦戦力など必要な軍備の増強を黙々と進めた[3]。この2000年代を通じて、中台間の軍事バランスは中国優位へと変容し、近年では中国の軍事力は台湾を圧倒し、その差は広がるばかりであると言われる。

このように、現在の中国は台湾に対して多くの面で優位な力を持っていると言える。ただし、力を持っていることと、それを行使することはやや異なる。力の行使について、政治学で最もよく利用される定義の一つに、ロバート・ダールの「AがBに対して、Bがしないであろうことをさせる力」という定義がある[4]。つまり、ある力を使って対象に働きかけ、対象を動かすことではじめて力を行使したことになる。この点を考慮すれば、AからBに対して「どのような」力をもっているのかを分析することは重要であるが、AがBを「どうやって」動かそうとしているのかを分析することも重要となる。

また、中国から台湾へ行使される力の作用は、中国と台湾の関係のみを見ていたのでは捉えきれない。特に、米国の台湾に対する関与政策は、中国の台湾に対する力の作用を考える上で、いかなる時期においても無視できない要因であった。米国は中国と国交を正常化した後も、「台湾関係法」を制定し、台湾への防衛的兵器の売却と台湾海峡の平和と安定に対する関与を継続してきた。これに加えて、その時々の国際環境や国際世論も、中国から台湾への力の行使に影響を与えてきた。

中国にとって台湾は「内政問題」なので、中国は台湾との二者の関係において、直接的に力を行使したいと考えている。しかし、台湾の民主化以降は、台湾における様々な民意と選挙結果に影響を与えるような力の行使が必要となった。その上、中国は米国の台湾に対する関与の強化や台湾と諸国との実質的な交流の増加も考慮して、台湾へ力を行使しなければならない。そこで本稿では、力が行使される場(中台間か、国際的な空間か)と方法(直接的か、間接的か)

に注目して、習近平政権が台湾に対する力の行使をどのように変化させたのかを見ていきたい[5]。

▶3 胡錦濤政権期からの継承

習近平政権の台湾に対する政策を理解するためには、胡錦濤政権期の何が継承され、何が否定されているのかを考える必要がある。胡錦濤政権の台湾に対する力の行使の特徴は、台湾の政党、企業、個人などを取り込み、それらを通じて台湾政治へ影響を及ぼす構造を制度化したことであった。2005年以降、共産党は経済関係を梃子に、台湾で野党に転落した国民党と、「一つの中国」に関する条件付き同意である「92年コンセンサス」の下で戦略的な協力関係を築いた。そして、2008年に台湾で馬英九・国民党政権が誕生すると、この関係を事実上の政府間関係に格上げし、台湾との経済・文化交流を拡大、深化させた。台湾社会で影響力を持つ大企業が続々と中国に支社や工場を構え、中国で就業・就学する台湾籍住民も飛躍的に増えた。また、中国からの農作物の買い付けや観光客の送り込みは台湾経済を潤した。

このような交流拡大の中で、呉介民が「代理人メカニズム」、松本充豊が「パトロン・クライアント関係」と称したような台湾へ影響力を行使するメカニズムが生成された[6]。これは、中国とのビジネスや交流によって利益を得る政党や企業を通じて、中国が台湾の内政や世論に影響力を及ぼすメカニズムである。例えば、2012年の台湾総統・立法委員選挙戦の終盤において、台湾に多くの雇用を抱える大企業の社長や会長が次々と馬英九・国民党陣営への支持表明をしたことはこのメカニズムが機能した典型的な事例だとされる。また、「旺旺集団」の傘下に入ると、その論調を中国政府の公式見解に近いものへと変化させた『中国時報』の事例など、中国に進出する資本の台湾メディア買収も注目された。しかし、こうしたメカニズムによって台湾政治へ確実な影響力を及ぼすためには、利益を供与する政党や企業を監視する仕組みも整えなければならない。胡錦濤政権期には、政党や企業へ供与された利権の運用を監視する役割を担っていた「台商協会」などがその役割を充分に果たしていたとは言えず、こうしたメカニズムが実際にどの程度機能していたのかは判然としない部分もあった。

国際的な空間においても、台湾での馬英九・国民党政権発足後、胡錦濤政権は台湾への「善意」を示すために、台湾と外交関係をもつ第三国へのアプローチを控えた。また、世界保健機構（WHO）や国際民間航空機関（ICAO）など、国連機関であっても台湾にとって重要な機関に関しては、オブザーバー参加を認めるなどの柔軟性を見せた。さらに、地域における経済協力や貿易自由化への台湾の参与に関しても、中国は台湾と外交関係のないシンガポールおよびニュージーランドとの経済協力協定締結を黙認した。ただし、この背景には中国の国際的な影響力が向上し、米国との戦略的協調関係が続くなかで、台湾の国際的な地位を必要に応じて管理できるという余裕があったように見える。

このように、胡錦濤政権期の台湾に対する力の行使は、「代理人」メカニズムや「善意」を示すことによって台湾や国際社会に働きかけ、間接的に台湾を動かそうとするものであった。2012年に発足した習近平政権は、当初この方針を引き継ぐと見られていたが、次項で論じるように、独自の力の行使を模索するようになる。その背景にはこのような力の行使の効力に対する疑問があるように見える。確かに、台湾では馬英九政権発足後、中国との交流が活発化したのと反比例するかたちで、人々の台湾アイデンティティは強まった。また、2012年の第二期馬英九政権発足以降は、同政権の過度な対中接近に対する警戒も強まった。そして、2014年には中国とのサービス貿易協定の審議過程に異議を唱える学生たちが立法院に立てこもるひまわり学生運動がおきた。しかも、こうした運動は、強まる中国の影響力に対する反発という意味で、香港における市民運動とも共鳴するようになっていった[7]。

▶4　習近平政権の独自性

2016年1月の台湾総統・立法委員選挙での蔡英文・民進党の大勝は、上のような台湾アイデンティティや対中接近への警戒感の高まりによるところが大きかった。習近平政権は「92年コンセンサス」を明確に認めない蔡英文総統に満足せず、中台関係の「現状維持」を掲げつつも、内政・外交上の諸政策において中国からの自立を図る蔡英文政権に対して、次第に圧力を強めた。その後、米国でトランプ政権が発足し、台湾との関係を強化すると、台湾への力の行使には米台関係への抗議の意味も加わった。こうした流れのなかで、習近平政権の力の行使の仕方は大きく変化した。

まず、習近平政権は台湾に対する軍事力の使い方を変化させ、台湾周辺の海空域における中国人民解放軍の軍事行動を常態化させている。2016年秋以降、Y-8輸送機、H-8爆撃機などの中国軍機が台湾東側の防空識別圏にかなり接近した空域を、台湾を囲むように飛行する動きを繰り返し、2017年夏以降はその頻度が増えた。また、中国の国産空母遼寧号による台湾海峡通過も複数回公表された。その後、2018年4月に、台湾では国防部のスポークスマンが中国軍機の台湾周回を初めて認め、それが「台湾独立」を牽制する行動だと指摘した。このような軍事力の使い方は、過去のような恫喝とはやや異なり、「台湾独立」への牽制に加え、台湾とその周辺海空域が中国軍の行動範囲内にあることを既成事実化することを意図しているように見える。

習近平政権は胡錦濤政権がつくった台湾への影響力行使メカニズムも変容させた。蔡英文政権発足後、中国は台湾への観光客の送り込みや農作物の買い付けなど従来の優遇策を停止する一方で、政治的に対象をより深く取り込むための優遇策を新たに打ち出した。習近平政権は2017年3月、台湾の「一代一線(青年一代、基層一線)」と呼ばれる階層を働きかけの対象とすることを改めて打ち出し、「青年一代」である若年層には中国での修学や就職を期待する。習近平政権は2018年2月に「恵台」31項目、2019年11月に同26項目、2020年5月に同11項目を打ち出し、中国で就職・修学する個人や企業に自国民や企業とより近い待遇を与えるとした。ただし、中国で自国民待遇を得るためには、個人情報の提供など中国政府により深く関与することが求められる。「基層一代」である台湾社会の末端の組織や個人に対しては、中国に進出する台湾企業が、基層社会の代表者や有権者に利権を供与しているかどうかを、共産党が管理できる仕組みを作ろうとしている。実際、2018年11月の台湾統一地方選挙では、「基層民代」と呼ばれる地域の末端の政治家に中国からの利権が供与され、各地域での選挙動員に繋がっていたことが話題となった。

さらに広範な台湾社会では、マスメディアやSNS上での情報拡散やフェイク・ニュースによる特定団体や個人の攻撃に中国が関わっていると見られる事例が、頻繁に指摘されている。また、「五毛頭」や「ネット水軍」と呼ばれる共産党指導下にある世論誘導集団や人民解放軍の戦略支援部隊が、台湾で深刻化するフェイク・ニュースの拡散に関わっていることを台湾の政府機関も認めている。もちろん、中国側はこれらの疑惑を否定しており、個別の案件に中国政府がどのように関与しているのかを証明することは難しい。しかし、拡散された文字や言い回しが中国大陸で使用される中国語であることは、多くの台湾市民が中国の関与を信じる根拠となっている。

国際空間においても、習近平政権は台湾に「善意」を示す方針を止め、台湾と外交関係を持つ国に攻勢をかけ、国際機関から台湾を容赦なく締め出した。蔡英文政権発足後、2016年にサントメ・プリンシペ、2017年にパナマ、2018年にドミニカ共和国、ブルキナ・ファソ、エルサルバドル、2019年にソロモン諸島とキリバス、2021年にはニカラグアが台湾と断交し、台湾が外交関係をもつ国は過去最小の14か国にまで減少した。また、蔡英文政権発足以降、世界保健機構総会(WHA)や国際民間航空機関(ICAO)など、馬英九政権期にオブザーバー参加が認められていた機関から台湾は招請されなくなった。それだけではなく、中国は台湾が外交関係を持たない国の代表処の名称、国際NGOのメンバーシップなどに対しても変更を求め、「一つの中国」原則を強化しようとしている。

▶5 台湾、米国、国際社会との摩擦

習近平政権の台湾に対する新たな力の行使は、2018年までは台湾を動かしているように見えた。国立政治大学選挙研究センターが長年行っている台湾住民の中国人・台湾人意識を問う世論調査において、人々の台湾人意識は緩やかに低下していた。また、2018年春の『天下雑誌』や『遠見』雑誌の調査では、特に若年層のなかで中国での就学や就職に前向きな回答が増加したことが報じられた。そして、内政上の改革が不評であったことが主な要因であったとはいえ、台湾における蔡英文政権の支持率は低迷を続け、2018年11月末の統一地方選挙において民進党は大敗を喫し、蔡英文は責任をとって党主席を辞した。

このような状況を背景に、2020年1月の台湾総統・立法委員選挙が本格化する2019年にはいると、習近平政権は原則論を掲げながら、前項で論じたような台湾に対する力の行使をさらに強めた。年初に行なった演説で、習近平は自らの対台湾政策である「習五点」を改めて打ち出した。「習五点」は「武力の使用」を決して放棄しない、「一国二制度の台湾版」を目指すなど、新しい立場ではないものの、胡錦濤政権が台湾の民意を考慮して表明を控えてきた原則的立場を強調するものであった。こうした原則的立場の表明に続き、中国は台湾周辺での軍機の活動を活発化させたり、「恵台」26項目(前項)を発表したりした。

ところが、台湾におけるこれらの力の働き方は2018年までとは大きく異なった。2019年以降、人々の台湾人意識は再び上昇へと転じ、若年層を中心とする中国での修学や就職に関する肯定的な意識は減少した。そして、2020年1月の総統・立法委員ダブル選挙では、蔡英文・民進党陣営が快勝した。これらの変化は、米中関係や香港問題など、中国・台湾をとりまく国際的な潮流の変化によるところが大きかった。

2017年末に米トランプ政権が中国を「戦略的競争者」と位置付けて以来、米国と中国の競争関係は経済分野にとどまらず、政治・安全保障分野にも及ぶようになった。そのなかで、台湾周辺における中国の軍事活動は、米国に対する挑戦としての意味を帯びた。また、中国がパブリック・ディプロマシーとして展開してきたものも含め、政治やイデオロギー面での米国やその友好国に対する浸透が、シャープ・パワーとして警戒されはじめた。このような潮流のなか、トランプ政権は2019年、台湾の選挙前にしては異例のかたちで台湾を軍事的にも支援した。米国は台湾周辺での人民解放軍の動向により積極的に反応し、選挙戦が本格化する2019年夏にはMIA２戦車やF16-V戦闘機の台湾への売却を立て続けに発表したのである。

また、「習五点」演説の直後に香港で逃亡犯条例の改正が提案され、それに対する大規模なデモが起きたことで、台湾社会の「一国二制度」に対する警戒感は決定的なものとなった。台湾では「一国二制度」は一貫して不人気であるが、中国政府が台湾に対しても将来的に「一国二制度」を適用するという構想を取り下げない限り、香港に対する中国政府の統制強化は他人事ではあり得ない。そのため、香港でデモが起きると、若者を中心とする市民がそれに共鳴し、台湾でも運動が起きた。蔡英文・民進党はこのような機運を捉えて、「一国二制度」への反対と「香港の市民社会支持」を明確に打ち出し、台湾での選挙を「自由と民主の防衛戦」だと位置付けることで、支持を取り戻していった。

上記のような2つの潮流の変化を背景に、蔡英文政権は統一地方選挙において明らかになった中国のシャープ・パワーに対抗する法案を成立させ、国際的な協力を進めた。台湾の議会（立法院）は2019年5月から7月の間に、国家機密維持法、中台関係に関する法律などを相次いで改正し、「域外敵対勢力」への機密情報漏洩やその支援を受けた組織の設立などを厳罰化した。また、選挙直前の2019年12月末には、「域外敵対勢力」による選挙介入や政治集会、ロビー活動などを手助けした者には刑罰を下す「反浸透法」が成立した。国民党籍の議員らも選挙前に有権者から中国の「代理人」だとみなされることを恐れ、棄権はできても反対票を投じることはできず、この法案は反対票ゼロで可決された。

蔡英文再選後、新型コロナウイルスの流行を経て、台湾では前年の選挙戦のなかで育まれた中国への対抗気運がさらに強まった。新型肺炎の流行後、政治的要因によって中国に住む台湾籍住民がなかなか台湾へ戻れなかったことは、中国に取り込まれることのリスクを台湾の人々に知らしめた。また、緊急事態であっても台湾のWHO参加を頑なに拒み続ける中国政府の姿勢には、台湾のみならず世界の多くの人々が疑問を持った。さらに、米中対立の深刻化や香港における国家安全法制定により、台湾社会の中国に対する不信感は深まった。それにもかかわらず、中国は自国での感染者増が治まった頃から、軍機や軍艦による台湾周辺での活動を活発化し、「疫病に乗じて独立を謀っている」と蔡英文政権を厳しく批判している。ポスト・コロナの世界で中国が台湾に対してどのように力を行使するのかは、楽観できない状況であると言わざるを得ない。

►6　中国の力に対する耐性を問われる台湾

習近平政権は台湾に対する力の行使の方法を大きく変化させた。胡錦濤政権期の力の行使は、中国と台湾の二者の間でも、国際的な空間においても、間接的な力を働かせることに力点を置いていた。しかし、とりわけ台湾での蔡英文政権発足後、習近平政権は台湾との関係においても、国際空間においても、直接的な力の行使を強めた。台湾周辺での中国の軍事的展開は、政治的メッセージの発信に加え、この地域が中国の軍事的統制下にあることを既成事実化する試みでもある。また、中国は台湾と外交関係をもつ諸国に攻勢をかけ、国際機関からも徹底して台湾を排除しようとしている。さらに、中国は台湾社会への浸透によって、台湾社会内部の分断や国際社会における台湾と友好国の分断を図り、自らの意に沿わない台湾の政権を孤立させようとしている。

2020年の選挙と新型コロナウイルス流行を経て、蔡英文政権が中国の力に対抗、対処しやすい環境が生まれた。しかし、中国がもつ様々な力が台湾に対して優勢である状況は、そう簡単には覆らないだろう。台湾周辺における中国の軍事行動は、さらに活発化する余地があるように見える。また、台湾の社会には中国に深く取り込まれた個人、団体、企業、メディアなどは依然として存在し、こうした融合が台湾の未来に与える影響は不透明である。減少傾向にあるとはいえ、台湾から海外へ就業先の50％以上を中国が占め、そのなかでも若年層が占める割合は少しずつ増加している。台湾の基層住民への利益供与も続くであろう。彼らと中国共産党との関係がより直接的になるなかで、中国は彼らを通じてどのような影響力を台湾へ及ぼそうとするだろうか。

強大化し、先鋭化する中国の力に対する耐性の強化 は、引き続き台湾社会全体の課題である。台湾の為政者は、民主主義社会における個人の自由や権利を脅かさないことに配慮しつつ、市民社会の末端にまで浸透しようとする中国の力に対応しなければならない。また、国際社会においても、中国の持つ力や資源とは異なるかたちで、広く受け入れられる価値観や選択肢を提示することで、存在感を保持しなければならない。これらの課題は、私たち日本人にとっても決して他人事ではない。

（ふくだ・まどか）

［注］

※本稿では、分析概念や事象への解釈に関して、特定の研究に依拠した場合のみ脚注を付した。それ以外の事実関係や解釈は、下記の参考文献に依拠している。

1 Joseph S. Nye, Soft Power: *The Means to Success in World Politics*, (New York: Public Affairs, 2004) pp. 4-7.

2 Walker, Christopher and Jessica Ludwig, “From ‘Soft Power’ to ‘Sharp Power’: Rising Authoritarian Influence in the Democratic World,” National Endowment for Democracy (https://www.ned.org/wp-content/uploads/2017/12/Introduction-Sharp-Power-Rising-Authoritarian-Influence.pdf) December 5, 2017.

3 Robert A. Dahl, “The Concept of Power,” *Behavioral Science*, Vol. 2 Issue 3 (1957), pp. 202-203.

4 松田康博「中台における政治・軍事関係」和田春樹ほか編『岩波講座東アジア近現代通史 10 和解と協力の未来へ：1990年以降』（岩波書店、2011年、p.206）。

5 このような分析枠組みについては、Barnett, M., & Duvall, R. (2005). Power in International Politics. *International Organization*, 59 (1), pp.39-75を参照のこと。また、この枠組を利用して、中国の台湾に対する力の行使をより学術的に分析した論文に、参考文献として挙げた福田（2020）がある。

6 呉介民著、平井新訳「『太陽花運動』への道─台湾市民社会の中国要員に対する抵抗」『日本台湾学会報』第17号（2015年、pp.1-37）、松本充豊「『両岸三党』政治とクライアンテリズム──中国の影響力メカニズムの比較政治学的分析」川上桃子・松本はる香編『中台関係のダイナミズムと台湾─馬英九政権期の展開』（アジア経済研究所、2019年、pp.31-79）。

7 福田円「台湾から見た香港――「今日の香港は、明日の台湾」か、「今日の台湾は、明日の香港」か」倉田徹編『香港の過去・現在・未来―東アジアのフロンティア』(勉誠出版、2019年、pp.62-73)

［参考文献］

川上桃子・松本はる香編『中台関係のダイナミズムと台湾―馬英九政権期の展開』(アジア経済研究所、2019年)

佐藤幸人・小笠原欣幸・松田康博・川上桃子『蔡英文再選―2020年台湾総統選挙と第2期蔡政権の課題』(アジア経済研究所、2020年)

福田円「中国の台湾に対するパワーの行使―習近平政権の特徴とその変遷」『問題と研究』第49巻3号(2020年7・8・9月号、pp.73-105)

松本充豊「中国のシャープパワーと台湾」『交流』No.934(2019年1月、pp.20-30)

松本充豊「中国の影響力行使の可能性と限界――「台商」による「帰台投票」の事例を中心に」『交流』No.937(2019年4月、pp.17-26)

渡辺剛「中国シャープパワーと揺れる台湾アイデンティティ」『東亜』(2018年6月、pp.30-37)

第12章

米国の対中政策

――戦略的競争への収斂――

神保 謙

▶ 1 関与とヘッジの振り子から競争へ

米バイデン政権で国家安全保障会議（NSC）のインド太平洋調整官に任命されたカート・キャンベル（Kurt M. Campbell）は、スタンフォード大学で開催された会議において、米国の対中政策に関して「関与政策と幅広く表現されていた時代は終わった」と宣言し、今後の「主要なパラダイムは競争ということになる」と言及した[1]。

冷戦後の米国の対中政策は長らく関与政策（engagement）とヘッジ政策（hedging）の交錯として論じられてきた。そこには経済的に台頭する中国が、国際秩序に順応・恭順しながら、責任ある大国となる期待が込められていた。また仮に米国を中心とする大国間の利害が中国と対立したとしても、米国は利害関係を平和裡に制御し、対立を回避することが重要で、またそれは可能だと考えられてきた。

こうした関与政策とヘッジ政策の組み合わせの背景にあったのは、米国の対中政策を中心とする国際社会の働きかけによって、中国の政治・外交上の変革を促し、中国の未来を形成する（shape）ことが可能だという観念である。ジョージ・W・ブッシュ政権後期に米国務省東アジア太平洋担当次官補を務めたトーマス・クリステンセン（Thomas J. Christensen）は、米国と同盟諸国は中国を封じ込める（contain）べきではなく、中国政府が強圧ではなく協力を志向するように、その選択肢を形成することにあると論じた[2]。

もっとも、中国が国際社会における政治・経済・軍事的な影響力を高めていく中で、中国の対外的な選択肢がいかに形成可能（shapable）なのかは、恒常的に議論の焦点となっていた。クリントン政権で展開された「関与と拡大」（engagement and enlargement）政策、ブッシュ（子）政権で打ち出された「責任あるステークホルダー」（responsible stakeholder）論、オバマ政権が検討した「戦略的再保証」（strategic reassurance）のそれぞれは、中国の国力に対する認識、中国の国際秩序に対する影響力の前提は異なるが、いずれも中国の選択肢を国際社会との協力へと形成させようとする試みとしては共通していた[3]。

しかし米国の対中政策にはオバマ政権後期からトランプ政権にかけて、構造的ともいえる変化が生じている[4]。トランプ政権は2017年12月に発表した『国家安全保障戦略』において、中国を「現状打破国家」と見做し、2018年1月に要旨が公表された『国家防衛戦略』では、中国が「長期的な戦略的競争」の相手国と位置付けられた[5]。また2018年10月のペンス副大統領の対中政策に関する演説は、中国の軍事、経済、政治体制、社会に対する包括的な警戒を先鋭化させた内容となった[6]。

こうした中国との包括的な競争路線は、とりわけトランプ政権後期の対中経済政策によって鮮明になっていった。トランプ大統領は対中貿易に包括的な制裁関税を課し、米中貿易戦争は次第に熾烈化していった。また、中国企業を主たる念頭に置く対内投資規制と審査の強化、先端技術の輸出規制、政府調達分野における中国製品の規制など、中国との経済的取引を制限する措置を矢継ぎ早に展開していった。そして、さらに人権分野でも香港における民主化デモ弾圧や、新疆・ウイグル問題をめぐり、米政府は中国に対する批判と圧力を強めていった。

この時期に注目すべきは、米国内においてトランプ政権及び共和党保守派のみならず、民主党議員やシンクタンク、米産業界などが軒並み中国に対する姿勢を硬化させたことである。2018年の中間選挙では米下院で民主党が地滑り的勝利を収め、主要な政治課題で共和党政権との対立を深めていた。しかしこと中国関連法案に関しては、台湾旅行法、アジア再保証推進法、台北法、香港人権・民主主義法、ウイグル人権法、外国企業説明責任法、香港自治法などの数多くの法案で、米議会はほぼ全会一致で可決している。

これらのことから得られる重要な示唆は、米国の対中政策で「戦略的競争（strategic competition）」を追求する路線は超党派的に共有され、また「関与とヘッジ」を揺れ動く振り子構造としての対中政策の理解は、ほぼその基盤を失ったということである[7]。バイデン民主党政権が発足したのちにも、トランプ前政権が追求した対中強硬路線が継承され、人種分野の対立が勢いを増しつつ、さらに競争が激化しようとしていることはその証左である。それが、冒頭のキャンベル発言における「関与政策と幅広く表現されていた時代は終わった」という認識に結びつく。

そこで本章は、米国の対中政策の鍵概念として浮上した「戦略的競争」の来歴、政策的適用と課題について述べ、米国の対中政策の新たな潮流についての理解を試みる。次いで、米国内においてなぜ超党派的な競争路線への融合が生み出されたのかを分析し、今後の展開を展望することとする。

►2 米国の対外政策と「戦略的競争」の適用

2-1 戦略的競争の来歴と原理

2018年1月に発表された米国の『国家防衛戦略』は、中国やロシアとの「長期にわたる戦略的競争」が米国の繁栄と安全に対する中心的課題だと説いた[8]。同戦略文書が長期的な戦略的競争の「再来（reemergence）」と表現しているように、この概念は一般的に競い合う関係を意味することにとどまらず、米戦略概念に根付いた専門用語・固有名詞として捉えることが重要である。

米国の戦略用語としての戦略的競争は、米ソ冷戦期における熾烈な対立を長期的に勝ち抜く政策体系として、主として米国防総省の戦略計画や統合アセスメントから生み出された概念である[9]。この競争で劣勢となり敗色が濃厚となれば、軍事・経済・技術のあらゆる領域で対外政策をリードする基盤を失い、やがて国際秩序が再編されるという根元的な危機感がその背景にある。

戦略的競争の原理は、安全保障、経済、政治基盤の優位性を保つため、台頭する競争相手国のパワーの基盤を揺るがし、資源を競争劣位な分野に浪費させ、拡張政策のコストを賦課することなどにより長期的競争を勝ち抜くことにある。そのために彼我の軍事・経済・技術・財政のポートフォリオを比較し、競争相手の得意分野での占有を防ぎ、不得意・不採算分野での投資を強いて競争体力を奪い、その間に、次世代技術をリードすることにより競争空間を変化させ、時間を味方につける[10]。民間企業が市場優位性を確保するための競争戦略とも通底する。

2-2　冷戦期の成功体験としての戦略的競争

米国の対外政策に競争戦略が導入された契機は、米国防総省に統合アセスメント局が設置されたことが大きく作用している。1973年にニクソン政権で国防長官に就任したジェームズ・R・シュレジンジャーは、初代の統合アセスメント局長にアンドリュー・マーシャルを任命した。マーシャルを中心に構築された「ネットアセスメント」手法は、冷戦期の熾烈な軍事的・イデオロギー的対峙関係にあったソ連との競争で優越するための理論的根拠を提示した[11]。同手法は、ソ連との軍事バランスをめぐる定量的分析のみならず、総合的分野での国力の評価や、国家の意思決定や政治・経済・社会環境などの定性的分析を重視し、米国の持続可能な比較優位を示すことによって、相手の競争意志を挫折させることに力点が置かれた[12]。

競争戦略から派生した概念に「コスト賦課戦略」(Cost-Imposing Strategy) がある[13]。競争戦略を遂行する手段として、対象国が有害な行動を取るコストを高め、不採算分野への浪費を強いる政策を具体化したものである。このために軍事・経済財政・政治・外交などの複合的な領域において、相手国にいかにコストを賦課できるかが政策の成否の焦点となる。

軍事的な領域においては、新技術開発と軍事分野への適用をめぐる競争体力が大きな焦点となった。また、軍事・民生分野の研究開発や調達・配備・運用にかかわる多大な財政・人的コストも主たる射程となる。そして、理念や政策目標を共有する国々と連携し、相手国を国際的に孤立させ外交上の評判コスト (reputation cost) を課すことも重要な目標となった。

冷戦期にこうした競争政策が国防政策として反映された事例として「第2の相殺戦略」(Second Offset Strategy) がある。1970年代にソ連の核兵器の大量配備によって東西の核戦力がバランスする一方で、依然として東側が通常戦力における優位を維持していた戦略環境から生み出された戦略である。米国はステルス技術、精密誘導兵器、戦闘管理のネットワーク化によって、東側の軍事的優位を相殺することを目指した。

この戦略の要点は、戦力規模や兵力構成を同じ土俵で競うのではなく、特定分野の技術や作戦構想の革新によって米国の優位性を長期的に担保するという発想に基づいていたことである。結果として、ソ連は70年代以降、米国に対して劣位にあった通常戦力のハイテク化分野に投資を強いられることとなった。例えば、米国のステルス爆撃機が低高度侵入に運用の力点を移した結果、ソ連は防空システムの更新のために相当の資源を割かざるを得なかった。また米国の対潜戦（ASW）能力の強化により、ソ連は弾道ミサイル搭載原子力潜水艦の防護のために海軍戦力を投入する必要に迫られた[14]。

また経済分野での競争政策としては、冷戦初期からソ連を中心とする共産主義諸国へのハイテク物資の輸出を規制する枠組み「対共産圏輸出統制委員会」（COCOM）が創設された。西側諸国は共産主義国の軍事潜在力の強化に寄与するような、戦略物資・技術を規制する目的から、規制対象となる技術分野を共有し、その執行についての協力を強化した。さらにCOCOMに加盟していない国についても、COCOM規制の実効性を担保するために第三国への協力を要請した。こうして、冷戦期にソ連が軍事領域での先端技術の研究・開発の土壌を共産主義諸国内に限定することを目指した。

米国の対外政策における競争戦略は、ソ連邦の崩壊に伴う冷戦の勝利によって、米戦略コミュニティの成功体験として記憶されることとなった。冷戦の勝利は、戦略的競争の積極的導入によって得られた勝利でもあった。そして重要なことは、「歴史の終わり」（F・フクヤマ）とともに米国に戦略的に対峙する国家が長期にわたって不在となったことにより、戦略的競争も政策概念として後景に退いたことである。

米国の対外政策に中国を念頭においた戦略的競争概念が再登場したことは、米国が熾烈な大国間競争に向き合う時代に入ったことを宣言するものとなる。同時に、米国内で戦略コミュニティを中心に1970年代以降体系化されてきた競争戦略が、再び対中戦略として体系化されつつあることも意味している。「戦略的競争」を一般名詞ではなく、固有名詞として捉えるべき理由はここにある。

2-3 中国に適用される戦略的競争

米国が中国に対する戦略的競争を全面的に追求することを宣言したのは、前述のトランプ政権における『国家安全保障戦略』（NSS）と『国家防衛戦略』（NDS）である。NSSは「インド太平洋地域では自由主義的秩序か、もしくは抑圧的な秩序かをめぐる地政学的競争が生じている」という世界観を示している[15]。中国はロシアと並び「リビジョニスト」として、インド太平洋地域で米国の優位性を奪い、中国にとり望ましい秩序に改編しようとする国家として位置付けられている。

NDSは「米国の安全保障の最大の課題は国家間の戦略的競争」だと明確に述べている。NDSの想定する世界の戦略環境は、中国とロシアが自らの権威主義に調和する世界の構築と、他国の経済、外交、安全保障の意思決定に対する拒否能力を獲得しようとしていることである。特に中国は、軍事力の近代化、外交上の影響力行使、侵略的な経済活動を通じて、インド太平洋地域の秩序を自らに都合よく変革しようとしているとする。

これらの戦略認識の背景には、中国の軍事的台頭により、米国の軍事面での優越がもはや当然視できず、将来の優位も保証できないという評価がある。特に西太平洋に面する中国の周辺地域では、中国の接近阻止・領域拒否（A2/AD）能力が拡張し、米軍が戦力投射するコストを大幅に上昇させている。台湾や南シナ海などが含まれる「第一列島線」内の、有事における米軍の作戦行動は、中国の作戦航空機や海上戦力に徐々に優越性が脅かされ、また第一列島線を超えた広域でも、弾道・巡航ミサイルによる拒否能力に向き合わなければならなくなった。こうした中で、台湾や南シナ海をめぐる米軍の抑止・対処能力も相対的な低下を余儀なくされている。

中国との戦略的競争は、こうした従来の領域における米国の優位が当然視されない前提から組み立てられている。安全保障の領域では、中国の空海軍力の近代化とともに、米国の一方的優位が脅かされている。しかし潜水艦を中心とする水中戦や、電子戦領域における優位、宇宙、サイバー、無人兵器、指向性エネルギー兵器などの新領域を組み合わせたマルチ・ドメインの戦闘領域を確立することにより、中国に多大なコストを強いる競争を目論む。

また経済の領域では、自由で開かれた経済秩序が国家資本主義を背景とした中国の経済的台頭を放任したという強い危惧がある。より強い政策介入で米中貿易不均衡を是正し、米国に対する投資を制限し、次世代技術に対する中国のアクセスを規制し、さらに自由で開かれたインド太平洋戦略によって一帯一路構想を牽制する。こうした一連の政策がトランプ政権期に体系的に模索されることとなったのである。

▶3 戦略的競争への収斂――対中政策の新たな潮流

3-1 対中強硬路線への融合

冷戦後に長らく維持されてきた米国の対中関与アプローチは、2010年代後半から大きく後退し、トランプ政権では戦略的競争アプローチが主流となっていった。この時期のもっとも重要な変化は、かつてのような関与とヘッジの振り子現象のようなソフト・ハードアプローチの力点の相互揺り戻しが、もはや米国の対中政策の力学から失われたことである[16]。米国の対中政策は、全面的な戦略的競争が追求され、そして行政府、議会、産業界から米市民に至るまで、超党派で広く合意された認識として定着しつつある。

米国内で中国に対する戦略的競争を追求する広範な合意が形成された背景には、少なくとも以下のような4つの要因がある。第1は、米国の軍事・経済・技術的な優位性が中国に本格的に脅かされていることである。軍事的領域では前述の伝統的領域における米軍の優勢が自明でない状況が生まれていることに加え、先端技術（精密誘導兵器・高性能センサー・無人化システム・エネルギー兵器・ナノテクノロジー・人工知能・量子技術等）の軍事的応用についても、中国が急速な実用化を果たそうとしていることがある。

第2は関与政策を続けることによって、やがて中国がリベラルな変革を果たすという期待が大幅に後退したことである。習近平政権は、中国国内の政治・経済・社会の統制を強化し、思想や表現の自由を大幅に制約し、中国国内における自由な言論の幅は縮小した。また、習近平自らが国家主席の任期撤廃を目指し、憲法改正によって「２期10年」までとする規制を変更したことは、権威主義国家の権力集中と政治的自由化の後退を決定付けた。またオバマ政権時の米中首脳会談での合意に反して、南シナ海の軍事化を進め、サイバー攻撃による機微技術のデータ搾取の試みを継続したことも、民主党関係者を失望させた。さらに、香港における民主化弾圧、新疆・ウイグルにおける強制収容・労働問題も、人権問題に関心の高い民主党関係者の問題意識を高めた。このような背景から、トランプ政権が推進した対中強硬姿勢は、バイデン民主党政権にも引き継がれていった。中国がリベラルな変革を果たすという期待の挫折が、戦略的競争の超党派での合意へと結びついたのである[17]。

第３は米産業界と通商規制当局の対中姿勢の硬化である。米国の主要産業界は中国との貿易投資関係の主要な受益者であり、長らく中国市場の将来性を成長の源泉と捉えてきた。しかし、2010年代は米産業界から中国市場における不満や失望が表明されることが増えてきた。さらに米ホワイトハウスは2018年6月に「中国の経済的侵略に関する報告書」を発表し、中国の国内市場保護、補助金等の優遇政策によるグローバル市場におけるシェア拡大、天然資源のグローバルな確保、主要技術及び知的財産の獲得、新興ハイテク産業の推進を「経済的侵略行動」と見做し、厳しく対処する方針が確認された[18]。

ここで焦点となる中国の経済的侵略行動は、①物理的及びサイバーによる技術・知財の取得（経済的諜報機関による技術と知的財産の物理的取得、サイバーによる諜報と窃取、米国輸出管理法の狡猾な回避）、②強制的・介入的な規制（外国の所有権制限・不当な許認可とライセンス要件・差別的特許、技術と知財の移転を強制する審査・データローカリゼーションの強制、中国共産党による組織管理等）、③経済的抑圧（レアアース等の原材料の輸出規制、独占的購買力によって相手国から譲歩を引き出す、④情報収集（オープンソースによる科学技術情報の獲得・在米中国人による情報収集）、⑤中国政府の後ろ盾による技術獲得のための投資、など広範な分野にわたる。こうした問題意識から展開された諸政策については、次節に述べることとする。

第４は、米国市民社会における中国に対する広範な認識の悪化がある。ピュー・リサーチ・センターの米世論調査によれば、中国を「好ましくない」と考える米国人は2018～19年に大幅に増加（2017年47％→2018年60%→2019年66%→2020年73％）している[19]。その中には、米国世論の中で中国を「主要な脅威」と考える割合の増加、習近平国家主席に対する信頼の低下、グローバルな環境問題に対する中国の悪影響、サイバー攻撃、貿易不均衡や雇用への悪影響、人権問題などが「好ましくない」認識に結びついている。また2019年に発生した新型コロナウイルスの世界的感染拡大において、中国武漢市における初期対応の遅れに関する不満が、中国への認識をさらに悪化させた。

また米社会における中国のイデオロギー的な浸透工作に対しても、厳しく対抗すべきという認識が広まっていった。米国内の財団、研究・教育機関では、中国からの資金提供や雇用関係を含む人材の提供を制約するようになった。中国語教育や文化普及を目的として海外の大学等と連携する孔子学院は、2017年には米国内に103校の設置が確認されていた[20]。しかし、孔子学院は中国政府が出資して、米国の大学等で中国政府のプロパガンダと有害な影響を拡散する機関だという認識が米社会で広まっていった。米国務省は2020年8月に孔子学院米国センターを大使館や領事館と同等の「外国公館」として登録し、所有資産などの監視を強化するとともに、ポンペオ国務長官は米国内の全ての孔子学院の閉鎖を公然と促した。また後に述べる中国との学術交流に対する制限、中国から大学基金やシンクタンクへの資金の流入に対する警戒感が急速に広まっていった。

3-2 エコノミック・ステイトクラフトの包括的適用

米国の対中関与によって中国の変革を促すアプローチが大幅に後退したことは、米国内に中国との共存共栄は政策路線として追求不可能だという広範な合意をもたらしていった。この新しい超党派的合意は、対中政策における軍事的な対抗路線に対する支持を拡大するとともに、経済的には中国の不公正な経済活動による発展や新興技術の獲得を厳しく制限し、外交では米国と価値を共有する国々と連携し、イデオロギー的な対立を深めていく構図が確立していった。

トランプ政権初期の米中関係は、2017年4月の米中首脳会談（マール・ア・ラーゴ会談）での閣僚級包括的対話メカニズムや、包括的経済対話の設置等が合意され、米中関係は緊張を孕みながらも調整可能な範囲で推移するという期待さえ芽生えた時期だった。実際トランプ大統領は、主として中国との貿易不均衡への問題意識を重ねて提起し、自らの支持母体である米白人労働者層の経済的権益を保護しつつも、米国製品の対中輸出拡大についてはむしろ積極的だったのである。

しかし、その後のトランプ政権は2017年12月の『国家安全保障戦略』（NSS2017）が「経済安全保障は国家安全保障である」（economic security is national security）という認識を掲げ、公平性・互恵性・規則の忠実な遵守に根差す経済関係を歓迎するが、違反行為・欺瞞行為・経済的侵略からは目を逸らさないという方針を確認していた。NSS2017は歴代の国家安全保障戦略と比較して、米国の安全保障に関わる経済関係と革新的技術の推進と保護を強調するものとなっていた。

こうした安全保障と経済政策との融合を決定づけたのが、2018年8月に米議会で成立した「米国国防権限法2019」（NDAA2019）である[21]。国防権限法は米国の国防予算（基本予算及び海外作戦経費）の大枠、核兵器プログラム関連予算、米各省庁の国防政策への取り組みの拠出権限に加え、米国防政策全般に関する議会の方針を決定する年次法である。NDAAは安全保障政策と深く関わり合う諸政策の省庁横断的な権限や、法的・予算的根拠を与える媒体ともなっている。

NDAA2019で注目されたのは、本法律に米国の経済活動としての対内投資規制、米国から対中輸出管理の強化、政府調達に関する規制、新興技術の開発推進と技術流出の保護に関する包括的な方針が示されたことである。米連邦議会は2018年8月に外国投資リスク審査法（FIRRMA）を制定し、対米外国投資委員会（CFIUS）の権限を強化した。外国企業が米国の機微技術や重要インフラ等への投資、機微な個人データの搾取などを防ぐために、CFIUSの審査対象を拡大し、審査体制も大幅に強化された[22]。

また輸出管理改革法（ECRA）は、米国の輸出管理政策の権限を行政府に付与し、違反者に対する罰則を規定して重要技術の国外への流出を規制する枠組みである。ECRAは米国の国家安全保障上重要な新興技術と基盤技術の管理を強化する権限を商務省に与え、同省は新興技術として14分野（バイオテクノロジー/AI/測位技術/マイクロプロセッサー/量子コンピューティング/ロボット/超音速飛行/先端材料など）を発表した。

政府調達分野では、NDAA2019の第889条で米政府機関が懸念ありと指定した企業の通信・監視ビデオ関連の製品・サービスを調達することを禁止した。米政府機関は、同条文で指定された中国企業5社（ファーウェイ、ZTE、ハイクビジョン、ダーファ・テクノロジー、ハイテラ）が提供する通信・監視機器・サービスの利用を禁止した。また2020年8月以降は、この規定がさらに拡大され（第二段階規制）、米政府機関が該当の中国の通信・監視企業の機器やサービスを利用する企業が、米国政府機関への製品の納入をすることが原則禁止された。

ECRAの下位法令である米国輸出管理規則（EAR）はECRAで規制される具体的な品目を定める。米商務省産業安全保障局（BIS）は、米国の外交・安全保障上の利益に反する企業・機関を「エンティティ・リスト」（EL）としてリスト化している。ELに掲載された企業に物品やソフトウェア、生産・開発に必要な技術を輸出する場合は、商務省の許可が必要となるが、事実上申請は却下されることとなる。ELは米国外の企業にも域外適用され、米国企業の製品やソフトウェアが一定割合以上含まれれば、他国製品も規制の対象となる。

さらにECRAは2020年4月に軍事エンドユーザー規制を導入し、また従来からの軍事エンドユースの定義を拡大した。この規制により中国の軍事エンドユーザー（いわゆる「軍民融合企業」も含まれる）に対する輸出、再輸出、中国内移転については、たとえ用途が民生であってもBISの許可が必要となった。また、米国防総省は2020年から「中国軍に所有または管理されている中国企業」のリストを作成して公開している。この中には中国十大軍需企業集団、軍事関連大学など広範な中国の軍産複合組織が含まれている。これらは国防総省が中国の軍民融合戦略の中で軍の所有・管理下にあると考えられる企業を独自にリストアップしたものであり、米商務省の対中軍事エンドユーザー規制に引き継がれるとともに、大統領令によって米国企業・人に対する同リスト対象企業の株式売買の禁止措置（米財務省外国資産管理室所管）がとられることとなった[23]。

こうした対内投資・輸出管理・新興技術管理の具体的な政策として注目されているのが、機微技術のサプライチェーン見直しである。バイデン政権は「サプライチェーン見直し」について2021年に4分野（半導体·大容量電池·医薬品·レアアース）のレビューを実施し、さらに6分野（防衛/公衆衛生・バイオ危機管理・情報通信技術（ICT）・エネルギー・運輸・農産物/食料生産）のレビューを指示した[24]。これらの機微技術や重要産業について、米国内での生産や力企業を抱える同盟国と連携して、中国依存からの脱却を目指す狙いがある。

例えば、半導体で焦点となった台湾の大手半導体ファウンドリー台湾積体電路（TSMC）に対して、米政府は半導体製造工程に米国企業の製品が使用されている場合の特定中国企業（ここでは華為技術向け）への輸出を事実上禁止したため、中国向けの受注を見直さざるを得なくなった。同時に、米国は米アリゾナ州でのTSMCの工場を誘致し米国内での生産体制を強化することとなった。こうして、機微技術のサプライチェーンの見直しは中国企業との取引禁止と自国もしくは同盟国への産業政策との組み合わせとして推進されていく方向性が示されたのである。

冷戦後の米中関係の安定化機能をもたらしていた経済的な相互依存関係や、貿易・投資関係の拡大への期待は、「戦略的競争」概念の本格的な導入によって大きく後退することとなった。米国のエコノミック・ステイトクラフトの目的は、米国が中国の生産・資本・技術への依存度を減らして中国の報復や制裁に対する耐性を高めるとともに、企業活動に中国以外の選択肢を広げて活動の自由度を高めることにある。

3-3　米国防政策と対中姿勢の強硬化

トランプ政権期の米国防政策の基盤となったのは2018年1月に発表された「米国国防戦略」（NDS）である。前述の米国家安全保障戦略に基づき、NDSは米国を取り巻く国際環境について、ルールに基づく国際秩序が後退し、代わりに「長期的な戦略的競争が復活」する時代として捉えていることに特徴がある。この国際環境の中で、米国の軍事的な比較優位性は重大な挑戦を受け、そのなかで「競争し、抑止し、勝利する（compete, deter and win）」米国の国防戦略を革新しなければならないという認識を示す。

この戦略環境の最大の焦点となっているのは中国である。中国は「軍事力の近代化、影響力工作、経済的侵略を用いて周辺国を威嚇し、インド太平洋地域を自らに都合よく再編成している」という前提のもとに、「短期的にはインド太平洋地域における地域覇権を確立し、長期的には米国の影響力を排除してグローバルな優越を達成する」アクターとして位置付けられる。

中国の軍事的台頭が米国の国防戦略にもたらす影響については、米国防総省の中国の軍事力に関する年次報告書により具体的に記載されている[25]。同文書によれば、中国人民解放軍の海空軍能力、弾道・巡航ミサイルによる攻撃能力、サイバー・宇宙空間における能力向上により、大規模な戦域戦闘への第三国への介入を阻止する能力を高めているとする。そして、かねてより問題視された中国の接近阻止・地域拒否（A2/AD）能力は、とりわけ第一列島線内で発揮され、さらに太平洋広域に拡大するとみなされている。

こうしたA2/AD能力の拡張に決定的な役割を果たしているのが、中国のミサイル能力を中心とする通常戦力での質的・量的な拡大である。航空戦力では1000機を超える第4･5世代戦闘機を配備し、海上戦力では戦闘艦（近代的駆逐艦・フリゲート）及び近代的潜水艦の隻数を大幅に向上させている。また主要な戦域を中国沿海部とすることから戦略的縦深性に富み、航空基地や港湾から集中運用をする戦術的な利点もある。そしてA2/AD能力の核心ともいうべき大量の対艦弾道ミサイル（ASBM）の長射程化・精密打撃能力の強化は、米洋上に展開する空母打撃群が西太平洋で自由に活動することに大きな制約を与えている。実際の中国軍との戦闘において米海軍が西太平洋に戦力投射できるか、ということが疑問視されるようになったのである。

米議会が設置した超党派の国家軍事戦略委員会は2019年に報告書を提出し、仮に米軍が台湾有事をめぐって中国軍と対峙した場合、「軍事的に完全に敗北」

しかねないと警告した[26]。仮に中国軍が台湾に大規模な上陸作戦を展開した場合、中国軍は来援しようとする米軍部隊を弾道・巡航ミサイルで攻撃し、西太平洋は「入らずの場所」となり、米国政府が許容できる損害範囲で軍事介入することは不可能となると論じる。またインド太平洋軍のフィリップ・デービッドソン（Philip S. Davidson）司令官も議会証言で、米国の通常戦力による抑止が損なわれることについての危機感を繰り返し強調している。

軍事領域での中国との戦略的競争は、通常戦力において米国が中国を圧倒した時代から、米中拮抗さらには米国が「勝利の公式」（theory of victory）において劣位となることを想定すべき時代に入ったということになる。

米議会は、超党派で米国の太平洋における抑止態勢を予算・権限面から支援してきている。2018年12月に成立した「アジア再保証推進法」では、台湾への防衛装備品の売却推進、南シナ海での定期的な航行の自由作戦を推進し、同地域の軍事・経済支援に５年間で15億ドルを充て東南アジア諸国の海洋警備や軍事訓練に重点配備した。また、2021年1月に成立した「国防権限法2021」において「太平洋抑止イニシアティブ」（PDI）という基金が基本予算に盛り込まれ、インド太平洋地域における米軍の即応態勢や能力向上を目的として、22億ドルが割り当てられることとなった[27]。

米軍の軍事戦略としては、従来の通常戦力による対峙関係を超えて電磁波・サイバー・宇宙などの領域を組みあせた「マルチドメイン作戦」、さらに低コストのセンサー、マルチドメイン環境での指揮統制、有人・無人システムを迅速に組み合わせる「モザイク戦」（Mosaic Warfare）の推進によって、革新的な作戦概念を開発することも提唱されている[28]。また多くの戦略コミュニティが、将来の新興テクノロジー（自律無人兵器、AI、量子技術等）が支配する戦場において米国が競争優位を保つ必要性を強調している。そのため、戦闘機や空母などの軍事プラットフォームを、軍事ネットワークやキルチェーンの質を重視したハード・ソフトウェアへと転換していくことも模索されている[29]。

こうした現在と未来の軍事的な競争が、米中の戦略的関係をどのように推移させていくのか、予断を許さない。中国もまた無人化システム、ロボティクス、AI、量子技術の研究開発を積極的に進め、未来の戦場で優位を目指す積極的な投資を行なっているからだ。軍事領域における米国と中国との競争が長期に続くとみられる所以である。

▶4　戦略的競争の帰趨

冷戦後の30年間は米国と中国が互いに対立点を見極めつつも相互に関与政策を継続しながら、戦略的な着地点を模索する期間だったと言える。しかし中国が経済的・軍事的に台頭し国力への自信を深める一方で、期待された政治体制の自由化・多元化への潮流が挫折し、国家資本主義的な産業・経済政策を推進して次世代の技術覇権を目指す方向が強まったことは、もはや米国に関与政策を継続する余地は失われたと結論づけたと考えられる。米国の対中政策における関与とヘッジの振り子は、もはや戦略的競争という概念に強固に収斂し、後戻りのできない地点に辿り着いたように見える。

しかし米国の対中戦略的競争がどの程度の成功を収めるのか、その見通しは明らかではない。ただこの戦略的競争は、冷戦期の米国の対ソ戦略と比較しても、複雑な利害関係が交錯することになることは間違いない。また、軍事的な競争関係において相手国中国が着実に米国の優位性を脅かす一方で、将来の先端技術の軍事的応用についてもその優劣は定かではない。経済的な競争ではすでに冷戦後の長期間にわたり、中国はグローバルな市場経済に埋め込まれており、アジアのサプライチェーンの核として、旺盛な消費市場として、デジタルイノベーションの拠点として既に位置づけられている。

米国が中国との戦略的競争を同盟国やパートナー国と共に展開しようとするとき、この複雑性はさらに難しい課題として立ちはだかる。多くの米国の同盟国にとって、中国は最大の貿易相手国であり、対中投資の集積があり、さらに多くの外国企業は中国市場で収益を上げている。米国が安全保障の価値は経済を上回るという戦略性を掲げたとしても、中国経済からの切り離し（デカップリング）への支持は限定的なものにとどまるだろう。

米国が中国に対する戦略的競争を長期的に成功へと導くためには、軍事的に譲れない価値を同盟国と共有して役割・任務・能力の分担を再編成し、経済的には特に新興技術開発とサービスの社会的実装を米国を中心とする国々がリードする必要がある。これらの努力を怠れば、競争戦略は弛緩して効力を失い、やがて中国発の競争戦略の中で、米国にコストが賦課される構図へと転換するだろう。

もっとも歴史はリニアには推移せず、再び米国の対中政策が大きな転換を果たすことも考えられる。現時点でこのような転換の鍵となるのは、中国の政治体制に再び自由化への潮流が生まれ、自由な中国社会への発展を米国が見出すときということになろう。

（じんぼ・けん）

［注］

1 Noa Ronkin, "White House Top Asia Policy Officials Discuss U.S. China Strategy at APARC's Oksenberg Conference", *All Shorenstein APARC News* (May 27, 2021).

2 Thomas J. Christensen, *The China Challenge: Shaping the Choices of a Rising Power* (New York: W. W. Norton & Company, 2016).

3 「責任あるステークホルダー」論については、Robert B. Zoellick, "Whither China: From Membership to Responsibility?" Remarks to National Committee on US-China Relations (September 21, 2005)。「戦略的再保証」論については、James Steinberg, "China's Arrival; The Long March to Global Power" Keynote Address by U.S. Deputy Secretary of State James Steinberg, Center for a New American Century (September 24, 2009) をそれぞれ参照。

4 こうした対中政策の変化をもっとも詳細に捉えているのが、森聡「アメリカの対中アプローチはどこに向かうのか ── その過去・現在・未来」川島真・森聡編『U.P.plus アフターコロナ時代の米中関係と世界秩序』（東京大学出版会、2020年）。また、冷戦後の米国の対中政策を体系的に分析した優れた著作として、佐橋亮『米中対立 ── アメリカの戦略転換と分断される世界』（中央公論新社〔新書〕、2021年）がある。

5 U.S. White House, *National Security Strategy* (December 2017) ; U.S. Department of Defense, *Summary of the National Defense Strategy: Sharpening the American Military's Competitive Edge* (January 2018).

6 "Vice President Mike Pence's Remarks on the Administration's Policy Towards China" (October 4, 2018).

7 Aaron L. Friedberg, "Competing with China", *Survival* (June/July 2018).

8 U.S. Department of Defense, *op.cit*.

9 この概念を導くにあたって参照したのは、Thomas Mahnken ed., *Competitive Strategy for 21st Century: Theory, History and Practice* (Stanford Security Studies, 2012)。

10 以上の定義を導くにあたって参考にしたのは、Hal Brands, "The Lost Art of Long-Term Competition", *The Washington Quarterly*, Vol.41, No.4 (Winter 2019).

11 長期的競争戦略については、A.W. Marshall, *Long Term Competition with the Soviets: A Framework for Strategic Analysis*, Rand (April 1972)。ネットアセスメントについては Institute for Defense Analysis, "Net Assessment: The Concept, Its Development, and Its Future", IDA Paper NS P-4748 (22 May 1990) をそれぞれ参照。

12 Gordon S. Barrass, "U.S. Competitive Strategy during the Cold War", Thomas Mahnken ed., *op.cit*.

13 コスト賦課戦略（=コスト強要戦略）を詳細に検討した論考として以下がある。葛西浩司「『コスト強要戦略』の現代的意義 ── 平時の戦いを考える視座」『海幹校戦略研究』第10巻、第1号（2020年7月）。

14 梅本哲也『米中戦略関係』（千倉書房、2018 年）p.269。

15 The U.S. Whitehouse, *National Security Strategy, op.cit*.

16 このような見方を解説するのは、Aaron Friedberg, "Competing with China" , *Survival*, Vol.60, No.3 (June/July 2018)。

17 Kurt M. Campbell and Ely Ratner, "The China Reckoning: How Beijing Defied American Expectations" , *Foreign Affairs* (March/April, 2018).

18 U.S. White House Office of Trade and Manufacturing Policy, *How China' s Economic Aggression Threatens the Technologies and Intellectual Property of the United States and the World* (June 2018).

19 Pew Research Center, "Americans Fault China for Its Role in the Spread of COVID-19" (July 30, 2020).

20 National Association of Scholars, "How Many Confucius Institutes Are in the United States?" (Updated May 18, 2021).

21 115th Congress of the U.S. "John S. McCain National Defense Authorization Act for Fiscal Year 2019" (H.R.5515).

22 対米外国投資委員会（CFIUS）の権限を強化については、平木綾香「米国の対内直接投資規制強化の推移:CFIUS 改革の政治過程」2019 年度慶應義塾大学大学院政策･メディア研究科修士論文（2020 年）を参照。

23 他方で、米国防総省の中国軍民融合企業のリストには杜撰（ずさん）な手続きが指摘され、2021 年には指定された企業との複数の訴訟で敗訴するケースもでている。具体的には判例「シャオミ vs 国防総省」、United States District Court for the District of Columbia, "Memorandum Opinion" Xiaomi Corporation, et.al., v. Department of Defense, et al., Defendants, Civil Action No.21-280 (RC) 及び判例「ルオクンテクノロジー vs 国防総省」判例、United States District Court for the District of Columbia, "Memorandum Opinion" Luokung Technology Corp, et.al., v. Department of Defense, et al., Defendants, Civil Action No.21-583 (RC) を参照。

24 U.S. White House, "Executive Order on America' s Supply Chains" (February 24, 2021).

25 U.S. Department of Defense, Office of the Secretary of Defense, "Annual Report to Congress: Military and Security Developments involving the People' s Republic of China 2020" .

26 The National Defense Strategy Commission, "Providing for the Common Defense: The Assessment and Recommendations of the National Defense Strategy Commission" (November 14, 2018).

27 116th Congress of the U.S. "Indo-Pacific Deterrence Initiative" (H.R.6613).

28 Bryan Clark, Daniel Patt, Harrison Schramm, "Mosaic Warfare: Exploiting Artificial Intelligence and Autonomous Systems to Implement Decision-Centric Operations," Center for Strategic and Budgetary Assessments (February 2020).

29 新興技術による米国防改革で最も先鋭な提言をしているのは、Christian Brose, *The Kill Chain: Defending America in the Future of High-Tech Warfare*, New York: Hachette Books (2000).

第13章

「科学技術大国」中国はその力をどう使うのか

—— 軍事・安全保障の側面を中心に ——

八塚 正晃

▶ 1　はじめに

21世紀に入って急速に科学技術大国として台頭した中国の動向に注目が集まっている。いまや中国も科学技術大国としての自信を隠さない。習近平国家主席は、2016年5月の全国科学技術イノベーション大会において「総合的に判断して、我が国は既に重要な影響力を持つ科学技術大国となった」と宣言した[1]。中国の科学技術能力に係る各指標（**図表13-1、13-2**）でも、他の科学技術先進国と比してプレゼンスの増進が目覚ましい。習近平政権は中華人民共和国100周年（2049年）には科学技術強国となるという目標を掲げており、今後もその歩みを進めるであろう。それでは科学技術大国として台頭する中国は、その力をいかに行使するのであろうか。

中国の科学技術大国としての台頭が国際社会から注目され、中国自身も科学技術の発展を重視する背景には、科学技術と安全保障が交錯する諸論点が存在する。現在、IoT（モノのインターネット）、ビッグデータ、AI（人工智能）などの新興技術によって組織や文化のあり方などに変革をもたらす、いわゆるDX（デジタル・トランスフォーメーション）が様々な分野で生起しつつあり、これが社会経済活動に大きな影響を及ぼしている。これは「第4次産業革命」とも言われており、これらの新興技術の研究開発と社会実装をいち早く実現した国家が経済成長の機会を創出できる。

図表13-1　各国の研究開発費予算

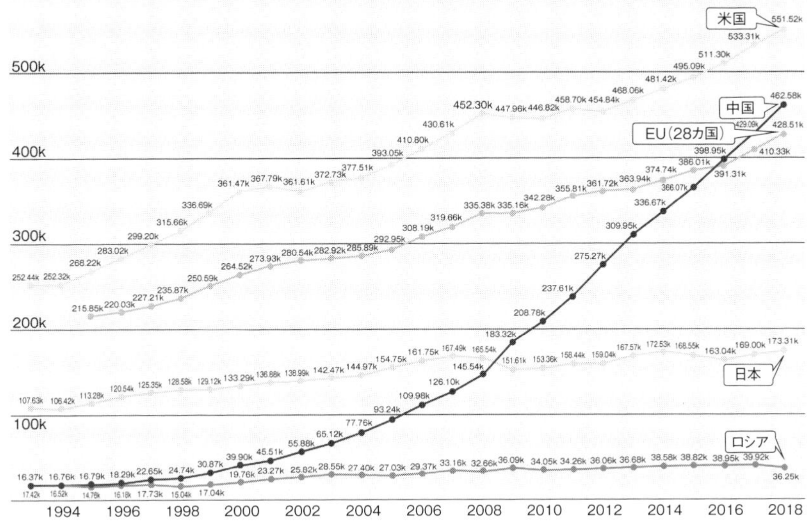

〔出所〕OECD Science, Technology and R&D Statistics（https://www.oecd-ilibrary.org/science-and-technology/data/oecd-science-technology-and-r-d-statistics_strd-data-en）

図表13-2　各国の研究者数の推移（単位:人）

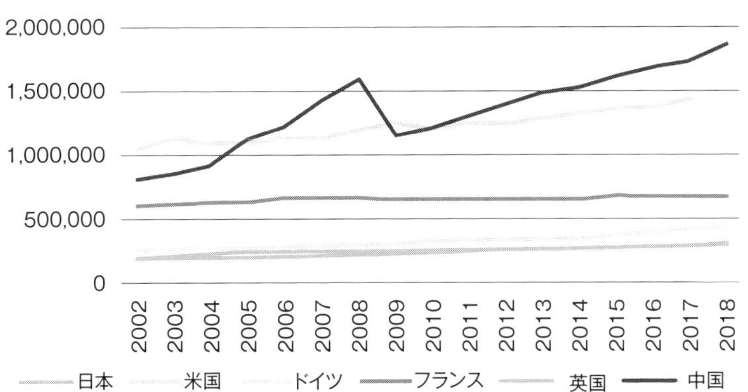

〔出所〕文部科学省 科学技術・学術政策研究所、「科学技術指標 2020」を基に、筆者が加工・作成[2]。

こうした社会の在り方を規定する新興技術の中でも、ボトルネックとなる技術（核心技術）を保有することは、国際関係において力の源泉となりうる。グローバルサプライチェーンの中で付加価値の高い技術を支配する企業・国家が、その国際的な事業展開において競争優位性を獲得することができる。デジタル化が急速に社会に浸透する中において、情報に係る核心技術やインフラ技術をどこの国が握っているかという問題は、国家の経済安全保障やサイバーセキュリティに関係する。近年、5G（第5世代移動通信システム）をめぐって米中間で激しい競争と対立を生起している所以である。

さらに、軍民両用（デュアル・ユース）の汎用性技術が広がり、先端科学技術の軍事利用が各国の軍事力の増強と密接に関わるようになってきている。中国人民解放軍は、現在の新興技術の発展が軍隊の装備・兵器、組織のあり方、さらには戦争形態に大きな影響を与える「新たな軍事革命」を起こしつつあると捉えている。このため、中国人民解放軍は「科技強軍（科学技術による軍の強化）」をスローガンに掲げて自身の軍事の智能（インテリジェント）化に注力している。すなわち、科学技術大国として台頭する中国の動向は、中国の軍事力の増進に深く関わる問題でもある。

そこで本章は、「科学技術大国」として台頭する中国が、軍事や安全保障の側面でその力をいかに活用するかを中心に検討したい。当然ながら、軍事・安全保障政策としての科学技術力は、それを保有する国家がどのように活用するかによって力の作用が変わってくる。したがって、中国が安全保障政策として科学技術力をいかに行使するかを理解するためには、科学技術に係る「能力」のみならず「意図」も併せて検討することが重要となろう。

以上の問題意識を踏まえ、本章では、まず、中国が軍事戦略の中で科学技術をどのように位置付けてきたかという歴史的な経緯を確認しつつ、彼らの将来戦の構想と課題、そして、科学技術の軍事利用に係る取り組みを検討したうえで、科学技術大国の中国が国際関係において力を行使しうる諸論点を取り上げたい。

►2 これまで科学技術を軍事的にどのように位置付けてきたか

科学技術大国として台頭する以前の中国は、自国よりも軍事力で圧倒的に優勢にある大国と対峙するために、科学技術の発展によって登場した戦略兵器の導入を重視してきた。第二次世界大戦後間もなく朝鮮戦争で米国と軍事衝突した中国は、それ以降、米国の軍事侵攻を抑止することが自らの安全保障にとって大きな課題となった。とりわけ毛沢東ら指導部は、核保有国による核戦争が近づいているとの認識を持っていたため、通常戦力の近代化を後回しにして戦略核兵器の開発を優先させることで抑止力を確保することを目指した[3]。

中国は、朝鮮戦争後の1956年頃から「両弾一星」(「両弾」は核爆弾とミサイル、「一星」は人工衛星を指す）というスローガンの下、核爆弾とその運搬手段の開発を急いだ。その結果、1964年に核実験、1970年に衛星の打ち上げ(東方紅1号)、1980年に米国本土を射程に収める大陸間弾道（ICBM）ミサイルの実験を相次いで成功させた。

かくして、中国は、軍の近代化を進める以前に発展途上国で初めて核保有国としての地位を確立し、さらに米国に対して最小限抑止を成立させた。これらの技術の開発が進展したのは、大躍進や文化大革命など中国国内が政治的な混乱にあった時期である。また、冷戦の進展によって米国で政治的に迫害された銭学森ら中国人研究者が中国へ帰国後、ミサイル技術開発の中心的な役割を担ったことも特筆すべきであろう。中国指導部は、国家を維持していくうえで軍事的に重要な科学技術が何かを見極めて、混乱の中でも着実な歩みを進めたのである[4]。

改革開放後の中国指導者は、新たな科学技術が戦争の形態をいかに変容しているのかを観察し、その対応を進めてきた。冷戦終結後に勃発した湾岸戦争は、偵察衛星や早期警戒衛星による情報支援、そして精密誘導兵器を活用した米軍がイラク軍を圧倒し、新たな戦争形態の到来を印象づけた。人民解放軍指導部は、ハイテク技術の発展が戦争に及ぼす影響を深く分析し、その結果、軍の近代化を進める中でハイテク兵器に装備を換装する「機械化」に重点を置いた。そして、21世紀に入って著しく発展した情報技術が装備・軍種・指揮命令系統をつなげて一体化統合作戦を実施するうえで核心的な役割を担うことに中国指導部は着目し、人民解放軍の「情報化」を進めてきたのである。こうした過程で、陸・海・空の従来の戦争領域に加えて、宇宙・サイバーなどの新たな領域が現代戦争において勝敗を決する「戦略的制高点」となると重視するようになった。

▶3 中国は将来戦をどのように認識しているか

大国として台頭して米国と戦略的競争の局面に入った習近平政権は、2017年10月の第19回中国共産党大会おいて、今世紀半ばまでに人民解放軍を「世界一流の軍隊」にするという目標を立て、そのために科学技術が戦闘力の核心であるとの思想を確立してイノベーション型の軍隊を建設することが必要との考え方を披露した[5]。「世界一流の軍隊」とは総合戦力において米軍と並ぶことと見られる。

他方で、中国は既に科学技術大国として台頭しているが、米国と並ぶような「科学技術強国」にはなっていないとの認識を持っている。中国のシンクタンク（中国科学技術発展戦略研究院）が、独自に算出した国家イノベーション指数では、徐々に上昇しているものの2017年時点で中国を世界15位と評価している[6]。また、中国は、実用化を目的にした応用科学の競争力を有する一方で基礎科学の競争力は相対的に低いとされる。さらに、軍事面においても、多くの分野で米国などに核心技術を握られており、総合戦力において米軍に対して劣勢であるとの認識を持っている。

こうした中で、習近平政権は新興技術の軍事利用をいち早く進めることが米軍に対する人民解放軍の軍事的な劣勢を覆す鍵となるとの認識を持っている。この観点から中国が2019年に国防白書で「智能化戦争」という新たな戦争形態が姿を現しているとの認識を示したことは、今後の軍事利用を見据えた科学技術の重点領域を考えるうえで重要な意味を持つ[7]。智能化戦争が出現する背景には、AI・量子情報・ビッグデータ・クラウドコンピューティング・IoTなど先端科学技術の軍事分野における応用が加速していることがあるとされる。

中国の人民解放軍内の議論によれば、智能化戦争は、今後30年ほどの時間をかけて徐々に戦場の形態として立ち現れるとみられている。この過程で、AI やマシンラーニングなどの技術が、相手の正確な意図を分析・判断して指揮官に指揮や戦略方針を決定する材料を提供するだろう。このために、より一層作戦テンポが速まり、智能化技術の優劣が戦争の全局に亘る帰趨を決することになる。また、汎用型のAIを導入することで「自律化」した武器・装備が広まれば、戦場の無人化が進むといわれる。こうした将来戦認識を有するために中国は、米中の戦略的競争が激化する中で、新たな軍事変革の流れを先取することによって、なおも総合戦力で劣勢にある米軍に対して将来戦で優位を獲得することを目指している。

►4　中国は大国としていかなる課題に直面しているのか

以上のように、中国は「世界一流の軍隊」となるために科学技術の活用を重視している。他方で、大国として台頭した中国は、強国への更なる発展を実現するうえで様々な課題にも直面している。

第1に、中国の台頭が米国などから警戒を呼び、欧米先進国からの技術導入が難しくなったことである。これまでの中国軍の近代化は、様々な形の技術導入によって大きく進展した。だが、この技術導入が従来の貿易投資規制をすり抜ける方法や不正な窃取方法も採られていたことに加えて、これが中国の軍事力強化につながるとの懸念が高まったことも相まって、米国政府は中国製品の輸入禁止、政府調達の制限、対中（技術）輸出制限、投資制限、人材交流制限など一連の対中貿易投資規制を強化し、こうした動きに日本を含む友好国にも共同歩調を取るよう求めはじめた[8]。

欧米諸国からの技術導入が一層難しくなる中、中国は、核心技術の内製化を進める「自力更生」に迫られている。もともと中国政府は、米中対立が激化する以前の「科学技術第12期5か年計画（2011～2015年）」でも技術導入による経済発展のモデルから自主イノベーションによる技術開発を推進する科学技術の発展方針を示していたが、近年の米中技術覇権争いによってそれが喫緊の課題となった。2015年に発表された「中国製造2025」においては、重要な製造業において「コア部品と重要な基礎材料」を国内で調達可能とする方針を掲げている。だが、この中で注目される半導体の自給率をみても、2019～2020年の段階で5～30%に留まっており､核心技術の内製化は容易な課題ではない[9]。

第2に、中国経済が既に高度成長から中低成長の「新常態」に入っていることである。**図表13-3**で示すように、軍事費は継続して増大しているものの、その伸び率は鈍化しつつある。資源上の制約と軍事の近代化の要請が矛盾する状況に対応することが人民解放軍に求められている。

また、国防費の内訳を示した中航証券金融研究所のデータ（**図表13-4**）によれば、国防費に占める人件費、訓練費、装備費の割合のうち、装備費が近年増加傾向にあるという。軍事の智能化を加速するために更なる装備・兵器の開発と継続的な刷新が求められる中で、いかに効率的に装備開発体制を進めるかが問われている。

第3に、中国経済において国家のプレゼンスが近年増大しているが、研究開発の主力は民間企業である。研究開発に関しても**図表13-5**でも見られるように8割弱ほどが企業資金によって支出されている。中国の中で国有経済が増大す

図表13-3 国防費の推移と伸び率

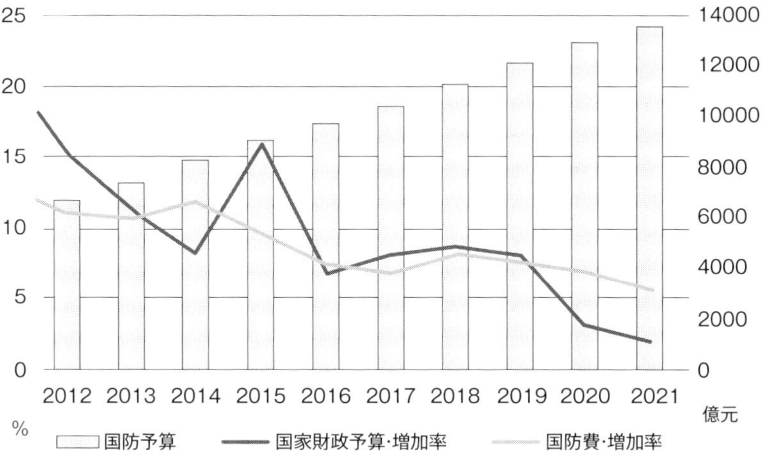

国防予算 国家財政予算・増加率 国防費・増加率

〔出所〕中国国家統計局編『中国統計年鑑』各年版から筆者作成。

図表13-4 中国の軍事費構成の推移

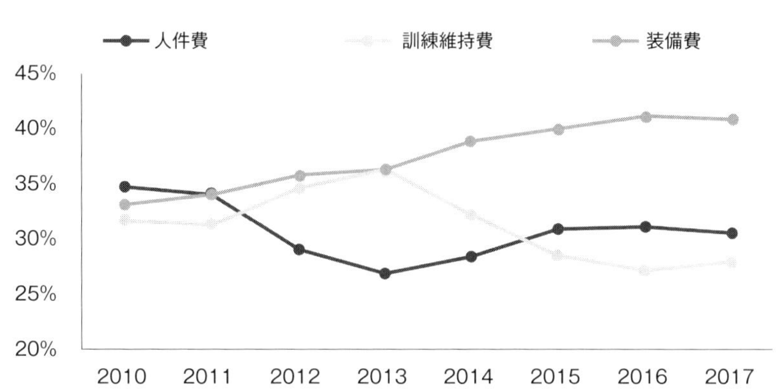

〔出所〕中航証券金融研究所「解読中国軍費」(2020年6月) p.10

図表13-5　研究開発費における政府資金と企業資金の推移

	2011	2012	2013	2014	2015	2016	2017	2018	2019
政府資金	1883	2221	2500	2636	3013	3140	3487	3978	4537
企業資金	6420	7625	8837	9816	10588	11923	13464	15079	16887

〔出所〕中国国家統計局『中国統計年鑑（2020）』（中国統計出版社、2020年）p.626のデータを基に筆者作成。

る一方で、民間のイノベーションを活用することが重要となっている。とりわけ、汎用性の高い先端技術の軍事利用が軍事力の増強にますます重要となる中で、前記した「イノベーション型の軍隊」を建設するためには、従来の国有企業だけでなく、スタートアップ企業や最新技術を研究する大学・研究機関などを含めて、より広範囲な民間企業を柔軟に軍需に参画させる国防科学技術開発体制を構築することが求められている。

以上のように、中国は、国内外の環境が厳しさを増す中で「自力更生」で先端技術の軍事利用を進める必要に迫られている。こうした中で、習近平政権が2015年から国家戦略として進めているのが「軍民融合発展戦略」である。「軍民融合」という言葉は胡錦濤時代から提起されていたが、習近平政権における軍民融合発展戦略の特徴は、前記した課題に直面する中で、国内における民間主導の技術革新を柔軟且つ迅速に軍事利用を進める「民参軍（民間企業が軍需に参加する）」体制を構築することに力点を置いていることであろう。

同戦略の下では、特区の設置、民間企業の軍需参入規制の緩和、軍需参入企業に対する補助金の交付や国有研究施設の利用などの支援、調達情報の透明化など多岐に亘る施策が進められている。2021年3月に公表された「第14期5カ年計画・2035年長期目標綱要」という長期計画において、軍民の科学技術共同イノベーションを深める分野として海洋・航空宇宙・サイバー空間、バイオ・新エネルギー・人工智能・量子科学技術が示されている[10]。また、習近平は2017年1月には自らが主任を務める中央軍民融合発展委員会という強力な権限を持つ党組織を設立し、政府・軍・民間を横断する軍民融合発展戦略に係る改革をトップダウンで統一的に進める体制を構築した。だが、なおも計画執行における軍と地方の連携の欠如や民間の利益補償などに係る法整備など解決すべき課題は残る。

中国は、一方において発展途上の科学技術大国として、今後も長期的に先進諸国との技術・人材の交流を通じて発展させる必要がある。だが、他方において習近平政権は、自らの安全保障の観点から核心技術を欧米の海外企業へ部分的に依存していることに危機感を覚え、早急に内製化するために軍民融合を果断に進めている。この相反するベクトルの帰結として、中国の軍民融合発展戦略が欧米諸国の警戒を生起し、軍との関係が疑われる中国企業や中国人研究者が先進国へのアクセスを制限されるなど、技術・人材交流の機会の喪失を招いている。つまり、中国は、安全保障上の脆弱性を排除するために早急な内製化を進めれば、長期的に自国の経済発展や技術発展に必要な対外開放路線を犠牲にしてしまうという「軍民融合のジレンマ」ともいうべき事態に直面している。

▶5 中国は科学技術大国としてどのように力を使うか

既に見てきたように、大国化した中国は今なお様々な課題に直面しているが、こうした課題を克服して強国化を実現した場合、国際関係において大きな力を有することになるだろう。こうした力をいかに使うかという論点は多岐に亘るため、以下ではそれぞれ国際安全保障に関連する貿易・投資管理、国際標準化、国際規範への取り組みの3つの論点に絞って検討したい。

第1の論点は技術をめぐる貿易・投資の管理である。中国は先進諸国から技術を導入する段階から自国が優位性を持つ技術の流出を防止する段階に移りつつある。中国政府は2020年後半に輸出管理法や「信頼できないエンティティ・リスト」など関連諸規制を次々に施行した。これらの諸規制は、米国の対中貿易投資規制の厳格化を受けて国家安全と対米報復措置の色彩を強めている。例えば、輸出管理法18条では「国家安全と利益に危害を及ぼす」事業者に対して取引を禁止・制限するとしているが、習近平政権における国家安全や利益は広汎な概念であり、政権の意向が反映されるだろう[11]。さらに「信頼できないエンティティ・リスト」では中国企業・組織に対して差別的措置を採った外国事業者に対する輸出入の制限・禁止を記しており、対米対抗措置に留まらず、米国の対中規制に応じた第3国企業も射程に入る[12]。

かかる中国の施策は、米中技術覇権争いに伴う国際的なサプライチェーンの再構成が進む中で、第三国が米中双方から「踏み絵」を迫られる状況を生むなど国際社会に深刻な影響を与えうる。これまで中国は鉱物資源、農産品、文化事業に対する輸出入制限措置を通じて、他国に外交圧力をかける事例が見られたが、今後、優位を持つ技術の輸出・投資規制も中国の選択肢に加わることを意味する。習近平自身も「国際的なサプライチェーンの我が国への依存を高め、外部からの人為的な供給遮断に対する強力な対抗力と抑止能力を形成する」ことを提起していることは、かかる外交ツールとしての利用を予期させる[13]。

これと関連する第2の論点として、国際標準化に対する中国の影響力である。中国は2018年頃から「中国標準2035」という標準化に係る中長期的な取り組みを始めている[14]。この「中国標準2035」の一環で2020年3月に中国の国家標準化管理委員会が「2020年全国標準化工作要点」という政策通知書を発出した。この中では、対外的な取り組みとして、国際標準化機構（ISO）や国際電気標準会議（IEC）などの国際基準に係る機関への関与を強化し、そのガバナンス改革や中国による提案を積極的に行うことを提起している[15]。また、BRICSにおいて標準化協力機構の設置や国際標準の拡大に向けた「一帯一路」構想の活用も提起した。さらに、中国共産党中央と国務院は2021年10月、2035年までの標準化工作の方向性を示した「国家標準化発展綱要」を公表した。同綱要は、情報技術インフラに関して、通信ネットワークインフラ施設、新技術インフラ施設などの規格の研究開発の加速や、サイバー安全保障システム構築などの領域における標準設定能力の強化を図ることを明記している[16]。国際標準はグローバルに事業を展開していく過程で競争優位性を獲得するための戦略的資源となっている。既に、中国工業・情報化部と華為（ファーウェイ）など中国の通信企業が国連の専門機関である国際電気通信聯合（ITU）に対して新たなIPアドレスの標準化について提案するなど、その活動は活発化している。

もともと中国の軍関係者は、情報通信技術などの国際規格が先進諸国によって支配され、米国によって運用される衛星測位システム（GPS）が世界で幅広く浸透していることに対して、安全保障上のリスクを深刻に認識していた。こうした状況に対して、中国独自の情報通信技術や北斗衛星ナビゲーションシステム（BDS）が国際社会に広がれば、中国自身の安全保障上の脆弱性を低下させるだけでなく、他国に対する影響力を増大させることにもつながる。

また、国際機関への働きかけとは別に、中国政府や中国企業は、近年発展途上国に対して自国の情報通信インフラの輸出や関連技術の訓練・研修を通じて治安能力、対テロ能力構築の支援を実施しており、これが発展途上国において権威主義体制の拡散・強化を招くという指摘もある[17]。他方で、受入国は、技術の導入に留まらず、中国に近似する法体系の整備をする必要があり、現地化する過程で多様なヴァリエーションを生み出すことから、これが必ずしも中国型の統治モデルの拡散を意味することでないことにも留意が必要であろう[18]。

第3の論点として、新興技術が安全保障環境を変化させる中で形成される国際規範への中国の影響力である。サイバーセキュリティの分野においては、サイバー空間における国家主権や政府の介入権限をめぐって共通認識にあるロシアと連携して、国連で「情報セキュリティに関する国際行動規範」を提案したり、国連内のサイバー規範プロセスで欧米諸国の主導する会議に対する代替するような部会の設置などに動いている。また宇宙の分野でも、米国のミサイル迎撃システムの宇宙配備を牽制する狙いから2008年と2014年にロシアとともにジュネーブ軍縮会議で「宇宙空間における兵器配備防止条約（PPWT）」を提案している。さらに、AIの更なる発展によって自律型致死性兵器システム（LAWS）の登場が懸念されており、ジュネーブ国連本部の特定通常兵器使用禁止宣言条約（CCW）の枠組みでLAWS規制の在り方について議論がなされている。AIの活用が鍵を握る智能化戦争を見据える中国が、こうした国際規範のプロセスにいかに関与していくかは注目される。

当然ながら、これらの論点は、それぞれの技術や分野によって安全保障問題としての位相が異なる。だが共通して留意すべきことは、中国はこうした諸論点において、これまで国際秩序を構築してきた先進諸国とは異なる認識を持っており、大国として台頭した現在、その認識に基づく代案を国際社会に示し、発展途上国を中心に受け入れさせる力を持ちつつあることである。

（やつづか・まさあき）

［注］

1 「習近平：為建設世界科技強国爾奮闘」新華社、2016年5月31日、http://www.xinhuanet.com/politics/2016-05/31/c_1118965169.htm.

2 科学技術・学術政策研究所によれば、中国の2008年までの研究者の定義は、OECDの定義には完全には対応しておらず、2009年から計測方法を変更している。そのため、時系列変化を見る際には注意が必要である。

3 平松茂雄『中国の安全保障戦略』（勁草書房、2005年）pp.132-142

4 防衛研究所編『中国安全保障レポート2021』（防衛研究所、2020年）p.7

5 『中国国防報』2017年10月19日。

6 国家イノベーション指数は、①イノベーション資源、②知識イノベーション、③企業イノベーション、④イノベーション実績、⑤イノベーション環境の5つの指標を総合して評価されている。中国科学技術発展戦略研究院『国家創新指数報告2019』（上海科学技術文献出版社、2019）。

7 中国国務院新聞弁公室「新時代的中国国防」2019年7月。

8　中国の技術導入は、外国企業の研究開発施設の自国への誘致による技術移転、当該企業に対する技術協力や買収等を通じた情報窃取・技術移転、留学生・研究者を通じた情報窃取・技術移転、情報機関が行う産業スパイ活動による情報窃取など不公正な方法も含めて先進諸国からの様々な技術流出のルートが指摘されている。中国の海外からの技術導入に関しては、William C. Hannas and Didi Kirsten Tatlow eds., *China' s Quest For Foreign Technology*（Routledge: London and New York, 2021）や Alex Joske, "Picking flowers, making honey -The Chinese military' s collaboration with foreign universities," *Policy Brief Report,* No10, Australian Strategic Policy Institute, 2018 がある。

9　伊藤信悟「米中半導体摩擦と半導体産業育成策の歪みへの中国政府の対応」（『東京大学未来ビジョン研究センター 米中競争による先端技術分野の安全保障化の背景とグローバル経済への影響』2020 年度エッセイ・シリーズ No.2）。

10　「中華人民共和国国民経済和社会発展第十四個五年計画規劃和 2035 年遠景目標綱要」新華網、2021 年 3 月 13 日。

11　中華人民共和国「中華人民共和国輸出管理法」。

12　中国商務省「不可靠実体清単」第 2 条、第 7 条、第 10 条。

13　習近平「国家中長期経済社会発展戦略若干重大問題」『求是』（2020 年 10 月 31 日）

14　中国の標準化の歴史的経緯については、魏慧婷「中国の対外政策と標準化政策の変遷」『米中競争による先端技術分野の安全保障化の背景とグローバル経済への影響』（2020 年度ワーキングペーパー・シリーズ No.3）が詳しい。

15　国家標準会管理委員会「国家標準会管理委員会関於印発《2020 年全国標準化工作要点》的通知」2020 年 3 月 10 日。

16　中共中央 国務院印発「国家標準化発展綱要」中華人民共和国中央人民政府 2021 年 10 月 10 日。

17　例えば、Adrian Shahbaz, "China Remakes the World in Its Techno-Dystopian Image," Freedom on the Net 2018 :The rise of Digital Authoritarianism, Freedom House や Andrea Kendall-Taylor, Erica Frantz, Joseph Wright, "The Digital Dictators: How Technology Strengthens Autocracy," Foreign Affairs, Mar/Apr 2020, Vol. 99 Issue2, pp.103-115.

18　こうした論点については、金野純「第四次産業革命と社会統治」川島真＋21 世紀政策研究所編著『現代中国を読み解く三要素 ── 経済・テクノロジー・国際関係』（勁草書房、2020 年）を参照されたい。

《編著者紹介》

加茂 具樹（かも・ともき）　　[第1章]

慶應義塾大学総合政策学部卒業

慶應義塾大学大学院政策・メディア研究科博士課程修了（2003年）、博士（政策・メディア）

現在　慶應義塾大学総合政策学部長、教授

専攻（専門）　地域研究（現代中国政治外交）、比較政治学

著書・論文

『中国改革開放への転換──「一九七八年」を越えて』（共編著：慶應義塾大学出版会、2011年）

『北京コンセンサス──中国流が世界を動かす？』（共訳：岩波書店、2011年）

『党国体制の現在──変容する社会と中国共産党の適応』（共編著：慶應義塾大学出版会、2012年）

『はじめて出会う中国』（共著：有斐閣、2013年）

『新版 5分野から読み解く現代中国──歴史政治経済社会外交』（共著：晃洋書房、2016年）

『中国対外行動の源泉』（編著：慶應義塾大学出版会、2017年）

『「大国」としての中国──どのように台頭し、どこにゆくのか』（編著：一藝社、2017年）

『十年後の中国──不安全感のなかの大国』（単著：一藝社、2021年）ほか多数

《執筆者紹介》

鄭 浩瀾（てい・こうらん）　［第2章］

〔中国〕復旦大学政治学部行政学科卒業
慶應義塾大学政策・メディア研究科博士課程修了（2006年）、博士（政策・メディア）
現在　慶應義塾大学総合政策学部准教授
専攻（専門）　中国近現代史、中国地域研究、歴史社会学
著書・論文『中国農村社会と革命――井岡山の村落の歴史的変遷』（単著：慶應義塾大学出版会、2009年）
『毛沢東時代の政治運動と民衆の日常』（共編著：慶應義塾大学出版会、2021年）
『中国の公共性と国家権力――その歴史と現在』（共著：慶應義塾大学出版会、2017年）
『「大国」としての中国』（共著、一藝社、2017年）ほか多数

MACIKENAITE Vida（マチケナイテ・ヴィダ）　［第3章］

〔リトアニア〕ビリニュス大学（Vilnius University）国際関係・政治学学院、学士（政治学）
〔中国〕復旦大学国際関係・公共行政学院、修士（法学〔国際政治〕）
慶應義塾大学大学院政策・メディア研究科博士課程修了、博士（政策・メディア）（2015年）
現在　国際大学国際関係学研究科講師
専攻（専門）　政治学、現代中国政治外交
著書・論文 "China's Economic Statecraft: The Use of Economic Power in an Interdependent World." *Journal of Contemporary East Asia Studies* (2020), 9:2, 108-126.
"Elite Mobility between SOEs and State Institutions: A State-Centered Approach." *In State Capacity Building in Contemporary China*, 内藤寛子, Macikenaite Vida（編者）, 6章, 93-111, Springer（2020）
『「大国」としての中国』（共著：一藝社、2017年）ほか多数

土屋 貴裕（つちや・たかひろ）　［第4章］

慶應義塾大学環境情報学部環境情報学科卒業
防衛大学校総合安全保障研究科後期課程卒業（2013年）、博士（安全保障学）
現在　京都先端科学大学経済経営学部准教授
専攻（専門）　安全保障論、公共経済学、国際政治経済学など
著書・論文『現代中国の軍事制度―国防費・軍事費をめぐる党・政・軍関係』（勁草書房、2015年）
『「新しい戦争」とは何か――方法と戦略』（共著：ミネルヴァ書房、2016年）
『中国の対外行動の源泉』（共著：慶應義塾大学出版会、2017年）
『「技術」が変える戦争と平和』（共著：芙蓉書房出版、2018年）
『米中の経済安全保障戦略――新興技術をめぐる新たな競争』（共著：芙蓉書房出版、2021年）ほか多数

荒川 雪（あらかわ・ゆき）　［第5章］
〔中国〕河北大学外国語学院卒業
慶應義塾大学大学院政策・メディア研究科博士課程修了（2006年）、博士（政策・メディア）
現在　東洋大学社会学部メディアコミュニケーション学科教授
専攻（専門）　現代中国外交史、教育史、メディア史
著書・論文　『改革開放後中国留学政策研究』（単著：世界知識出版社、2009年）
『戦後日中関係と廖承志』（編著：慶應義塾大学出版会、2013年）
『変容する中華世界の教育とアイデンティティ』（共編著：国際書院、2017年）ほか多数

内藤 寛子（ないとう・ひろこ）　［第6章］
慶應義塾大学総合政策学部卒業
慶應義塾大学大学院政策・メディア研究科修了（2017年）、博士（政策・メディア）
現在　日本貿易振興機構アジア経済研究所、研究員
専攻（専門）　比較政治、地域研究（現代中国政治）
著書・論文　Hiroko Naito and Vida Macikenaite, eds.（2020）*State Capacity Building in Contemporary China*, Springer
「1980年代後半の行政訴訟法の制定過程における中国共産党の論理――体制内エリートの統制と人民法院の『民主的な』機能」『アジア研究』（2021）第67巻第3号、pp.1-18

渡邉 真理子（わたなべ・まりこ）　［第7・8章］
東京大学経済学部卒業
香港大学商学院（M.Phil取得）
東京大学大学院経済学研究科博士課程単位取得（2011年）、博士（経済学）
現在　学習院大学経済学部経営学科教授
専攻（専門）　応用ミクロ経済学、中国その他発展途上国の企業・産業・経済の実態調査
著書・論文　渡边真理子, 国有控股上市公司的控制权, 金字塔式结构和侵占行为――来自中国股权分置改革的证据, 金融研究, 2011（6）
『21世紀の中国　経済編―国家資本主義の光と影』（共著：朝日新聞出版社、2012年）
Mariko Watanabe ed.,（2014）*The Disintegration of ProductionFirm Strategy and Industrial Development in China*, Edward Elger
『二重の罠を超えて進む中国型資本主義』（共著：〔加藤弘之・梶谷懐編〕ミネルヴァ書房、2016年）
『「大国」としての中国』（共著：一藝社、2017年）ほか多数

増田 雅之（ますだ・まさゆき）　［第9章］
広島修道大学法学部国際政治学科卒業
慶應義塾大学大学院政策・メディア研究科単位取得退学（2003年）
現在　防衛省防衛研究所 政治・法制研究室長
専攻（専門）　現代中国の外交・安全保障
著書・論文　『ウクライナ戦争の衝撃』（編著：インターブックス、2022年）
『アフターコロナ時代の米中関係と世界秩序』（共著：東京大学出版会、2020年）
『現代日本の地政学―13のリスクと地経学の時代』（共著：〔日本再建イニシアティブ〕、中央公論新社〔中公新書〕2017年）
『「大国」としての中国』（共著：一藝社、2017年）ほか多数

飯田 将史（いいだ・まさふみ）　［第10章］
慶應義塾大学総合政策学部卒業
慶應義塾大学大学院政策・メディア研究科修士課程修了（1996年）、スタンフォード大学東アジア研究修士課程修了（2005年）
現在　防衛省防衛研究所地域研究部米欧ロシア研究室長
専攻（専門）　中国の外交・安全保障、東アジアの国際関係
著書・論文　『中国 改革開放への転換──「一九七八年」を越えて』（共編：慶應義塾大学出版会、2011年）
『海洋へ膨張する中国──強硬化する共産党と人民解放軍 』（角川マガジンズ〔SSC新書〕、2013年）
『チャイナ・リスク』（共著：岩波書店、2015年）
『習近平「新時代」の中国』（共著：アジア経済研究所、2019年）
「南シナ海をめぐる米中対立の行方」（『東亜』2021年2月号）など多数

福田　円（ふくだ・まどか）　［第11章］
国際基督教大学教養学部卒業
慶應義塾大学大学院政策・メディア研究科博士課程修了（2008年）、博士（政策・メディア）
現在　法政大学法学部教授
専攻（専門）　東アジア国際政治史、現代中国・台湾論
著書・論文　『中国外交と台湾』（単著：慶應義塾大学出版会、2013年）
『中国の領土紛争──武力行使と妥協の論理』（共訳：〔テイラー・フレイヴェル著〕勁草書房、2019年）
『入門講義　戦後国際政治史』（森聡・福田円共編著：慶應義塾大学出版会、2022年）
『現代アジアをつかむ─社会・経済・政治・文化 35のイシュー』（共著：〔佐藤史郎・石坂晋哉編〕明石書店、2022年）
『習近平の中国』（共著：〔川島真・小嶋華津子編〕東京大学出版会、2022年）

神保　謙（じんぼ・けん）　［第12章］
慶應義塾大学総合政策学部卒業
慶應義塾大学大学院政策・メディア研究科博士課程修了
現在　慶應義塾大学総合政策学部教授、APIプレジデント、キヤノングローバル戦略研究所主任研究員
専攻（専門）　国際政治学
著書・論文　『中国 改革開放への転換──「一九七八年」を越えて』（共編：慶應義塾大学出版会、2011年）
『アジア太平洋の安全保障アーキテクチャ──地域安全保障の三層構造』（編著：日本評論社、2011年）
『現代日本の地政学─13のリスクと地経学の時代』（共著：〔日本再建イニシアティブ〕、中央公論新社〔中公新書〕2017年）
『「核の忘却」の終わり──核兵器復権の時代』（共著：勁草書房、2019年）
『検証 安倍政権─保守とリアリズムの政治』（共著：〔アジア・パシフィック・イニシアティブ〕、文藝春秋〔文春新書〕2022年）

八塚 正晃（やつづか・まさあき）　［第13章］
慶應義塾大学総合政策学部卒業
慶應義塾大学大学院法学研究科前期博士課程単位取得退学（2016年）
現在　防衛省防衛研究所主任研究官
専攻（専門）　中国政治外交
著書・論文　『よくわかる現代中国政治』（共著：〔川島真・小嶋華津子編〕ミネルヴァ書房、2020年）
「人民解放軍の智能化戦争ー中国の軍事戦略をめぐる議論」『安全保障戦略研究』第1巻第2号（2020年10月）、pp.15-34.
『コロナ禍で変わる地政学ーグレート・リセットを迫られる日本』（共著：〔国際経済連携推進センター編〕産経新聞出版、2022年）
「中国における革命外交と近代化の相克」『中国研究月報』（2022年9月号）pp.1-14.
『習近平の中国』（共著：〔川島真・小嶋華津子編〕東京大学出版会、2022年）

装丁――アトリエ・タビト

中国は「力」をどう使うのか
――支配と発展の持続と増大するパワー――

2023年1月20日　初版第1刷発行

編著者　加茂 具樹

発行者　菊池 公男

発行所　株式会社 **一 藝 社**
〒160-0014　東京都新宿区内藤町1-6
Tel. 03-5312-8890　Fax. 03-5312-8895
E-mail : info@ichigeisha.co.jp
HP : http://www.ichigeisha.co.jp
振替　東京 00180-5-350802

印刷・製本　モリモト印刷株式会社

2023 Printed in Japan
ISBN 978-4-86359-257-5　C3031